G
S
S

大南坡：共振村声

The Great South Slope: SOUNDER VOICES, COMMUNITY RISES

左靖 / 主编

中原出版传媒集团
中原传媒股份公司
河南科学技术出版社

图书在版编目（CIP）数据

大南坡：共振村声 / 左靖主编．—郑州：河南科学技术出版社，2024.5
ISBN 978-7-5725-1491-3

Ⅰ. ①大… Ⅱ. ①左… Ⅲ. ①农村－社会主义建设－研究－修武县 Ⅳ. ①F327.615

中国国家版本馆 CIP 数据核字（2024）第 059031 号

出版发行：河南科学技术出版社
地址：郑州市郑东新区祥盛街 27 号
邮编：450016
电话：(0371)65737028
网址：www.hnstp.cn
策划编辑：马艳茹
责任编辑：马艳茹　董　涛
责任校对：崔春娟
整体设计：马仕睿 @typo_d
责任印制：徐海东
印　　刷：盛大（天津）印刷有限公司
经　　销：全国新华书店
开　　本：787mm×1092mm　1/32
印张：32　字数：480 千字
版　　次：2024 年 5 月第 1 版
2024 年 5 月第 1 次印刷
定　　价：268.00 元

4.
文化生产 277

序

大南坡：中国艺术乡建新篇章

五月初，左靖告诉我《大南坡：共振村声》差不多编好了，希望我能为他和他的团队编纂的这本书写个序言。为他高兴之余，我也深感荣幸。作为一个以“中国社会参与式艺术”为课题的研究者，我一直关注着左靖和他的团队在中国乡村地区开展的艺术乡建工作，他们于2019年在河南修武县大南坡村发起的“大南坡计划”，也是我翘首以盼并准备今年暑期实地考察多加了解的一个乡建项目。对我来说，这本书稿的出现真是太及时了！

从2011年的安徽黟县碧山村的“碧山计划”起步，左靖和他的合作伙伴们以艺术和文化为引领，不断探索中国乡村振兴和社区建设的新可能。一方面在这个过程中，所遭遇的困难和挫折似乎大都成了锻炼他们意志的契机，促使他们不断调整艺术乡建策略，积累人事协调经验并与多方力量合作，从而开拓了更加广阔的艺术乡建之路。另一方面，文艺工作者们的理想主义经常面临现实的挑战，所以他们不得不锻炼出冷静、洞察世情并具备包容力的实践能力。根据我的观察，这两方面的结合在左靖的乡建工作中正在不断得到完善。

我对艺术乡建的研究自2015年起一直紧随左靖的乡建步伐，先是到了碧山村，也是我第一次正式认识并采访左靖的工作所在地。随后的几年里，随着他的艺术乡建工作的推进，我也走访了贵州黎平县茅贡镇及周边村落，以及云南澜沧拉祜族自治县景迈山地区的村寨。每次参访都让我对左靖的工作能力深感敬佩。他总能找到合适的切入点，召集来自城市的或资深或新锐文艺工作者，从无到有，在偏远的乡村和山区开创出新的天地。以文艺之名，他们集结城市多方资源，挖掘乡村潜力，激发社区自我发展和提升。同时，他们将乡村作为舞台，创造出众多与地方情境紧密相关且富有参与性的新型文艺表达形式和内容。通过一系列跨城乡、跨学科、跨媒体和跨艺术语言的实践，他们以 21 世纪的视觉和认知重新诠释了“艺术何为”和“何为艺术”。借用我之前写过的一段话，他们进行的艺术“不仅仅是静态的‘存在’或事物的‘再现’，更是一种创造新的可能性与新的生活条件的‘行动’。这种对艺术的认知摆脱了对于‘艺术是什么’这样一个本体论性质命题的关注，而是注重‘艺术可以做什么’来使不同方式的想象、生活、工作和创造成为可能。”

虽然我未曾实地参访“大南坡计划”，但通过左靖提供的相关信息和网络的便利，我还是了解到了不少关于该项目的介绍和讨论。这个计划通过多种形式的活动，如空间改造、艺术展览、文艺演出、艺术家驻村和其他文化交流形式，鼓励当地人们积极参与自身的发展和建设，以增强在地社区的凝聚力和创造力，促进本地文化的传承和创新。该计划涉及的主要领域包括民族志研究、文艺创作、乡村美育、地方营造、景观设计、展览实践、产品开发等，意在为当地居民带来多样的富有当代性的艺术、文化和经济体验。据我所知，左靖团队在大南坡的乡建活动进行得有声有色，他本人也多次提及他在大南坡的实践最能体现他的艺术乡建理念。

尽管如此，当我翻阅左靖发来的《大南坡：共振村声》书稿时，仍然为“大南坡计划”所涵盖的广泛内容和深度参与所震撼。这本超过900页的书记录了左靖及其合作团队对大南坡的人、景、物以及修武县历史文化的考察、论述和多方位的互动。它也展示了对多样化的中国乡村可持续发展未来前景的大胆想象和实践验证。众多文艺乡建践行者在大南坡村的探索不仅带来了艺术参与乡村发展的新尝试，也开拓了乡建领域理论与实践的新视野。这本书可以说为中国乡村地区在21世纪的发展与建设提供了重要的借鉴和经验。

非常值得一提的是，在理论层面上，“大南坡计划”推进了左靖先前在“茅贡计划”中发展出的艺术乡建三部曲（我已在其他文章中详细讨论过）。在原有的空间生产、文化生产和产品生产基础上，他又加入了关系生产的概念。也就是说，“大南坡计划”不仅仅关注空间的塑造和文化的更新，也注重人与人之间的关系建立与发展。这本书将大南坡本地人和外来者共同创造和经营一种联结社区内外的且是互惠、互助和互信的关系置于其他三个生产之前，强调关系生产是艺术乡建的基础和必要条件。虽然关系生产这块内容在此书中只占较小的篇幅，但我认为这个概念的加入为左靖的乡建理论系统提供了一个更全面的视角，突出了社区关系的重要性，以及如何通过艺术乡建来促进人与人之间的联系与共融。将关系生产纳入艺术乡建的核心，不仅强调了社区参与的重要性，也呼应了乡村发展的综合性目标。可以说，这个概念的提出对于艺术乡建领域来说具有重要意义，因为我认为艺术乡建的终极目标应该是在乡村中建立起公平合理和可持续的人与人、人与物、人与环境的互动关系。因而，如何加强对它的叙述、讨论和呈现应该也是很有价值的一个思考和实践的方向。

此次左靖不经意地提及“大南坡计划”或许是他乡建工作的最终篇章，但我更愿意祝愿他能像以往一样，在柳暗花明之际再度找到一片乡村，继续引领他的团队践行艺术乡建的理想，不断谱写新篇章。我相信他们持续的理论探索和在地实践可以激发更多人对乡村可持续发展以及艺术参与乡建种种可能性的浓厚兴趣，并为世界其他国家和地区的乡建实践者和研究者提供独具中国特色的经验、灵感和启示。当然，他们的不懈努力已经推动了学术界对艺术介入乡村发展领域的深入研究，也为解决乡村振兴中的众多挑战提供了宝贵的学术参考。这种跨界的知识交流和经验分享也可催生国际乡建实践的多元创新，为全球乡村发展事业做出独特的贡献。

同时，也祝贺此书成为艺术乡建领

域的重要参考资料，为学术界和对乡村发展感兴趣的读者提供宝贵的信息和启发，为后来的研究者们和实践者们指引方向，开拓新的思维空间。

王美钦

完成于2023年5月18日

（王美钦，美国加州大学北岭分校艺术系教授）

抚填郁闷的煤窑
敬天谢地，我们告别黑色的年代
出——发

大南坡，大南坡
逆境中豁达，乐观呼应莫辜负专业热情
开朗生活四季劳动可为众人行旅
转念转身六百年山居何处不美？
问我家园在何处
老安少怀，东西小庄蓬勃老槐树
重——回来

(注)
小河和锺永丰的音乐专辑《回乡记》的缘起可回溯至2019年7月。在由左靖策划的徐香底"红地起乌衣"展览和演出活动中，小河与锺永丰初次相遇，三人振奋于越来越多年轻专业者继承、创新工艺传统，而既有小河寻的谣，又有永丰可作词，加上左靖织连的脉络，何不把这些返乡工艺者的故事写成音乐专辑？遂酿出《回乡记》的词曲合作计划。2023年10月，锺永丰参加了第三届"南坡秋兴·诗山河"活动，在14日晚的"秋兴音乐会"上，与小河举办了一场关于《回乡记》的演出分享会，翌日，锺永丰走访了大南坡村几位乡亲家，同月底，他在台湾完成了《大南坡》歌词的写作。

大南坡

曲：《老人别慌》；小河改编
词：锺永丰

大南坡，大南坡
清理老队部，听见时间钻出砖瓦说故事
大鼓唤醒姥爷嗓子重访桃花庵
牛二哥的货车载回飘荡的云月
孩子玩诗藏彩虹
各方英杰襄助，共振村声笑容新
承——蒙

大南坡，大南坡
林下捡垃圾，看见春天躲在落叶里眨眼睛
榆树山楂抬起脚跟儿奔跑田野
芍药月季邀请路过风儿扭秧歌

代序

乡村建设是一种总体性的乡村社会设计

左靖

从2007年第一次去安徽黟县碧山村，到近年在河南修武县大南坡村开展乡建实践，在过去的十余年间，我们逐步发展出一套城乡工作的框架、原则、路径、步骤和目标，即以城乡的地方性知识为工作对象，进行跨领域的研究与实践。虽然工作的地点在乡村，但工作的范围并没有把城市排除在外，相反，城市是另一个重要的工作场域。我们把城乡工作又分为在地和离村：碧山是我们的起点，具有特殊的象征意义，所以碧山是“在地”，碧山之外，我们称之为“离村”。我们的工作原则是服务社区、地域印记和城乡联结；路径是往乡村导入城市资源，向城市输出乡村价值，并在城乡的社会设计中覆盖四个“生产”——关系生产、空间生产、文化生产和产品生产；我们的工作目标是培养当地居民的文化自觉，改善地方文化环境。

以大南坡为例。大南坡村所在的河南省焦作市修武县面积很小，只有600多平方千米。大南坡村位于县北浅山区，但自然资源和历史文化非常丰富。大南坡村是一个很普通的北方村子，在我们到来之前，落寞又破败。20世纪70年代是大南坡煤业的鼎盛时期，有十几处煤井，周边上千人在此就业。因集体经济雄厚，大南坡建设了多达3000余平方米的公共建筑，拥有村级剧场和排名仅次于县剧团的大南坡艺术团，是远近闻名的“富裕村”“文化村”。80年代后，因村里的煤矿资源逐步枯竭，且伴随焦作市从“黑色印象”向“绿色主题”的转型，当地的小煤矿于90年末彻底关停。仅靠人均0.6亩的耕地，村集体经济迅速衰退，至2014年，大南坡被评定为省级深度贫困村，贫困人口占到全村总人口数的40%以上。

2019年底，因“中国乡村复兴论坛”在修武县举办，受论坛主席罗德胤教授的邀请，我和团队来到修武县调研。村中面积达 3000 余平方米的废弃公共建筑，是我们在四五个村中选择了大南坡村的最直接原因。2016 年在贵州茅贡，我提出过“空间生产”“文化生产”“产品生产”三个工作步骤，因此“有没有公共空间”自然就成为我们选择所要改造的村落的第一条件。

以改造代替兴建，以空间生产激活地方生活。在我们看来，这些旧的建筑承载了村庄的历史记忆和文化记忆。空间生产指向物理空间的激活，将建筑师引入地方开展工作，通过修缮、改造乡村 / 社区的废旧建筑并赋予其新的功能，创造适合当地使用的公共空间，为后续的文化、教育与社区活动提供高质量的场所。改造后的空间往往成为乡村 / 社区活动的新中心，持续举办丰富多彩的活动，鼓励当地居民共同使用并有效地介入社区事务。

得益于在乡村进行保护性的空间生产的逻辑，在我们的策划下，建筑师梁井宇与他的场域建筑团队将始建于20世纪70年代的村大队部建筑群改造成大南坡艺术中心、方所乡村文化·大南坡、碧山工销社（焦作店）和本地食馆等各具业态的新空间，将废弃的村集体空间转变为新时期的文化生产之所。被赋予了新功能的各个建筑空间通过动线和组织关系的重新设计，创造出更开放、平等和公共的环境和文化属性。此外，民宿和复合功能空间是大南坡公共服务配套中的重要组成部分，无论是隐居乡里设计、运营的小竹林乡村民宿，抑或安哲建筑主持改建的老村小馆，都在尊重原有老院的建筑肌理的前提下，尽可能地降低设计的干预程度，最大限度地延续建筑语言，使新的建筑得以平稳地融入整体村落风貌。而张唐景观对大南坡村的景观改造更是对新旧关系的一次深入思考和探索，遵循“不修饰、不掩盖，新与旧对比，让时间在空间里沉淀”的乡村美学理念，大南坡的村容村貌正在一点点地发生改变。

文化生产是承续空间生产的必要步骤，通过文化植入，才能使空间发挥效用。一方面，各个团队在乡村工作中进入文化研究、田野调查和乡土教育等多个领域，工作进程与研究成果组成了文化生产的一部分；另一方面，通过影像、展览、出版等方式，组织并呈现艺术家、建筑师和设计师等围绕当地民风民情创造的各类作品，以多种表达形式，发挥文化之功效。我们组织团队对修武的县域文化进行了梳理，经过一年时间的调研，最终总结出修武县的四个关键词：山川、作物、工艺和风度。随着大南坡艺术中心完成建筑改造，“乡村考现学：修武的山川、作物、工艺和风度”展览在这里开幕，由31位参展人的作品组成的多个展览单元涵盖了“地方性”所蕴藏的各个有机部分。展览主要服务在地居民，并对观光客开放。很多在外打工的人回到大南坡看到展览，也感到惊奇和欣喜。通过展览的形式，能让当地人重新看见自己所处社区的文化价值，这亦是文化生产的意义之一。

活动是乡村文化和城市文化的交流平台。2020 年落地的大型活动“南坡秋兴”激活和丰富了地方的公共文化生活。随着“大南坡计划”的影响力的提升，“南坡秋兴”成了在乡村实践主题性文化与艺术活动的重要参考。“南坡秋兴”活动还有一个有意思的地方：安排所有参与者去村民家中吃饭。一来，了解一个地方最直接的方式往往是通过食物，人们对食物的印象是最深刻的；二来，跟村民零距离接触也能够更加了解当地村民的日常生活和文化习俗。我们称之为“村民家宴”，虽然组织起来非常麻烦，但觉得很值得。

我历来非常重视出版，出版为乡建主体搭建的发声平台，具有不可替代的传播效果。《大南坡》杂志创刊号（陈奇、李耀等编撰）、《麦书》（朱珐释文，厉致谦设计）、《竹林七贤》（刘庆元木刻，马仕睿设计）等书刊的出版，怀梆唱片和大南坡相关影像作品的发行，是以不同的媒体语言重述在地的乡建实践，从而抵达更多人群，实现城市和乡村的精神勾连。在乡建实践中运用上述文化传播手段的最终目标，是要培养社群的文化自觉，强调文化的创造力和可持续性，提高村民的自豪感和幸福感，为改善地方的文化环境而努力。

至于产品生产，我们利用本地物质条件和文化资源，设计生产出可供销售的农业与文化产品，产生经济效益，反哺各项在地工作。产品生产还可提升消费者对民间工艺的认知，加深外界对乡土世界的理解。产品生产与文化生产关系密切，从某种角度来看，它是后者得以持续的条件。大南坡的产品生产包括当地的主要农产品，如修武特产冰菊茶、松花蛋、山药面等，团队从视觉、包装上进行设计更新，并以部分特产为原料制作具有当地风味的精酿啤酒。同时，研发团队还从修武地域文化与农耕文化中提炼符号，设计、开发了一系列文创产品。从实际操作层面上来说，产品生产是四个“生产”中难度最大的，如果说空间生产和文化生产的成立取决于事前约定的投入，产品生产则需要得到市场的认可并在形成一定消费量后，方能具备文化渗透力和商业价值。

在理论层面，“大南坡计划”的实施还涉及关系生产。在我们看来，良好关系的存续是社区的黏合剂。通过社区内外关系的建立来增进彼此之间的了解，从而加强互惠互助，使社区的各个组成部分形成一个良性发展的有机体。在地方与外部的合作中，以灵活的策略和平等的意识，创造正向的关系流动，形成对本地经济与文化的回馈路径，缓解紧张的城乡关系与人地冲突。最终，围绕信任、共情和对他人的尊重，使社区团结在一个生产性网络之中。可以说，关系生产是空间生产、文化生产和产品生产得以进行的基础。

在改造计划实施之前，陈奇及其带领的社区营造团队率先入驻大南坡村，通过访谈、问卷调查、听取村民建议等途径收集整理了村民们的诉求，包括解决农田用水、修复公共建筑、建立村民活动空间、改善卫生环境和恢复怀梆剧社等。社区营造团队于 2020 年 3 月开设了为村民服务、与村民建立直接沟通渠道的“南坡讲堂”。此外，他们还组织村民捡垃圾，开展乡村环保建设和零废弃教育等。是年 4 月，在陈奇和我们团队的努力下，大南坡恢复了怀梆戏的排练和演出。新的怀梆剧社成立后，更在 Modernsky Worldmusic 厂牌的帮助下发行了 CD 唱片《南坡怀梆 2021》。怀梆戏的恢复让大南坡找回了40 年前的辉煌，也重新建立了大南坡人的文化自信和凝聚力。最近，我们还设计制作了怀梆戏的唱词本，并帮助他们参加社会奖项的评选，由此获得一些经济方面的资助。

2020 年 10月，北京当代艺术基金会联合广州美术学院跨媒体艺术学院刘庆元工作室，和我们共同发起乡村儿童美育进入大南坡完全小学，先后开展了“四季美术课”、“你的歌，我来画”音乐课、“孩子们的电影节”影像训练营、街舞训练营，以及《绘见家乡》县域美学读本编著等工作。通过这些美育实践，以及方所乡村书店、音乐教室、“菜青虫”和大南坡字母儿童互动景观装置、“南坡秋兴”舞台等文化娱乐设施，使孩子更加了解家乡自然风物之美，逐步建立了自信心，培养了想象力，开拓了视野。此外，在校长刘晓江的带动下，全校师生自发开展了美育实践和探索，成立了美育工作室，带领孩子们开展了如草木染、儿童绘本阅读等丰富多彩的美育实践活动。受益于美育理念和实践，以及“大南坡计划”所带来的村貌变化，大南坡完全小学拥有了西村乡最稳定的教学队伍，孩子们的学习成绩在全县50多所小学中名列前茅。

坦率地说，“大南坡计划”并非一帆风顺，也遇到很多问题，直到目前仍未走出困境。比如因领导换届造成空当，我们获得的官方支持不太容易接续，这是一个比较大的痛点。再加上前三年新冠疫情时断时续，对各项工作都造成了极大的影响。更重要的是，如果乡村要可持续发展，一定要有可持续发展的机制，这个机制还在建设的过程当中。此外，我们目前的工作侧重于建筑改造、景观更新、文化植入和设计升级，但是我们缺乏运营能力，迫切需要专业的运营团队，把大南坡的发展纳入运营计划中。当然，其中最核心的问题是各方共识的达成。我最近有一个新体会：认知的缺陷是一种不可抗力。

乡村建设是一个复杂的社会工程，或者说是一种总体性的乡村社会设计。乡村建设也不是一个团队能够大包大揽的，必须由各个团队协力共为，还需要各级政府的大力支持和村民们的高度参与。政策扶持、资金到位、社区营造、建筑和景观设计、民宿和餐饮服务、文化和产业、整体运营等每一件事都至关重要。还有一点心得是：乡村建设，就一个面向来说，就是要照顾好老人和孩子。中国有句古话，叫“老安少怀”，意思是使老人安逸，让孩子得到关怀。“老安少怀”四个字是我 2015 年在贵州乡村工作时在一个侗族鼓楼的匾额上看到的，经过大南坡怀梆戏和儿童美育等实践，我对它有了更加深刻的认识。

在撰写此文的过程中，我还在进行《大南坡：共振村声》一书的最后校对工作。这本超过900页的出版物以“四个生产”为内容框架，记录了我们及合作团队这三年来的工作历程。参加撰文的包括当地村民、小学生、小学校长、社造工作者、美育工作者、建筑师、策展人、记者、观察者等，芸芸“众声”，嘈杂且真实。我很想在书的腰封上印上村民赵小香的一句话：“原来村子是贫困村，现在这么好，（大家）都很高兴。最希望村子继续发展下去，民宿、卫生都建设下去，继续干下去。”

●大南坡村隶属于河南省焦作市修武县西村乡，位于修武县西北，距离县城约26千米。其所在的修武县总面积611平方千米，人口约25万，商朝时名“宁邑”，因周武王伐纣途中在此地驻扎练武，故而得名“修武”。修武是千年古县，汉献帝在此谪居，“竹林七贤”在此隐居，宋代名瓷绞胎瓷也自此地兴盛。修武同时也是旅游名县，依托境内的全球首批世界地质公园、国家5A级旅游景区云台山，形成了辐射中原的旅游集聚区和民宿产业带。

●2016年起，修武县开启了“美学经济”的县域探索，将云台山的山水美学和服务美学的理念覆盖到乡村，覆盖到城建，覆盖到县域的方方面面。经过多年的综合建设和实践，修武正在焕发新的活力，并于2021年1月，被确认为焦作市唯一的河南省乡村建设样板县。

地方志 1.

Contexts

Map of Xiuwu 修武地图

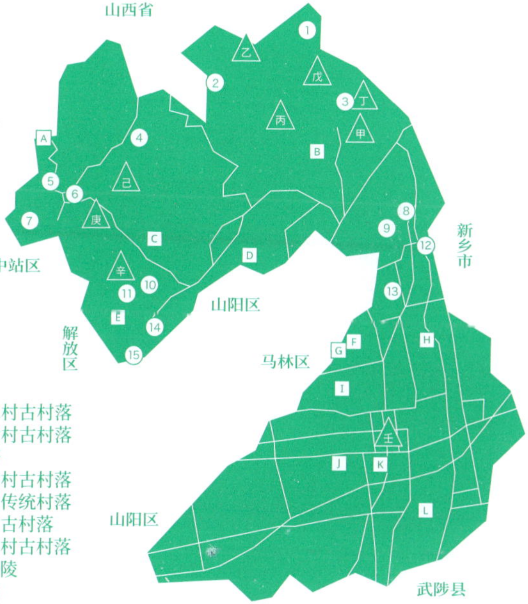

① 一斗水村古村落
② 东岭后村古村落
③ 孝女塔
④ 陪嫁妆村古村落
⑤ 后河村传统村落
⑥ 双庙村古村落
⑦ 平顶爻村古村落
⑧ 汉献帝陵
⑨ 苏立墓
⑩ 火神庙
⑪ 东交口荒岁碑
⑫ 李固龙山文化遗址
⑬ 海蟾宫
⑭ 当阳峪瓷窑遗址
⑮ 圆融寺

A 净影寺度假村
B 岸上小镇
C 穆家寨生态旅游度假区
D 大南坡
E 当阳峪滑雪场
F 万亩海棠园
G 陆台都市生态观光园
H 云泰现代生态立体农业
I 无为农业供港蔬菜基地
J 修武西站
K 金宝蔬菜供港蔬菜基地
L 畜产品加工基地

甲 云台山
乙 云台天瀑
丙 红石峡
丁 百家岩
戊 茱萸峰
己 青龙峡
庚 峰林峡
辛 云台溶洞
壬 胜果寺塔

Figures of Xiuwu 修武的数字

总面积

611km²

187村

3乡

西村乡
五里源乡
王屯乡

5镇

周庄镇
七贤镇
城关镇
云台山镇
郇封镇

总人口

约 2500000 人

2023 年全县地区 GDP

1602000

民宿集群 6 个

岸上村
古洞窑村
绞胎瓷艺术小镇
云台森兮
半山云窑
田园居

精品民宿

104

2022 年全县接待游客数

410950

全国乡村旅游重点村

2个 { 大南坡村 / 岸上村 }

（以上数据来自修武县人民政府网站公开统计信息）

0000元

2023年
春节假期
全县
接待
游客数

436711人

家

0人次

国家级非物质文化遗产

1个

当阳峪绞胎瓷制作技艺

省级非物质文化遗产

5个

- 竹林七贤传说
- 怀梆戏
- 丁兰刻木传说
- 薛氏宗祠祭祖仪式
- 五里源松花蛋制作技艺

非物质文化遗产传承人

31人

- 2人 省级
- 1人 国家级
- 17人 县级
- 11人 市级

国家级传统村落

6

- 一斗水村
- 东岭后村
- 平顶爻村
- 双庙村
- 长岭村
- 东交口村

全国重点文物保护单位

4

- 当阳峪窑址
- 汉献帝禅陵
- 胜果寺塔
- 百家岩寺塔

古代遗迹

3

- 当阳峪瓷窑遗址
- 李固龙山文化遗址
- 运粮河

中国历史文化名村

2

- 一斗水村
- 双庙村

宗教建筑

9

- 胜果寺和胜果寺塔
- 万善寺
- 圆融寺
- 百家岩寺与百家岩寺塔
- 玄帝宫与云台观
- 海蟾宫
- 祖师庙
- 火神庙
- 城隍庙

古代墓葬

5

- 商冢
- 汉献帝陵
- 韩愈墓
- 韩昶冢
- 金代杂剧砖雕墓

现有耕地面积

238200亩

基本农田保护面积

213900亩

人均耕地面积

1.02亩

山地面积

378.13km^2

林业用地总面积

484980亩

26.35%
森林覆盖率

50.23%
林木覆盖率

省级森林特色小镇 3个

森林乡村示范村 7个

森林乡村 17个

野生动物种类697个

植物种类1175种

隶属 136科

784属

云台山情况

AAAAA

云台山是集世界地质公园、全国文明风景旅游区、国家重点风景名胜区、国家森林公园、国家AAAAA级旅游区、国家水利风景区、国家地质公园、国家级猕猴自然保护区、国家自然遗产等1个世界级和8个国家级品牌于一身的全国知名景区。

历史人物

14人

宁封子（黄帝时期）
张良（西汉）
汉献帝刘协（汉末魏初）
阮籍、嵇康、向秀、刘伶、阮咸、山涛、王戎（魏末晋初）
魏华存（晋代）
孙思邈（唐代）
韩愈（唐代）
李商隐（晚唐）

Numbers of Dananpo 大南坡的数字

总面积

3km²

总人口

960人

自然村

4个

大南坡老村
南坡新村
东小庄
西小庄

现有耕地面积

200余亩

地理位置

位于修武县城西北，距修武县城

26千米

距焦作市

20千米

距云台山景区

18千米

距郑云高速入口

16千米

民宿数量

5个 隐居乡里·小竹林、未见南山小院、素院、见山小院、半山坡（在建）

2020~2022 年接待游客总数量

150000人次

＊15万人次为估算，未经正式统计，特此说明

市级非物质文化遗产数量

1个 大南坡怀梆戏

关系生产 2.

Relations Production

●地方的良好关系及其存续是社区的黏合剂，外部关系的建立则为社区面貌的转变提供持续的动力。在地方与外部的合作中，灵活的策略和平等创造的意识，可以形成对本地文化的正向回馈路径，缓解紧张的城乡关系与人地冲突。围绕着信任、共情和对他人的尊重，社区内外最终得以团结在一个互惠互助的生产性网络之中。可以说，关系生产是空间生产、文化生产和产品生产能够进行的基础。

●在改造计划实施之前，陈奇及其带领的社区营造团队率先入驻大南坡村，通过访谈、发放问卷调查、听取村民建议等途径，收集整理了村民们的诉求，包括解决农田用水、修复公共建筑、建立村民活动空间、改善卫生环境、恢复怀梆剧社等。社区营造团队于2020年3月开设了为村民服务、与村民建立直接沟通渠道的“南坡讲堂”，通过讲座与对谈，一方面向村民介绍团队的工作，另一方面帮助他们提高生产生活技能。是年4月，在左靖和陈奇的努力下，大南坡恢复了怀梆戏表演。新的怀梆剧社成立后，在音乐厂牌摩登天空的帮助下出版了《南坡怀梆2021》CD唱片。怀梆戏的恢复让大南坡人找回了40年前辉煌的记忆，也重新建立了大南坡人的文化自信和凝聚力。

●随着工作的深入，北京当代艺术基金会（BCAF）联合左靖工作室、广州美术学院跨媒体艺术学院刘庆元工作室共同发起的乡村美育落户大南坡完全小学。在校长刘晓江的带动下，全校师生自发开展了美育实践和探索。受益于美育理念和实践，以及因“大南坡计划”所带来的村貌变化，大南坡完全小学拥有了西村乡最稳定的教学队伍。

●在村民牛炳富家，其儿女通过银行贷款自建了“牛爷爷院子”民宿，牛炳富二儿子牛保红以写作的方式记录下了自己所经历、见证的村庄和个人家庭的变化。

2.1
社区营造 Community Revitalization

我在大南坡做社区营造的一年

文 摄
李耀

▲ 入户调研采访村民

相对于城镇的社区，乡村具备了更完整、系统的自然及社会结构。它的基本单元是家庭和个人。我们入驻大南坡后，就是从了解当地人开始的。他们的反馈，与我们的互动，是开展工作的依据和出发点。他们也将是乡村振兴的主体力量和最终受益者。

2019 年 8 月，我受陈奇委托，随各方团队首次进村。停留时间虽短，但对当地有了初步而真切的感受。当时正值盛夏，虽炎热但相对湿度低，时有风，体感清爽；地形有层次，植物形态多样；主干道路况良好，公共建筑宏伟质朴；方言直率容易学习；生活节奏平缓，人口密度低。这些第一印象促成了我对大南坡村的好感并持续至今，成为工作中感性的动力。

◀ 申新平

2020 年 1 月，我们驻村伊始，便与村委会成员（俗称村干部）正式见面，介绍村情，相互认识。我们的入户调研，其实是从五位村干部开始的。村委会是村民自治组织，村干部们自然也是村里的常住居民，因此我们之间的坦诚沟通，有助于相互了解并推进工作。此番交流后，村委会委派赵小连与申新平协助我们。

冬天农闲，学校放假，村民大部分时间待在家里。选择此时入户，正好有机会和村里常住群体——老人、妇女及儿童交流。

两位村干部都有丰富的基层工作经验，并富有幽默感，在帮助我们理解当地方言的同时缩短了我们与村民的沟通距离。当然，我后来发现，当地人普遍

◀ 村医王丑妮（左）与好友康麦香（中）

个性幽默，不拘小节，我们相处得十分愉快。欢声笑语迅速抵消了身处异地的生疏。熟悉之后，村医王丑妮告诉我：“严肃的大道理总是少数，如果不开开玩笑，那生活多没意思。”

在村民家中面对面交流，可更快地了解或掌握方言。此外，我们也能窥见当地人不同的个性、谋生手段、生活习惯，对大南坡村有更丰富的直观认识。累积的调查问卷涵盖了各年龄段、不同职业的近百户村民，我们听取了他们对过去、当下以及未来的想法，在此基础上，形成了大南坡第一份调研报告，初步梳理了大南坡村自然、环境、产业、历史、人文、教育等各个范畴的概况，为合作团队的规划设计等工作提供了一定的参考，也让我们的工作有了更为系统的基础和切入点。我们结识的村民中，不少人具有突出的人格魅力、行动力和创新精神，他们被视作村里的带头人，将在各项工作中承担重任。

陈奇于当年 3 月主持了第一期“南坡讲堂”，主题为“重新认识我们的家乡”。村里的讲堂是我们和村民沟通的一种正式渠道，可借此传递理念，达成共识，为实际工作建立思想前提。在此次讲堂上，陈奇努力让村民意识到：每个人行动起来就能做出改变。随后建立的环保队，便是第一支村民自组织。陈奇设计的捡垃圾路线覆盖了村里的在建项目，借此机会为村民介绍大南坡的发展规划，是“重新认识家乡”的重要实践部分。而当村里有大量空闲时间的妇女们聚集在一起，有组织地在村里捡垃圾的时候，参与者其实已开始了自我意识的更新，每个人一点点的付出融入集体行动中，便汇聚成巨大的力量，“改变我们的家乡”。当天大家清除掉了村里一处沉积多年的垃圾山，这个变化对每个人心理的影响是不言而喻的。

由于环保队的工作成效显著，随着垃圾减少，捡垃圾的频率从每天一次逐渐减少为每周一次。环境的改善是直观的，也是和村民的生活直接联系的。参与者享受到愉悦的成就感，对自身付出的劳动成果倍加珍惜，在干净环境里对美有丰富的感知，从而完善了对自身的教育，获得更有尊严的生活。我们设置了奖励机制，对积极参加活动的村民给予物质奖励，后来却发现有部分村民放弃了这种奖励，他们认为捡垃圾是对自己家乡应尽的义务。随着捡垃圾活动成为村民习惯的日常，环保队的组织任务正式移交给村里年轻的易玉兰。她每周在村民微信群里通知地点和时间，不少老人虽不会使用智能手机，但在路边见到环保队工作，就会回家带上工具加入其中。易玉兰的家人一直陪伴和支持易玉兰，他们同时也是环保队的核心成员。

实际上，我们在这个冬天认识了很多人。我回到盛夏曾驻足的大队部老院子，与拾柴火的牛炳富聊上了。他问我是哪里人，姓什么，他说就叫你小李子吧。这是和我聊天的第一位村民，所以我们现在非常熟悉了，是忘年交。年逾古稀的牛爷爷曾任村大队采购，走南闯北。其家风优良，开朗随和，让我们在村里获得温暖的心理慰藉，很自然地介绍引荐客流于此。这

座三进三出的老院子人丁兴旺，地理位置优越，在一年里自然生长，成为原住民经营的兼备餐饮及公共交流功能的空间。

在牛爷爷家里，我们认识了他的孙子牛世林。他即将拿到硕士学位，听了陈奇讲大南坡的未来，表示在合适的时候会回到家乡。牛家对面，住着大学毕业从修武县城嫁到村里的薛艳，她养育了两位知书达理的儿女赵玉和赵玉峰。同年 3 月，陈奇发现了自幼习武并有丰富教学经验的周慧，鼓励她成立大南坡儿童武术队。大南坡各类项目的入驻，村民主体意识的重新觉醒，让我们很受鼓舞。9 月，一位村里长大的姑娘赵世莹返回娘家，在父母的关爱和支持下，和薛艳、易玉兰、周慧一起参加应聘，成为在大南坡工销社和书店上班的第一批村民。

11 岁的六年级学生赵依涵是班里的优等生，家中三姐弟的老大。她总能够巧妙化解孩子们之间的矛盾，并带领他们参加村里的活动。她就读的大南坡完全小学，校长刘晓江对乡村教育抱有殷切期待，以及身体力行的实践热忱。1 月第一次见面时，刘校长精辟指出："哪里有更好的工作机会，人就会流向哪里，而父母去哪里，孩子就去哪里上学。所以，解决问题的根本是为当地百姓提供更好的就业致富的机会。这样，咱们学校会越来越好的。"

◀ 薛艳和丈夫赵春光

还有"大家的好朋友"张瘦妮，在村里有很好的人缘。我们跟她说话，她一直开心大笑，很温暖。我们认识赵梅香的时候，她说自己喜欢唱戏。那时候我还不知道，她就是当年村怀梆剧社有名的演员。我们和爱好唱戏的邻居刘亭香第一次交流的时候，也没有预见到，她会在大南坡舞台上扮演重要的角色。当同事朱彦为易玉兰和其儿子赵允升、婆婆张小让拍合影的时候，也未预见她将成为带领大家捡垃圾的环保队长。因为要寻觅会做山楂糕的村民，妇女主任赵小连带领我和朱彦认识了赵小景。无意中，赵小景讲起了数十年前村里辉煌的怀梆剧社。这个故事为春天发生的事情埋下了伏笔。正如那个冬天村干部申新平兴致勃勃地带我们去家里看那口大鼓，当他敲响的时候，一旁的张国祥说，好像尘封的往事，被唤醒了。

赵小景带领大伙排练戏剧、扭秧歌的经历，让

▲ 村民张瘦妮

▲ 赵梅香（中）和家人

▼ 刘亭香和丈夫

我们找到了组织村里文化艺术活动的契机。我们建议她在村里召集唱戏的老搭档，并发掘新人，找到老剧本，让断了数十年的怀梆戏重新发声。我们则协助准备戏剧排练的基本物资，让她可以放手去联系、组织、带动、督促社团的排练。她的号召力、公信力和组织能力，在村民中获得广泛的认可。我们注意到，赵小景获得的信任源自其人格魅力，和早年作为村妇女主任领导文化活动的经历，以及家族成员的鼎力支持。她有强烈的为公奉献的精神、坚持到底的决心、主动解决困难的行动力。事实上，当我们面临共同的问题时，她很少提及需要帮忙，即使有倾诉，也会随后主动找到解决方案。我们也由此切身体会到一个村内优秀带头人不可替代的价值和意义。

在赵小景的引领下，大南坡怀梆剧社经过近一年的日常排练，团员们能够在众人注视下登台演出，练习唱腔和动作，领会剧情和角色内涵，说明他们本身就具备了一定的勇气和才华，或者愿意付出时间去获得这些品质。他们不计报酬；愿意说服家人支持，面对村里的闲言碎语甚至偏见；日复一日，听从调遣，准时参加排练。这些都来自他们更坚定的信念，对戏剧等文化艺术有更多的热爱，以及对带头人赵小景有足够的信任。

这些人必然是村里常住人口中，更为积极(有更多时间)、更为坚定、更为开放、更热爱艺术、更认可外来团队价值、更能接受大南坡项目理念的一群人。

◀ 第一次见到赵小景

坡文艺
賀佳节享
迎新春祈福

在剧社排练中，多工种协作，多角色配合帮衬，日渐形成的情谊，也成为这个团队的重要精神财富。

剧社成员多数为妇女，在排戏之外照样有田间劳作、工地干活、照顾老人、抚养小孩等日常工作，她们也是大南坡环保队的中坚力量。这说明她们是大南坡最有力量、韧性的一群人，在传统农村社会中，扮演着更加重要的角色。

事实正是如此。剧社的成员里，不少人都是村内公共活动的热心参与者，是左邻右舍可以信赖的朋友。我们的邻居康麦香是村里及邻村白事的话事人，扮演着“入殓师”的角色，她称自己胆子小，村民前来求助时却从不推辞；冯寸平平日里协助赵小景组织戏剧排练，并自备音响组织了“酷走队”，带领村民在操场锻炼身体；赵小成本职工作是村小学的门卫兼保安，村民们对其多有夸赞，他对各类公益活动从不推辞，包括在夏天帮我们搭建屋顶防晒网。入冬后排练新戏，元老赵成香及牛炳富因高龄力有不逮，热爱乐器的小成承担起男主角“老生”的重任；康凤银独自抚养小孙女，每晚出门排练就把她带在身边，小女孩在唱词和梆子声中完成每天的作业。团员们常在会上表态：“团长有啥事说一声就好了，我们都照你的脸（听你安排）。”

◀ 冯寸平（右）与赵小景在舞台上

因此，我们组织讲堂，琢磨农产品销售办法，配合各团队筹办大小活动，这些团员们都是热心参与的一分子。人们信赖赵小景，因为需要一个可以带领他

◀ 戏剧团首演时的观众

▲ 赵成香

▼ 牛炳富（右）和家人

▲ 李耀（前排中）和村民

▼ 陈奇（前排右）和村民聊天

们做事情（哪怕是文艺娱乐）的人，也因为人们天生对于集体的归属感。他们给予我们同样的信任，也许因为我们倾听了他们的讲述，发现个人的闪光点，协助搭建社区活动的舞台，让人们发挥所长。

无论是赵依涵、牛炳富，还是苏文喜、赵稀罕、张小让、赵红砖、侯志梅、赵秀云，以及更多来不及提及姓名的、积极热心的村民，村委会的各位成员，驻村的扶贫干部们，都在认真扮演着在大南坡的角色，因为认可我们，认可大南坡振兴的理想追求，他们在自己的生活圈里向更多的村民传递着积极的信念。

我们从大南坡的工作中，反复实践并体悟到：核心的问题是人。能在乡村培养一批实干能干的能人，再带领大家靠自己的实干创造财富，比单纯的物质援助更有价值。而与人打交道的工作，关键在于沟通。走近，倾听，观察每个家庭、每个人的生活，才能够对"生命"有具体的认知。也许一个故事就是一个人的一生。

微不足道的个体在时代洪流中，展现出尊严、智慧和美。而这些品质又和教育程度、工作岗位、环境优劣没有直接的因果关系。从这个意义上说，我在大南坡获得的财富，远胜于我所给予大南坡的。

© 摄影：朱锐

大南坡村里来了人

文 喻婷洁

摄 三金

（除特别注明外）

振兴和改造一个村子第一件重要的事，或许是要和这里的村民建立良好的沟通，让村民看到这里未来发展的景象，理解这些改变会把村子带向何方，从天而降的施工队、推土机、形形色色的陌生人，并不是来抢夺他们的土地，或挤压他们的生活空间。而村民们在整个改造和发展过程中又扮演着极其重要的角色，他们必须是参与者，而非旁观者。这并不是件容易的事，因为大多时候，人们总是愿意待在舒适圈里，抗拒改变和未知。

一

修武县的大南坡村，就是这样一个乡村振兴的“样板村”。它位于修武县西村乡，倚靠太行山南麓，共有245户960口人，曾是一个省级深度贫困村。这个村庄曾是革命老区，1938年，中国共产党在这里建立了抗日根据地，并于抗日战争和解放战争间在这里持续战斗，涌现出多位战斗英雄。直至今日，红色文化仍是西村乡重要的文化构成之一。到了20世纪70~80年代，村庄地下发现了丰富的煤矿资源，在“煤都”焦作以煤炭经济发展为主体的影响下，煤矿开采产业一夜间成了大南坡村的经济支柱，并使它成为方圆百里的富裕村。改革开放的初期，思想解放，经济增长，东西部差异、城乡差异渐显，全国乡村还在摸索道路的时候，大南坡村村民却依赖天然资源，在家门口找到了致富之路，村里渐渐建起了大礼堂、大南坡完全小学和大队部，成为其他村庄羡慕和向往的对象。

但时至20世纪90年代，随着村中小煤窑越开越多，进行煤矿开采后，地下出现大量空洞，这些没有回填的空洞上层，失去支撑的土层、水层逐渐开裂，进而导致房屋的开裂和倒塌，甚至有滑坡、泥石流、地面塌陷的危险。大南坡村的环境逐渐恶化。并且，煤炭是一种不可再生资源，进入21世纪，焦作市的煤炭年产量已经大幅衰减，许多煤矿连年亏损，依靠单一经济吃老本的发展模式已经走不下去了，但大南坡村因为发展煤炭产业而欠下的生态环境"债"，却要耗费许多年去弥补。2005年，焦作市进入了"十大污染城市"名单；2008年，国务院将焦作列为全国首批12个资源枯竭型城市之一。"由黑转绿"的口号被迫切地提出，新的政策倡导用绿色生态产业取代重污染的煤炭产业，于是焦作市先后开发了云台山、青龙峡等多个优质旅游园区，以旅游发展完成经济转型；而大南坡的煤矿关停后，"经济支柱"不再，这里变成了省级深度贫困村，青壮年们纷纷外出打工，村子里留下的只有老人、一些妇女和孩子们。

2016年，时任修武县委书记郭鹏提出了"美学经济"的概念。郭书记曾就读于美国波士顿大学，并获得比较政治经济学博士学位，他希望"以美学统领经济社会发展"，既要发展商业，也要关照艺术与文明，通过美学经济"复活乡村，拉动产业，提升公民素养，开创中国县域农业文明、工业文明之后新的文明维度"。

在这样的大环境下，人们仿佛突然发现了大南坡的优越性。修武县的贫困村庄，有的地理位置偏僻，位于山中，难以到达；有的村庄已大大缩小，或成空心村，只留为数不多的老者独守。相比之下，大南坡却有着各方面都恰到好处的条件：

1. 它的区位条件好，距郑州车程 1.5 小时，到焦作市区、云台山 5A 级景区、青龙峡景区车程都在半小时以内，比起那些坐落于山区的贫困村，它的交通十分便利，且有条件与其他景区联动；

2. 村子范围较大，由 4 个自然村（老村、新村、东小庄、西小庄）组成，有足够的发展和增值空间，并且村里留下了许多珍贵的、可供改造和需要保护的老建筑；

3. 人们发现大南坡村里的长寿老人很多，经过调研后得知，大南坡的土壤天然富硒，而富硒食物能够增强人体免疫力、预防多种疾病、帮助抗癌的优点已是普遍认知，这将是未来大南坡发展农业的一件重要法宝；

4. 虽然老人居多，青年人都外出打工，看似已经空心化，但因为有学校的存在，村子里还有许多孩子，这些孩子是非常关键的新生力量；

5. 曾经煤矿经济的发展，让村民有强烈的集体意识，大家共同辉煌过，很容易被再次凝聚起来。

2020 年 1 月，大南坡村的乡村建设计划就这样于无声中开始了。

二

首先进村的是成都奇村文化创意有限公司总经理陈奇的团队。这个以乡村社区营造工作著称的团队最重要的项目是四川成都明月村。5 年时间，明月村完成了很好的自发展，形成了丰富的业态，而陈奇团队在其中发挥了重要作用。她对于联动村民、发起活动、对社区进行调查和规划、建立制度与文化、凝聚社区力量等营造工作有着丰富的经验。现在，她是大南坡村乡村营造顾问。

陈奇入驻大南坡后的第一感受并不好：村子里处处是乱扔的垃圾。她开始按照计划进行村民调研，挨家挨户地和村民聊天，了解村里的需求，制定发展定位和计划。在完成基础调研之后，陈奇很快就在村里组织起了第一项集体活动：组建环保队，每天在村里捡垃圾。

捡垃圾，就是把散落在村子各处的垃圾捡进垃圾桶。这件很小的事、重复的体力劳动，却拉近了大家的距离。孩子们是主力军，下午放学后就到小分队集合，也有不少老人，大家一路捡，一路欢声笑语。持续了 2 个月后，村子干净得让人有些惊奇，目之所及都是自然的颜色，人的心态也发生了改变，村民们珍惜这种洁净，不再乱扔垃圾，也真实地从心里生出对未来的一些憧憬。

每个周末，陈奇都会在村里给大家举办一场南坡讲堂。捡垃圾之前，她先带着大家做了村庄发展的展望，聊聊大南坡的美在哪里，存在怎样的问题，未来它将变成什么样子，而这种改变需要大家的共同参与。

有 3 场分享会是清华同衡团队来给大家讲庭院花园的设计与规划，一些村民听完后就立刻开始行动，除草、种花种树、砌池子、树篱笆……陈奇团队及时地记录这些变化，并发到村民的群里，村民们看到后又互相学习改进，在捡垃圾时顺便组织上门参观，更多户人家开始收拾创作自家的庭院，创意和想法被激发了出来。

而在捡垃圾的过程中，陈奇还发现了各种人才，有组织过怀梆戏曲表演的，会扭大秧歌的，还有个媳妇 12 岁学武术，本科是武术专业，于是孩子们的武术队就在周末时组织起来了。

村民们渴望这样的文体活动。陈奇便决定在 2020 年 5 月底举办一场大南坡的文艺演出。于是村里各种文艺组织都铆足了劲，怀梆戏更是牵动着许多人的心。年轻时曾经唱过怀梆的赵小景，年过六十，又担当起了组织者。没有剧本，就请了一位过去怀梆剧团的工作者，费了好一番周折弄来了剧本；没有专业演员，就挨家挨户动员；乐队的演奏者是从县城里请到的，谱子更是凭着记忆口口相传的；陈奇则负责向县文旅局申请经费购买戏服、乐器、音响、灯光等设备……最终克服重重困难，他们演出了一场 50 分钟的《桃花庵》怀梆戏曲片段。

而比这场演出更重要的是，怀梆剧社、大秧歌队、武术队等自组织都保留了下来，成为村民日常文

© 摄影：李耀

大南坡艺术中心

化娱乐的重要部分。下一步，村里还将迎来自然教育者，环保议题也不再停留在捡垃圾上。陈奇的工作是搭建一座桥梁，她通过社区营造，让村民们拥有村庄建设的主体性，让村民们了解村庄形成内生的动力和机制，其他团队也能更好地进行建设工作。因为最终，村民们才是村庄的主人。

三

进入 2020 年 5 月，老大队部的建筑改造开始了。乡村建设的工作必然也包括老建筑的修复，要保留原本的骨架而同时承载新的建筑功能并不容易。大队部的建筑由大南坡村民自己设计和施工建造，1976 年竣工，距今已 44 年。为了对它进行内结构的加固，建筑团队想了很多办法，最后是依照清华大学的中国建工研究院提出的方案，建筑内部被用钢筋以 10 厘米 ×10 厘米的间距箍了一圈，特别结实，也格外震撼。建筑的屋顶上全是老物件，如果使用城市高楼的防水处理材料，屋顶无法承重，会被压塌，于是建筑师又找到了最新的轻型防水防蛀材料。还有老梁的加固、楼板的加固等，许多工作都是在实验中摸索进行。

改建后，大队部成为大南坡村的艺术中心和社区营造中心。社区营造中心包含儿童阅览室、老人和社团的活动室、创客联合办公室等空间，是村民活动、交流、聚会、培训及推动社区发展的场所；艺术中心则是展览空间，2020 年10月，这里举办了开幕

▲ 正在改造的乡村公共空间

展览“乡村考现学：修武的山川、物产、工艺和风度”，由策展人左靖担任总策划，国内著名的摄影师、建筑师、设计师、编导、艺术家、插画家、陶艺家、动画师等众人参与，展览内容包括“云台山考”“世界麦面与中原乡土”“厚土生花：绞胎瓷的风雅颂”“协力造屋：村民自建与普通设计”“从画像砖到木刻：竹林七贤图像的历史演进”以及“考现：大南坡村的民居、公共建筑与日常生活”等单元。

由左靖创办的碧山工销社（焦作店）则改建自大南坡供销社，它将着力于民间百工与当代设计的融合，勾连城市与乡村的物质和精神需求，是大南坡文化振兴中的核心空间之一。

另外，大南坡村的老戏台，成为方所在国内的首家乡村文化主题书店；陈长春的“隐居乡里”，一期建设了6套山居院落式民宿；来自西安的 Localand 则带着他们的食 / 物美学品牌“本地食馆”和多元整合的音乐文化空间、民宿空间 Local Club 来到村中；还有绞胎瓷主题的茶室、村卫生所改建的怀梆剧戏台、自然教育中心，以及二期规划中养殖场、大

▲ 改造后的乡村公共空间

礼堂、学校等公共空间的改造，都是大南坡村在文化、教育、艺术、农业和商业发展上的一块块亟待安放的拼图。

四

村庄在“外面来的人”手中悄悄积蓄着力量，与此同时，日子由春入夏，由夏转秋，泡桐花落了之后，村里的杏子挂了果，蜀葵开了又谢，接着，柿子和核桃也熟了，人们已经习惯了看不到垃圾的道路和田埂，一些人家的庭院越来越有模样，建筑换了容貌，道路也不一样了，新的景观和设施仿佛一夜之间出现在各处，村庄增添了一些过去没有的颜色，许多“外面来的人”逐渐和村民成为朋友，村民们开始思考：“我也能做些啥呢？”

有一场南坡讲堂，主角是村里的孩子们，陈奇请他们说说自己的心愿：喜欢大南坡哪里？怎样能让村子变得更漂亮？长大后想做什么？上台讲述的孩子平均年龄不到10岁，家长和村民们也都坐在下面听着。孩子们说：

“我长大了想当建筑师，把我们村建造得更漂亮。”

“希望大南坡夏天有游泳池，冬天有滑雪场，秋天啥也不用做，就拿个网接落叶，往树叶上画画。（那春天干啥呢？）送花！”

“废弃的大工地可以种点野花野草，应该有更多地黄，很多人都不知道它的根是甜的。”

“我还没想好以后要做什么，但是我想好大南坡以后是什么样子了，是干净的样子。”

“妈，我想在大南坡小学读书。（为什么？）因为这里以后会很有趣。（你怎么知道的？）因为这件事已经很大了，好多人都知道，很多人都来了。”

…………

有些孩子的语言就像诗，而外来的人们正在悄悄影响着他们。

大南坡社区营造
2021年记

㊫陈奇
㊺三金

确定 2021 年我们团队继续在大南坡做社区营造是在2020年12月的那个大雪天。

在温暖的大南坡方所书店里，我向时任修武县文旅局书记的谢迎征先生汇报了 2021 年大南坡社区营造工作计划。谢书记对我说，新的一年，希望有更多村民能参与到大南坡乡村振兴中，希望村民能在项目带动下发展创业项目。于是，我们决定将 2021 年大南坡社区营造的工作重心放在为当地人赋能上，邀请当地人走进“南坡讲堂”分享经验；开展技能培训，支持村里的产业发展；举办节庆活动，丰富村民的精神生活和情感；通过成立村民自组织，进一步协助其在地生根。

南坡讲堂

2021 年，我们在大南坡共开展了12 期南坡讲堂。每一次的活动，都能感受到朴素的力量、生命的活力，在美好的氛围里，大家增进了了解，彼此的关系更加融洽。

3月27日，大南坡武术队教练周慧分享《武术的当代价值》。活动海报上周慧的简介写着：大南坡村民、碧山工销社工作人员、国家武术二级裁判员、国家二级运动员、河南省一级教练。大南坡武术队二十余名小朋友和部分学员的妈妈、奶奶、外婆参加了这次活动。周慧在讲堂上分享了武术练习带给小朋友们的价值：强身健体，激发热爱与兴趣，培养坚毅、韧性和吃苦耐劳的品格。周慧鼓励孩子们坚持练习，德智体美全面发展，在未来施展自己的才华，为家乡做贡献。孩子们和家长也纷纷发言，表达自己的真实感受，并对周慧表示感谢。

4月10日，大南坡村民、80后健康管理师赵岩分享了《日常生活与健康管理》。他向在座的村民们生动简明地介绍了如何在日常生活中进行简单有效的健康管理，同时保持愉快的心情与健康的身体。在赵岩的PPT里，他提出有益身心健康的四大基石：愉快的心情、充足的睡眠、适当的运动和均衡的营养。

4月23日，西村乡本土作者郑乃谦分享了《光荣的村庄，英雄的人民——大南坡红色历史1938—1954》。郑乃谦于2020年历时2个月采访、收集、整理大南坡红色历史，写成一万余字的文章，刊发在《大南坡》杂志中，并于2021年4月在《焦作晚报》分两期整版刊出。为了这次的分享，他精心准备了内容和课件，并提前反复练习。这期讲堂有100多位村民参与，大家聚在社区营造中心，听郑老师分享大南坡的先辈们在战争年代的英雄事迹。勇敢坚强的大南坡人民在抗战时期为了保卫家园，浴血奋战，现在，这些英雄的后人就坐在台下，而他们自己如今也是大南坡乡村建设的中坚力量。翔实的资料、照片，生动的讲述，引来掌声不断，听众们建设家乡的信心也得到了鼓舞。大南坡完全小学的全体学生在校长刘晓江的带领下参与了本次讲堂，村民和孩子们在此刻共情，都为身为大南坡人而自豪。

5 月 17 日，我们邀请北京大学艺术学院研究生、河南省 2014 年理科高考状元、儿童教育工作者曹林菁走进南坡讲堂，给大南坡完全小学全体学生和家长做了《向美而生——我的成长故事》的精彩分享。讲堂上，曹林菁娓娓道来："对孩子而言，最重要的是梦想。孩子的梦想需要激发和守护。你知道你家孩子的梦想吗？和孩子成为朋友，多和孩子真诚地交流。……我读书从来不是为了考好大学，读热门专业，而是去探索我的兴趣和梦想，成为正直善良的美的使者。"大南坡的孩子们也分享了他们的梦想，四年级的赵德江说，他的梦想是成为开飞机的机长，因为他想开着飞机带全家人去旅行。

12 月 13 日，我和绵阳师范学院副教授罗莉（我的高中同班同学，她于 2020 年 1 月初与我们团队一起来到大南坡，参与了最初的村民调研）回到大南坡，进行我们团队在大南坡的最后一期南坡讲堂（第 27 期）——大南坡大地文学工作坊 2021《看电影，写生活》。

两年前的冬天，我们在白雪覆盖的村庄感受到的埋于土地的火种、所期待的繁盛，现在都燃起来了，初时想象的那些样子，都见着了，对我来说，这是很大的幸福。还记得 2020 年 1 月初我们来大南坡调研的第一天，罗莉走入牛爷爷的家中，遇见了牛爷爷与他的孙子牛世林。牛世林当时正在景德镇陶瓷大学读研二，放假回村陪爷爷。牛爷爷对我们说，他愿意当大南坡文化振兴的志愿者。2020 年 3 月，牛爷爷院子开始接待访客，提供茶饮和餐食。那个春天，我们和牛世林爬上屋顶，在那里观看被春风一点点吹绿的南山，观看盛开的苹果花、梨花。位于山坡上的民宿刚开始打地基。两年后，我和罗莉住进了牛爷爷院子民宿“未见南山”，民宿环境雅致整洁，屋顶有个天窗，我躺在舒服温暖的床上，透过天窗，望见了星斗，望见了月亮。

在工作坊的两天里，我们和村民们在社区营造中心用 LED 大屏幕观看了《李双双》《五朵金花》，进行了“村庄里的人情”“年轻人的爱情”两场主题分享与创作。在湛蓝的天空下，在冬日暖阳的光里，我们谈起诗歌，讲述和聆听发生在我们身上的、不同时代里平凡又温暖的爱情与家庭故事。我们一起笑，一起在笑声里共情，直到夕阳洒在每一个敞开地笑着的脸上。两年前初来时，我们还是陌生人，今天已彼此熟知，可以互诉衷肠。村民知道我们即将离开，一位阿姨说：“以后见面，怕是在梦中。”我说我们会回来的，我们的友谊长存。

技能培训

2021 年 3 月，我们与修武县人社局驻大南坡第一书记吕卫峰商量，决定引入人社局的优质课程，在大南坡开设为期十六天的“中西面点技能培训班”。由于村民白天需要劳作，为方便他们上课，我们把课程安排在晚上 7 点到 8 点，课程内容包括中西面点做法与实际操作。培训期间，每天晚上社区营造中心都会亮起温暖的灯，村里的烹饪爱好者们聚在一起，跟着老师学习揉面、烘焙，不一会儿，教室里飘满了甜蜜的香气。大家一起分享刚出炉的糕点，一起谈论口感、配料与火候。学员回家后，按照老师传授的方法自己制作，第二天再带来给老师和其他学员品尝。这是一次很成功的技能培训，村民参与度很高，课程氛围热烈、温暖。

与此同时，我们在大南坡还帮助孵化了村民旅游业态 4 家，为他们提供多次现场交流与指导，从开店前的想法沟通，到业态选择的讨论，甚至具体到低投入又能出效果的氛围布置、家具餐具选型、经营方式等，全方位给予创业村民支持。

节庆活动

在传统节日里，我们陪伴村民，让他们笑得更开心。三八妇女节，我们给奶奶们、阿姨姑娘们送诗歌、送棒棒糖；端午节、中秋节，大家聚在一起制作和品尝春卷、粽子和月饼，其乐融融。5 月，来自明月村的守望者乐队和来自北京的谷仓乐队（爱故乡大地民谣创始乐队）与大南坡合唱团一起举办了大地音乐会。

自组织赋能

大南坡环保队在易玉兰的带领下坚持开展一周一次的常态环保捡垃圾活动，易玉兰的婆婆张小让每次都参加，给了玉兰积极有力的支持。在环保队的努力下，大南坡环境越来越干净了，受到了外来参观者与游客的

杨小社，大南坡怀梆剧社演员 ▶

高度赞扬。2021 年 3 月 28 日是大南坡环保队成立一周年的日子，我们举办了环保队一周年茶话会，准备了来自成都老家的水果和糕点，自制了水果茶，为一年来积极参与活动的环保队队员颁发了奖状和大红包。会上，大家针对如何有效维护大南坡环境进行分组讨论，各自提出可实施的措施。有村民说："不管组织不组织，我们都自觉地参加，见了什么地方有垃圾，我们随时都捡，为了我们的环境更加美好。"

可喜的是，从大南坡村开始的村民环保队捡垃圾活动在 2021 年春天扩展到修武全县。修武各乡镇安排村干部和群众到大南坡学习，时任县委书记郭鹏去到七贤镇、秦厂村等地，和村民、孩子们一起捡垃圾。县委办每个部门联系一个村子进行社区营造与乡村振兴工作，县委办党员干部每周一次去村里参加志愿活动，一起学习、发言，身体力行。

3 月也是大南坡武术队成立的纪念日。在碧山工销社（焦作店）上班的周慧一年来坚持利用休息时间为孩子们教授武术。2021 年，大南坡武术队被各级媒体多次拍摄报道，成为大南坡的一张名片。2023 年春节，大南坡武术队更应邀参加了修武县的文艺展演。三年过去了，在周慧发到大南坡武术队群和她朋友圈的照片中，孩子们穿着红色武术服，自信地表演着武术，他们都长高了很多，有的孩子已经从大南坡小学毕业，去外面读初中了。

2021 年，社区营造团队继续记录怀梆剧社的日常排练和演出，帮助他们进行申遗资料编写及协助剧

大南坡武术队小队员 ▶

团注册演出资质执照。大南坡怀梆剧社的支持经费迟迟未能落实，团长赵小景带着剧社二十余人艰难维持。剧社成员大都年纪大了，身上多有病痛，精力也有限，全凭对怀梆的热爱支撑着排练和演出。赵小景面临着巨大的压力，内心十分纠结，既想把怀梆剧社维持下去，精进表演，又要做大量的工作鼓励成员，疏通大家的情绪，同时还要与政府、村委会、左靖老师团队沟通，争取更多支持；而她自己没有领取一分报酬，对于家人是否能长期理解和支持也心存忐忑。

但即便在这样的情况下，她仍然坚持团结大伙，组织排练，在 2021 年的“南坡秋兴”活动中，大南坡怀梆剧社呈现了更高质量的演出。这一年，中央电视台《焦点访谈》的报道，新华社的直播，村中各团队年轻人的加入体验，CD 唱片的录制与发行……都给了怀梆剧社和赵小景正向的反馈和激励，也成为剧社成员们的高光时刻。“我们的努力没有白费。”大南坡怀梆戏在这一年被评为焦作市非物质文化遗产。

2021 年 12 月 16 日，我和罗莉、李耀、王依妹、余艾学，邀请怀梆剧社全体成员在本地食馆吃饭。本地食馆原址是集体经济时代大南坡村办煤矿企业的车库，在 2021 年改建为餐厅，亦是一处体验本地民俗文化与餐饮文化的场所。本地食馆的院子里设计了一个传统木结构戏台，挂着“共振村声”的木匾，这里成为怀梆剧社日常演出的场地，他们在此为游客进行了十来场演出。那个中午，我拿出老白汾酒，坐到乐师赵铁成身旁说：“我今天陪你好好喝一下‘辣酒’（当地话称白酒为辣酒)。”我们之前曾在赵铁成家做客，和他小酌辣酒，主客尽欢。这一天，我们仍旧畅快地聊天，给每一位我们尊敬的剧社成员敬酒，对他们说出了我们心中一直想说的话。

酒过三巡，剧社成员突然开始为我们清唱怀梆。从成香叔开始，牛爷爷、赵小成、赵铁成、赵安成、赵小香、赵小景、赵爱勤、康麦香、康凤迎、赵丑妮、毛妮……从我们最初听过的《桃花庵》，唱到《穆桂英挂帅》《辕门斩子》……每个人的嗓音和情感在餐厅的窑洞里回响，撞击着我的心。我发现，我能完全听得懂怀梆戏里的唱词了。梆子戏基于人世的悲欢离合真实地表达着情绪，情到深处，我也深刻地感受到了。我们鼓着掌，笑着唱着就流下了眼泪。唱罢，乡亲们随意聊着。赵铁成忆起第一次看见我们，是2020年1月10日我们在冰天雪地里采访孩子们那天。因为太冷了，我们哆哆嗦嗦捡了几根木柴，试图点火，却一直燃不起来;他看到后走过来，为我们生起一堆火。他说:“当时我走过去，点燃这堆火，让他们温暖一下。这个团队那么远来到我们村，克服了重重困难，忒不容易。”

2021年12月离开之后

我们在大南坡的工作在2021年12月底正式结束。将在这里工作生活两年的物品和书籍打包寄回成都后，我又开始了新的旅程。

离开之后，我还不时收到大南坡好友的信息。妇女主任赵小连发来2022年春天大南坡的杏花花信;

牛爷爷打开视频电话，分享他们一家的生活，也问候我和家人在四川的生活；牛二哥继续在他的诗文里呈现大南坡的日常之美。2023 年 2 月，牛二哥告诉我，牛爷爷院子民宿和餐厅的经营终于走上了正轨，民宿五号院正在装修中。在大南坡文学社的微信群里，我们互相问候早安，分享自己的新作。大南坡小学的刘晓江校长给我寄来孩子们的诗歌集和绘本书，他告诉我，孩子们现在更自信、更有灵性了，他们更加热爱学习，也更善于表达自己。而周慧则不时在武术队的群里通知孩子们练习和表演，把他们飒爽英姿的照片发到群里。

赵小景也与我交流过几次关于怀梆剧社的近况和遇到的难题。如往年一样，她倾诉完后，又继续组织剧社排练、演出。2023 年正月十二，剧社在县文化广场演出了《桃花庵》《辕门斩子》的一些片段，效果很不错，演员们心里都暖融融的。回顾怀梆剧社这三年走过的路，小景认为很有意义，对所有的参与者来说，都是一种精神上的享受。虽然经费问题还没得到解决，但大家都不希望散掉，都咬着牙坚持，怕再散掉就更不容易恢复了。

我知道他们的演出会继续下去，我也坚信大南坡和大南坡人会越来越好，村民乐观向上的生命状态是大南坡最大的财富。感谢曾与他们共同走过的这一段浓情岁月，过程中的种种美好和感动，我将永远珍藏在心中。

2.2
当地人物 People

恋爱，写作，卡车和生意——我在大南坡的日子

文
牛保红、喻婷洁
摄
三金
（除特别注明外）

牛保红，村里人都亲切地喊他“二哥”。牛二哥在大南坡村的一间普通的院子里长大，念书时上的是村里老三中，毕业后还教了几年音乐课。他在大南坡村遇到了自己的爱人，结婚生子，后来为了供儿子读书，他干起长途货运的营生，走遍了中国东南西北。音乐还是个念想，如今他也学电子琴，手机上下载了手机乐队，在装货期间拼命地按、背简谱，可以弹弹《梦驼铃》，那是他跑长途的时候在大西北听到的音乐，在沙漠里响起时，觉得特别美。

牛二哥是一个羞赧又乐呵的人，他聊起与嫂子的初识，夸她脾性特别好，边说边笑盈盈地红了脸。可能我们一生也难见到一个中年男子用这样的语气说起自己的爱人。在大西北的沙漠和雪山里奔波的时候，他最想念的是她，以及记忆中大南坡村的种种。这些年来断断续续，他写下了二十多万字的小说、散文和诗歌，也因此认识了不少同道的网友。他希望可以不用再开大货车，（“现在腰也不好啦。”他说。）能靠写东西挣点钱。大南坡开始进行乡村改造后，牛二哥一家在村里开了一间民宿，叫“牛爷爷院子”，全家人为这个小院付出了十足的心力，但疫情期间旅游业起起伏伏，没少让他操心。

牛二哥给我们讲了几个发生在大南坡的小故事，这些故事在他心里萦绕很久了，是他想写但还没写下来的。这些故事有童年的、家人的、村里的，也有正在发生的村庄和生活的变化……我们坐在他院子里的苹果树下闲聊，天下着小雨，厨房里嫂子和妹妹麻利

◀ 牛保红和妻子赵青云

地忙活着。灶上摆着花椒苗、蒲公英这些野菜，都是村里现摘的，有的裹面糊一炸，有的凉拌。水煎包一笼一笼出炉。手擀面的浇头是用盆装的。锅里炸着油条，趁热咬一口，格外香酥，比外头卖的好吃多了。聊着吃着，天渐渐地就暗了下来。

牛二哥和嫂子的

故事（口述）

我是 1992 年跟你嫂子结的婚，28 年了，从来没红过脸。我们第一次见面的时候还不认识，那时十八九岁吧，好像是快毕业了，去领毕业证，在一个坡上，我骑车往下冲，她骑车上来。她穿着一件淡黄色的小裙子，小裙子下面还打着褶，特别时髦，骑的是辆紫颜色的 26 式女士自行车。我们擦肩而过，就这样看了一下。

这样骑过去，印象就特别深。我就通过我们村一个女同学，写个小纸条给她，约在小山后的柏树林见面。那次才正式认识，那就算开始恋爱了。这些都在日记上写着呢。特别珍惜，特别珍惜，对她一举一动都很关心，偷偷观察，人家在干活呢，就赶紧去帮忙啥的。

后来我跑长途拉货的第二年，在阿尔金山，我当时是一个人开大货车去的，4000 公里，我们有 1 年不见面了，我常想象着她应该在家等我呢。谁知，她竟然找我去了，从咱们村坐汽车到焦作市里，再坐火车到西宁——到西宁还没有直发的车，得倒一趟，完了再到格尔木拼车，到茫崖。3天时间，她没有怎么休息，到了我住的地方，当时我上山了，她就坐个拉矿车找进去了，从住的地方到拉矿的地方有140公里，这当中只有30公里的柏油路，剩下全是沙漠。

我当时已经装好矿了，下山往回的路上，有个阿牙克库木湖，好几十公里长，那儿没信号，一般我们在路上跑车的，人们都相当团结，错车的时候要打个招呼。就在错车的时候，她一摆手，我赶紧来了个急刹车！

是我先看到她的。虽然只有这一条路，但要不注意的话也错过了，还好我看到了。当时就觉得我所有的苦和累都消失了，眼前只有美好。只有美好，灵感啥的都上来了。

我正儿八经地写作，也是从那时候开始的。

敲铃的老师

（口述）

原来在我们老三中，有一个老师，老家应该是东北的，特别有才华，玩单杠的时候从上面掉下来受伤了，老三中就安排他打铃。从大槐树那儿一进去，右边是传达室，他就在那个传达室专门管敲铃，不是电铃，是半截铁轨吊上去的那种，用手打。

那个老师对我影响特别大。有时候我会和他交流，我啥也不懂，他跟我介绍要读什么书，鼓励我写。那时候也没有图书馆，就走路到离这儿三四公里的西村那地方买书。那个老师一生没有结婚，一直做很普通的工作。老三中搬到西村高中，他又到那边的传达室。后来我也到西村上高中，他就开始指导我报文学函授班，一直支持我。只是我坚持写了一段时间，寄出去也石沉大海，后来就有许多年没有写了。但我一直想写写这个老师。

吹唢呐的人

（口述）

20 世纪 80～90 年代的时候，大南坡这儿煤矿多，当时条件不好，事故也多。我上初中时，学校那边有老窑洞，出了事故的人就被放到那里面。有一个工人，相当有才华，会吹唢呐，他的工友出事以后，遗体就放在那个窑洞里，晚上窑洞里点一支烛火，风一吹，烛火晃动。第二天早上大雪纷飞，我们这里很少下那样的大雪，我很早就去了。前面有一片田地，雪把麦子都盖了，那个工友站在雪地里吹着唢呐，河南的唢呐，朝着窑洞的方向。他心情肯定不好，你当时要是听到肯定要掉泪了，我到现在记得特别清楚，隔了二三十年了，感觉还在眼前。

开不了卡车了

2019 年秋，省道新洛公路（新乡—洛阳）温县陈家沟段凤凰加油站。

接近傍晚，天色阴沉，我驾驶着重型牵引半挂车缓缓地驶入加油站，此时的我做梦也想不到自己之后的命运如同油站的名字，将像凤凰涅槃般地发生巨变。

加油、付款、转身准备离开，刚才好好的一个人突然像是中了大圣的定身术，一动也不能动，疼痛如同潮水奔袭而来，撕心裂肺，无以言表。医院的诊断书像我的脸一样苍白和沮丧，腰椎间盘突出症，而且特别严重，三十年的货车司机生涯就此落下了帷幕。

月余后出院回到大南坡，此时已是初冬，风寒料峭，站在村西山脚下宅基地旁的高地，望着混凝土浇筑好的地梁发呆，一条条或短或长的直线、折线勾勒出房屋的雏形，像极了此刻的我纷繁复杂的心情。中午饭桌上的情景又再现我的眼前：

父亲忧心忡忡，一道道深深的如泥土般的皱纹，代表着一个农村老人在数个时代经历的辛劳与沧桑，母亲一边向我碗里拨菜，一边心疼地望着我佝偻的腰。

父亲叹了一口气说："负担正大呢，车却开不成了，俩孩儿还没结婚，该咋弄了？"

我垂头无语，将近五十的人还让父母劳心，为大不孝。

母亲低声说："四川来的那个闺女（陈奇）说，村里要开发了，要不让孩子们商量商量干点啥。"

"是啊，"父亲接过话茬，"老大的脚不得劲儿，老二腰疼了，俩人开车都不是常事儿，小闺女（妹妹海清）也在家闲着。"他看了看我又说："如今国家对农村的政策越来越好，越来越重视，咱们把老院拾掇拾掇卖饭，西头那个宅基地盖房让人住（民宿），你们兄妹几个好好商量商量！"

大南坡的变化

初冬的风肆虐在田野，却丝毫阻挡不了一些晚熟的柿子打着红灯笼，迎接来自蜀地的客人。晚来天欲雪，我们一家和陈奇、李耀、依妹、亚兰、彤彤等人围着火盆坐在四合院里聊天，刚刚蒸好的老南瓜与红薯，在言谈的空隙放入口中，香而且甜。其实大家都知道这不仅仅是植物的清香，更多的是因大南坡正在发生着巨大的变化，这些悄然崛起的事物来自大家的努力和奉献。

这些天来，村民们发现大南坡越来越干净了，没有了如狂蝶般飞舞的纸屑和各种大小不一的塑料袋子、饮料瓶和难闻的垃圾。爱家爱村爱环境，不知不觉美学理念已经深入人心，环境保护，捡拾垃圾成了一种本能，环保队默默在行动。

方所乡村书店的入驻，让原住地淳朴的民风和厚重的历史与现代文明发生了碰撞和契合，越来越多面朝黄土背朝天的农民捧起了书本，坐在可以依偎山景的书桌旁品味文字的魔力。

父亲又往火盆里加了几根劈柴，熊熊燃烧的火苗跳跃着，映在每个人的脸上，像茁壮成长充满生机的麦苗。他说：“碧山工销社能寄卖山货真好，以后卖核桃再也不用骑着三轮车冷呵呵地往山外面跑了！”

校场点兵，广场练兵，大南坡武术队的成立，不仅能让孩子们强身健体，有一技之长，更成了一道外地游客久久驻足的风景线。

南坡讲堂开课时总是座无虚席，草木染、蓝扇、糕点制作、民宿服务等技能培训成为大妈大嫂以及小媳妇津津乐道的话题，来自四川绵阳学院的罗莉老师在艺术中心为村民们讲解《豳风·七月》，不仅通俗易懂，而且几位爷奶级的老人还用修武方言作了诗歌。

初建民宿

家里的民宿动工了。全家齐上阵，搬砖、和泥、刮缝、卸车，小工干的活儿咱干，小工不干的活儿咱还干。40°C的高温，施工现场像个火炉，这边刚喝的水，那边就化成汗流出来，衣服被盐碱沤得糟透了，脊梁晒成了铁板，但一家人没有一个叫苦。民宿主体终于拔地而起，可是问题又来了。钱是硬头货，不像窑背沟的野韭菜，割了一茬又一茬，前期全家搜干家底凑的100万花完了，后期装修的款项没有了着落。

自己跑了这么多年的车，除了赡养父母，供孩子们上学，原本没有多少积蓄，看着停工的房子，急得我上了火，嘴里出了好几个口疮。亲戚朋友借了个遍，理解你的，拿个三两千支持；不理解的，钱不借一分，还净泼凉水：“昏了脑袋在大南坡村做民宿，会有人来住？你自己住估计差不多！”那一段时间，自己简直要崩溃了。为啥一个农民做点事儿会如此艰难？难道真的不能做一些自己想干的事情吗？

冥思苦想之后，还是硬着头皮觍着脸继续去借。这个时候，县里伸出了援手。

做民宿的

艰难

民宿装修的贷款几番周折后终于落实了。这样一笔巨款关乎着民宿前景和我们全家人的命运。在装修设计师人选方面，我们兄妹三个约见了好几位，仔细斟酌了他们的设计方案，最后确定了焦作本土的一位设计师。谁知道，“智者千虑，必有一失”，此人虽有才华，却在合同进行到第三期的时候，挪用了我们付给他的资金，造成工期延迟了几个月，耽误了五一、十一的黄金机会。无奈之下，白天追晚上堵，兄妹几个和父亲登门追讨几次，才勉强将沙发灯具等物品置办齐全。

10 月下旬，“南坡秋兴”活动序幕开启，我们家的民宿进入试营业。没有任何营销传媒经验的我去修武县城学习班报名，开始学习抖音、小红书以及大众点评等宣传媒体的课程，面对着剪映等网络平台工具，我一头雾水，做笔记、剪视频，摸着石头过河，跌跌撞撞地跟着学习。两个儿子看我经营得实在艰难，林在外地，远程指导我登上携程、途家、美团等平台；杰在市区，虽然很忙，但还是利用工作间隙回来帮我拍摄图片、写文案。

民宿刚断断续续来了几拨客人，疫情如洪水猛兽般扑面而来。封村封路，生意直坠谷底，银行的贷款利息却雷打不动必须按时缴纳。没有了收入，生活马上陷入困顿。疫情稍缓后，我和妻又借了几千块钱买了辆三轮车，跑到市里沿街卖小吃。开始的时候起早

建设中的“牛爷爷院子”民宿 ▲

贪黑一天也能挣个一百多块，可是时间一久被城管盯上了，便如过街老鼠般开着三轮东躲西藏，每天熬到半夜也赚不了多少钱。眼看还债无望，就狠心贱卖了家里六七成新的小汽车。

回暖

七八月的大南坡草长叶绿，梨香桃甜，虽然疫情时有反复，但是阻挡不了假期游客的脚步。我们“牛爷爷院子”民宿也火了起来，线上线下订单不断，生意最好时需要提前十来天预约。老院的餐饮也做得风生水起，炖土鸡、花卷、地锅菜、野菜等吸引了一拨又一拨的客人。我暗暗对来的客人做了个调查：更多的人是在这里住过吃过的客人回去后推荐来的，也有些

是被抖音、小红书等平台吸引来的，所以我觉得口碑比平台宣传更为重要。做好服务，以农村人的真诚和淳朴来接待交流，是村民自建企业和其他成熟公司相比之下，劣势求生存之道。

客人进入民宿后，我会更加细致地观察他们的表情、感悟与喜好。同样是茶桌，自己用老门板加工的，带着丝丝纹路的岁月痕迹，更能吸引客人的眼球；同样是盆景，自己用南山上的黄荆做的，就比市场卖的更接地气。

客源逐渐稳定后，经营上又出现了一个新的问题：入住客人中午十二点退房，新来的客人下午两点要入住，中间只有两个小时的保洁时间。乡村精品民宿不同于普通的酒店，妻在卫生等细节上要求很严格，精益求精。楼上楼下我们两个人忙活，有时候真的有点吃力，唯恐耽误了客人正点入住的时间，而经营的餐饮却着实地耽搁了，因为它与保洁处于同一时间段，我们无力分身。

我的书和我眼中的大南坡前景

三十年的货运生涯，虽然四处漂泊很是辛苦，却从未放下读书与写作的习惯，如今做起了民宿，不用再没黑没白地熬夜，自然有了些时间来整理自己的一些人生经历并进行创作。起初发表在简书，后来专注于今日头条，以亲身经历吸引了数万粉丝，在评论区互动的同时又结识了广西师范大学出版社的沈老师。他是

◀ 建成后的“牛爷爷院子”民宿

一位对西部、对货运行业、对三千万卡友的生存环境有责任感有大见解的人，经他推荐，我与北京某出版社签订了出版合同，新书本来预计在7月底出版，因其他原因而推迟。谈起出版，那毕竟是我的一个人生梦想，这么多年一路走来，能够将自己曲折的经历与大家分享，并且以书籍的方式保存传播，是一件多么有意义的事情。不过有时候再细细想来，出版与否并不是特别重要，重要的是对往事的一种提炼与回望。

说起我对大南坡的前景，还要再提一下"乡村振兴"这个词。在我这个农林高中毕业生看来，"振"是部分或全体原住村民共同的觉醒和参与，是一种精气神、一种心之火山酝酿奔腾的岩浆，它需要以实干、实体、实事儿来验证；而"兴"更像是一个准确的答案和一个历经挫折后得到的圆满成果。不过在我看来，虽然大南坡这几年发展得的确很好，但是那个"振"没有在骨子里振，没有在血液里面振，真正义无反顾纵身一跃跳进乡村振兴大潮里面、真刀实枪干的村民还是很少，更多的人还在观望，还在犹豫，还在心里思考权衡比较（每天去城里打工赚个几十或百元就能装进口袋，还不用冒险在村里投资做事）。大多数人还是这种延续了上千年的小农思想。

牛二哥从未放下读书的习惯 ▶

"兴"指的是啥呢？老大队部改造的书店、工销社、艺术中心，一群群的人慕名来参观，一群群的人来取经学习，这些做得都挺好，丰富了群众的文化生活。可是，每年丰收后的红薯依然烂在地里或者家里，每年柿子收获的季节，人们依然是只摘低处的不

摘高处的，任由红彤彤的果实成为鸟儿的美食，因为村里没有一个山货加工厂或者成熟完整的营销渠道与组织（例如合作社）。许多的美好愿望如画饼般成了一个理想。真的，从心底上来说，我不希望大南坡成为一个五彩缤纷、各色模特搔首弄姿的舞台，而期待它变成一个能为普普通通的老百姓造福的车间。

希望我的家乡变得更好。

赵小景：把原汁原味的修武腔调再次唱响

文 郭婧雅

共振村

2020年，
大南坡村重组
怀梆剧社

西村乡大南坡村的赵小景自4月以来一直睡不好觉。自从陈奇来找她商量重组“大南坡怀梆剧社”，并在5月23日名为“重启·大南坡|芳华再现”的文艺会演上演唱怀梆戏，她平静的生活一夜之间被颠覆了。

重组剧社首先需要找到愿意唱戏的人，接着要找到剧本，而为了演出时不显得过分业余，不能只是站着干巴巴地清唱，就还得要有服装道具和乐器。但是这所有的东西，大南坡村都没有。想到这里，赵小景眼前就一片漆黑。但陈奇却显得信心满满，她承诺向县文旅局申请经费，支持剧社的各项物资采购。赵小景不好再推辞，便开始动身一家一家去招募演员，四处寻找剧本和服装。一直在为她充话费的女儿抱怨，她这段时间的手机就像个失控的黑洞，常常没过几天就要吞掉一百元话费；被同时吞掉的还有她的体重——几个星期下来，经历了大量焦虑和辛劳，她的体重掉了好几斤。

四十多年前，赵小景是大南坡村民文艺团的成员，那个时候她二十来岁，正是热爱文艺的年纪，跳秧歌、唱戏，有的是兴致和精力对付。那个年代，大南坡村搭上了煤矿经济的快车，村民大都富有，对精神生活便有了追求，在这样的刺激下，村民文艺团一时热闹非常，演出时常常万人空巷。除了唱豫剧，怀梆戏唱得也多。修武县人对怀梆很有热情，因为它具有很浓郁的地域色彩。怀梆的唱腔是修武本土腔调，可以理解为是用修武方言唱出来的戏曲。概因如此，在 20 世纪 60~70 年代，怀梆一度风靡全县。

怀梆的源起，目前尚没有确凿的考据。刘文锴主编的《文化修武》一书对怀梆的渊源之说提供了三种观点：一是植入说，认为豫剧传至怀庆府一带，受到本地语言的影响，“稍事变通”而成，或说是河南南阳宛梆在怀庆府一带的流变；二是混融说，认为山陕梆子流入怀庆府后，和当地方言、民间曲调结合而成；三是本土说，认为怀梆乃“怀帮”（怀庆商帮）的谐音，指的是商帮会馆中演的戏曲。

虽众说纷纭，但至少有一件事得到了所有文献资料的肯定：怀梆传入修武县是在清光绪九年（1883 年）。这件事并且具体到了时间、人物、地点。在那一年的冬天，孟县的怀梆艺人牛三堂因生活所迫，到修武县山区大东村落户，在村里传授技艺。1893 年，村民张春来出面，组织起有四十余人参加的“大东村戏班”，牛三堂任戏班老板。随之而起，里窑、外窑、西村等村相继组建戏班子，怀梆在修武逐渐兴盛，流行了近百年。新中国成立后，中央政府对地方戏，尤其是民间小戏的充分重视，使怀梆艺术得到了保护和发展。20 世纪 60 年代，修武县委因经费问题撤销县怀梆剧团，怀梆艺人们则流向县城周边乡村，或扶持或参与或教习民间剧团，这一现象带来了深远的影响，使得怀梆戏在各个村镇大范围传播起来。大南坡村村民文艺团也是在这个时期借助这股东风，在戏曲表演上得到了发展。

20 世纪 90 年代后，煤矿经济开始衰落，大南坡村的景况一落千丈，没落为省级贫困村，曾经红火的村民文艺团也随之解散。村民们陆续离开村子，到县城或更远的地方谋生。赵小景想起当年文艺团的一个伙伴现在在县城工作，应该有资源可以帮一些忙，她立刻联系上对方，请她帮忙落实剧本，再想办法弄些服装道具。

旧时的团友果然不负所托，为老家的新剧社找来了一出《桃花庵》剧本，赵小景又一个劲地催促对方尽快送过来。拿到剧本后，她把每个角色的台词抄一抄发下去，接着又开始每天催着演员们背台词、对台词。对她来说，唱戏不是唱歌，还有一招一式要排练。演出的这一天就像是她人生中的高考日，她的心里有一张倒计时牌，那上面的时间正在一分一秒地逼近5月23日。

《桃花庵》故事发生在明朝洪武年间。书生张才去西湖游玩，偶遇尼姑陈妙善，二人在桃花庵匿居数日，张才竟暴病身亡。不久，陈妙善生下儿子，用张才遗留的一件蓝衫包裹后，求老妪王三思抱走。王三思将婴儿卖给苏州知府苏坤，苏坤为其取名宝玉。十二年后，张才之妻窦氏街上偶遇宝玉，见他貌似张才，便收他为义子。之后，窦氏又遇见王三思卖衣，卖的正是张才的蓝衫，便顺藤摸瓜找到陈妙善，从而知道了事情真相。宝玉得中状元后，窦氏携同陈妙善和王三思到苏坤家，求让宝玉归宗。苏坤不愿，几人对簿公堂。

四十多年前，赵小景在村民文艺团唱的正是张才的戏，而当年和她演对手戏的“窦氏”如今又被她请

回到舞台上。除了窦氏，还需要陈妙善、苏坤、王三思等一共九个角色，共同把当晚的三场戏演下来。“窦氏是大角色，难度最大。苏坤和陈妙善也是主角，台词比较多。”赵小景请出八十岁的赵成香扮演苏坤苏知府。赵成香老人在怀梆表演方面有不少经验，虽然年纪很大，但为了这次重组剧社，他仍义不容辞地站出来，不仅自己上台，还担任剧社的表演指导。

老人的支持多少安抚了赵小景，但她面对的仍是一个草台班子，尤其是乐队。当年文艺团的乐师有好些都已经过世，村里没有年轻人愿意学，很快就断了传承。此时离演出只剩三个星期，赵小景赶紧从外地请来老师，手把手地教，一天过后，收效甚微。偏偏这时，演窦氏的演员把腿给摔伤了。屋漏偏逢连夜雨，赵小景的心沉入海底，思想十分沉重。“我没有办法了。”她泄了气。窦氏是个非常重要的角色，演员本人的优势在于有表演经验，虽然目前走路瘸拐，但仍用功排练，也一再表示伤势不会影响演出，但赵小景心里仍旧没有底。时间紧迫，来不及从村子里再招募，赵小景的备案是，打听其他村子有没有人会演这个角色。

怀梆戏唱响
修武大山内外

七贤镇崔庄距离大南坡村只有 20 分钟车程，根据村里老人的回忆和文物记载，崔庄的怀梆戏最晚在清光绪二十八年（1902）之前就已经初具规模，当地剧团的活跃时期应在 1930 年之前。20 世纪 50 年代，崔庄的

◀ 大南坡怀梆剧社成员彻夜讨论剧本。摄影：李耀

康秀兰登上修武怀梆舞台，出演主角，获得了许多社会关注。2009 年 6 月，崔庄“特色怀剧”作为国家级非物质文化遗产项目——怀梆的扩展项目，被列入了河南省非物质文化遗产戏剧类名目。

崔庄怀梆剧团的团长康二红如今已有七十多岁，身板挺直，说话时笑眯眯的。谈到怀梆，他很低调，他说怀梆就是原汁原味的修武方言，土气得很。他早在“文化大革命”前就在村里的剧团学戏，后来改学拉弦，1996 年，他开始担任剧团团长，是团里的主弦。虽然崔庄怀梆剧团八九十年来没有中断过传承，但仍有许多过去所使用的乐器已经失传了。康老如今使的是一把白胡，被他郑重其事地收在乐器盒子里。这把白胡有一个略高的黑色琴托，琴筒是白色的，漆黑的琴杆上端雕刻着精细的纹样，细看是一只盘旋的龙，龙头于琴头处昂首立起，神情威严，使整把琴显得十分有气势。剧团里还收着一把“大瓮”，同是用来弹拉的乐器，琴筒比小孩的头还大，立在地上足有一米高，很难想象乐师要用什么姿势来演奏。

怀梆这样的地方小戏种多在民间传播，村里的戏班子也主要由农民组成，拉弦唱戏的人都不识字，乐谱和词谱靠的都是一代代口口相传。所幸康老读过一些书，会识文断字，便在闲暇时请老师口述，他手写整理成剧本，有《桃花庵》《赶秦三》《李彦龙征南》等传统剧目共三十几本，剧本上的字迹刚健有力，棱角分明。有了这些剧本，新人学戏就方便多了。康老家是当地的“怀梆传习所”，常有人以学习怀梆戏的名义前来拜访，他们在康老指导下按着剧本学唱几句，体验了新鲜，然后就走了，过了一段时间，又有新的一茬人过来，但这当中没有人真正是来学艺的。

现在的崔庄怀梆剧团有三十几名成员，平均年龄五六十岁，最年轻的今年虚岁三十八。团员们都是崔庄人，康老的妻子徐秀芳也在剧团中，她从十几岁就开始唱戏，如今是有名的丑旦，虽戏中的戏份不重，但每每上场总能给观众带来欢笑。他们的小儿子康小春则在剧团里打头锣。逢年过节，有的村子举办庙会，就会请崔庄怀梆剧团去演出，一场戏2000元，唱两三个小时。康老曾带团去到焦作市武陟县表演，年初三去，过了元宵节才回，算起来，那是他们这几十年里唱戏去过的最远的地方。

说起到外地演出的经历，西村乡长岭村党支部书记姬四清很是激动。2018 年的时候，老姬带领长岭村怀梆剧团到许昌市禹州市的怀帮会馆演出。该会馆始建于清道光年间，是第八批全国重点文物保护单位，会馆内部有一座古戏楼，长岭村来的演员们就在这座戏楼上演了一出《收王虎》。长岭村剧团善武戏，《收王虎》《收岑彭》是他们的经典演出剧目。每年过年，老姬都要领着剧团去焦作市参加春节文艺会演。到表演时间，主角踩着步子在台上一现身，锣鼓敲起，台下的观众就立刻来了兴致。

在老姬眼里，传统怀梆文化是长岭村的骄傲。村里原本有个戏班子，号称“太行第一怀梆戏班”，每次出门去演出，档期都排得很满，要好几个月才回得来。戏班散了以后，村人也陆续离开家乡谋生，村子日渐凋敝。2014 年，长岭村申报为国家级传统村落，老姬花了好一番功夫游说组织众乡亲，重新把戏班子组建了起来。作为“经纪人”，他四处打探机会，积极地带领剧团到县里各地参加演出，使长岭村怀梆剧团重获瞩目。最近他的新灵感，是在村里的几口大缸上画脸谱。这些大缸是村民们拿来存放粮食和水的，用了好几代人，缸底大都用穿了。老姬请来市里的画家，在缸上绘制剧团的几位老演员唱戏时的脸谱，并为每一张脸谱赠送评语："怀梆剧传承人姬文印，八十岁登台还唱戏，艺术高超”“长岭怀梆剧演员姬仁义，一身正气，文武双全”——他的用心不在于介绍脸谱，而是希望把这些老演员的风采以一种更有创意的方式永远地保存下来。

八十多岁高龄的姬文印老人是长岭村第五代怀梆非遗传承人，2018 年，原创公益微电影纪录片《戏迷姬文印》在焦作上映，总长 25 分钟，姬文印老人在片中扮演自己。故事讲述的是姬文印应姬四清邀请重新登台唱怀梆，为了唱好一台戏，他要找到剧本、乐师和其他演员。然而村里的戏班已经散了几十年，人员走的走病的病，曾和他搭手唱戏的弟弟如今也早化为黄土。电影里，姬四清问姬文印，几百年传下来的东西咋还能丢了不成？姬文印在石头上磕磕烟杆，摇摇头说，不能丢。他独自翻山越岭，出发去找还能唱戏的人，吃了数次闭门羹，也搜集到了一些线索，在姬四清的协助下，最后总算置办齐了服装道具，也找到了几个演员和鼓乐手，怀梆戏又重新唱响了大山里的村子。

▶大南坡怀梆剧社在“重启 · 大南坡 | 芳华再现”之夜登台表演怀梆戏。摄影：李耀

怀梆戏再度让大南坡村欢喜了起来

赵小景没有看过《戏迷姬文印》这部微电影，她并不知道电影里的故事在她身上也重演了一遍。当年参加村民文艺团，排戏唱戏可以挣工分，对生活有直接帮助，现在可完全不是那样了，现在排戏凭的是兴趣和自觉，一分报酬也没有。虽然如此，乡亲们的配合度竟出乎她意料得高，平日晚上 9 点过后就休息睡觉的演员们，这几天每晚排练到 10 点多，眼皮已经重得拉不开，仍打着瞌睡一遍遍地彩排，没有人喊一句累，这令赵小景心里很感动。"这对我来说是欣慰，"她说，"我也不能泄气，尽我最大的努力。只是最后排得如何，我心里还是个未知数。"

二十几天的时间一眨眼就过去了，无论赵小景心里多忐忑，文艺会演这一天还是如期而至。当晚，位于大南坡老村的赵氏祠堂座无虚席，演员们陆续登台表演了怀梆剧目《桃花庵》选场、《搜杜府》选段、豫剧《穆桂英挂帅》选场、《小二黑结婚》选段等节目，赵成香老人和患腿伤的"窦氏"都不负众望，奉献了自己的精彩表演。两个小时的演出让大南坡村沸腾，村民们反响十分热烈，大伙儿都像过年一样高高兴兴的。

赵小景的心终于放回了肚子里，对于未来，她开始敢于展望。在陈奇的帮助和努力下，大南坡艺术团也申请到2021年县里的支持费用，往后更可结合村里的其他文旅经营项目，实现自身的可持续发展。见到陈奇和其他诸多团队远离家乡，前来改造大南坡村的穷面貌，作为村集体的一员，又曾担任过妇女主任，赵小景有一份使命感。"需要我出来，只要我身体能胜任，我不推辞。"她说，"在我有生之年，还能用得着我，我都去出把力。什么都不图。"

时间到了2021年3月，一则新的消息打乱了大南坡怀梆剧社的演员们的心绪。录音师丁路来到大南坡，为大南坡怀梆剧社录制唱片。

此时距离大南坡重组怀梆剧社已经过去了一年。这一年里，赵小景起初所企盼的都一一实现了，如她所说，村民们朝夕念想的怀梆戏又再度在村子里欢喜了起来。2020年5月的文艺会演后，剧社又接连在9月的乡村复兴论坛和10月的"南坡秋兴"活动上登台演出，外界投来大量关注。这些来自城市里的陌生人的目光，如同炬火一般在村民心里投映出光明，令他们更加郑重地对待日常排练和剧社事务。

为怀梆戏录制唱片一事，是"大南坡计划"总策划人左靖的灵光一现。说是"灵光一现"，事实上这颗种子早在十年前就被埋入他的心里。那是2011年的碧山丰年庆，在黟县县城座无虚席的影剧院里，从婺源来的傩戏、祁门来的目连戏、安庆来的黄梅戏轮番登台表演。两天的演出，村民们流连忘返。左靖意识到，戏曲在乡村公共文化生活中的作用已被人淡忘了许久，那一刻，他觉得似乎看到了一丝光亮。"光亮中，隐现出未来的某个方向。"他在一篇自述中这样写道。

怀梆剧社的演员对于丁路的到来很是焦虑。陈奇看在眼里，在电话里跟左靖说，做唱片是件大事，演员们怕唱不好。左靖让陈奇转告大家："不怕，唱片就是为自己做的，正常发挥就好。"

录音在晚上进行，在户外的一切声响都歇停了以后，剧社团员放下手里的工作和家务，齐聚在村里的赵氏祠堂。即便不是为了录音，他们平日里也时常在这里排练，只有在这些时刻，他们才不是干活的农民，不是劳作的媳妇，也不是某人的父母，他们是怀梆戏演员和乐师。

现场录制用去了两个晚上，每晚都从 7 点一直录到 10 点半。演员中不乏年纪很大的，其中也包括赵成香老人，但每一个人都没有怨言。时光好像回到了一年前为"重启·大南坡｜芳华再现"文艺会演而熬夜排练的那些晚上，对怀梆戏发自内心的热爱，以及受到重视的成就感驱动着所有人，直到今天。

如果说去年（2020 年）5 月的文艺会演是大南坡怀梆剧社的一个里程碑，那么这一次的唱片录制和出版，则完全可以视作是怀梆戏曲的一个新的里程碑。怀梆戏的乐曲和唱腔被转换成电子信号，以数据的形式得到了保留。从这里开始，这原汁原味的修武腔调将永远被听见，永远流传下去。

后记

2022 年中秋假期，大南坡迎来难得的旅游小高峰，许多游客专程驱车从周边地区过来度假，在村子里“悠悠”看看。大南坡怀梆剧社的演员们连着三天为游客演出，每场戏一个小时的时长，虽然辛苦，但大伙儿心里都特别开心。赵小景激动地说：“晚上我们就在舞台上唱戏，游客就在底下一边吃饭一边欣赏，哎呀，今年中秋节真是热闹啊。”

除了中秋小长假，平时的双休日，村子里一旦来了游客，剧社演员们都会郑重地画上戏曲妆，穿上戏服，登台为游人表演。旅游旺季时，每个周日要演出两场。而在那些没有演出的晚上，他们仍坚持聚集在祠堂，从晚上七八点一直排练到十点多。对这群平均年龄六十多岁、白天仍要干活的村民们来说，完全是凭着一股对怀梆的热爱将这一切支撑了下来。

两届“南坡秋兴”活动后，大南坡被更多人知晓，怀梆剧社也获得许多关注，尤其是在第二届“南坡秋兴”的舞台上，怀梆戏演员们和时下风头正劲的五条人乐队一起同台演出，借用当代粉丝文化术语，那就是大南坡怀梆剧社“破圈”了。他们不仅冲出了大南坡，更被修武方言区以外的人看见。提起这件事，赵小景连连说，非常好非常好。她回忆起和五条人乐队同台的那个晚上，“观众的呼声特别浓厚”。她说，“我们这些演员年纪都大了，思维比较有限，有这样的机会和年轻人一起交流，我们也收获了很多。”

现在的赵小景比起三年前，心里头多了许多思虑，细数起来，全是如何让怀梆剧社更进一步的想法。在她的计划里，希望未来能为剧社添设舞台字幕机，因为观众只有听懂了唱词，才能更投入。她还希望带领演员们到外面去交流。当然，这些想法现在都还藏在她心里，她让自己不要急，慢慢来。

她自然也考虑到了怀梆戏的传承，对此也有自己的思考。“既然村里的年轻人一下子吸收不进来，”她说，“我们可以从其他方面想办法吸引他们。怀梆是传统剧目嘛，但我们可以尝试创新，加入更多现代的元素和形式，让年轻人也喜欢，愿意加入进来。”她说这话的时候，语气里充满了期盼和自信。

刘晓江：从山里的孩子到山里的老师

文 郭婧雅

© 摄影：李耀

“我以前是山里的孩子，现在是山里的老师。山里的孩子活动圈子和见识面都很窄，如何拓宽他们的眼界，让他们了解到更多文化和知识呢？只有读书。读书对他们的意义非常重大。”

刘晓江是小南坡村人，上学时就听说过大南坡村。那时的大南坡依赖煤矿产业而相当富有，村子里不仅有小学，还有初中和高中。刘晓江还记得，他在西村乡上初中时，学校还组织学生到当时的大南坡影剧院看电影。1995 年，他毕业后被分配到西村乡中学任语文老师，从那以后就再也没来过大南坡，直到 2013 年秋季被调过来。他还记得他初来时见到的情景：教学楼屋顶漏水严重，令他看了心里害怕；老师办公和生活用的平房，房间都特别小，几个老师挤在里头工作、吃饭、睡觉。“我参加工作十几年了，这是我见过条件最不好的一个学校。”他直言不讳。但最令他头疼的，是学校留不住年轻教师，每年被分配到这里的大学毕业生，一见到这样的条件都不愿来。“哭着来的，”刘晓江说，“勉强待了一年就走了。”学校教师年龄普遍偏大，家长对此颇有微词。综合各种原因，学校的学生数量从一百多名急剧下降到四十多名。完全小学如同一个烫手山芋，几乎集中了所有与办学相关的棘手问题。

刘晓江一任职，便开始积极向上级部门争取资源，适逢国家推行教育均衡政策，政府加大了对农村教育的投入，2016 年 6 月，新教学楼终于在大南坡村落成。这栋两层高的教学楼新增了实验室、音乐室和美术室，还在二楼腾出一间教室做图书室。此外还建了新的宿舍楼，改善了教师和学生的住宿条件。新近建成并投入使用的是学生餐厅，学生们中午放学后可以到餐厅用餐，这一来便解决了大多数因在县城工作而早出晚归的家长们的后顾之忧。

刘晓江当年刚到完全小学就职时立下三个目标，他要努力让孩子们能在新教室里学习，能有书读，能有地方跳绳（以前学校院子都是土，地方小，没有体育设施，孩子们连跳绳都跳不成）。而现在这三个目标都实现了。2020 年，北京当代艺术基金会向完全小学捐了许多绘本，学校开始组织学生们上绘本课，每个星期 1~2 节，孩子们都到图书室去读绘本，想看什么就看什么。下一步，刘晓江计划在学校里推广儿童阅读，为此他专门组织了一个教师阅读绘本小组，甚至鼓励教师们将书带回家做亲子阅读。“从自己孩子身上观察这些书给他们带来的变化，这样你就对这些书的力量有更直接的体会。”他说。

2020 年暑假，学校有两个年轻老师转正了，转正后可能要被调到其他地方工作，这两位老师专门找到刘晓江，说他们不愿意走，还想留在完全小学。和七年前比较起来，如今大南坡完全小学的教师队伍，是全西村乡最稳定的，据刘晓江说，曾有位老师去别的学校教了一年学，学期结束后她申请还要回大南坡。“我们这个工作啊，有老师就好办了，”刘晓江十分欣慰，“有老师，什么事都好说了。”

2020 年开始的“大南坡计划”除了为村子带来了书店、艺术展厅，还为完全小学带来了美育课，在北京当代艺术基金会、左靖工作室和广州美术学院刘庆元工作室的支持下，以美学赋能乡村教育。在之后的两年时间里，完全小学开展了丰富的美育实践活动，学生们在 2021 年的“南坡秋兴”上，向嘉宾和访客们放映了他们在导演黄骥带领下自导自拍自演的视频作品，更和五条人乐队及歌手小河共同演出。刘晓江从这些实践中获得启发，他号召各科老师在校内自发成立了美育工作室，带领学生们写诗歌、画绘本、体验草木染……现在，学生们不仅有书读，而且有好书读，有了开阔视野的机会，这是令他和老师们最高兴的事。

空间生产 3.

Space Production

●以改造代替兴建，以空间生产激活地方生活。空间生产指向物理空间的激活，将建筑师引入地方开展工作，通过修缮、改造乡村/社区的废旧建筑并赋予其新的功能，创造适合当地使用的公共空间，为后续的文化、教育与社区活动提供高质量的场所。改造后的空间往往成为乡村/社区活动的新中心，持续举办丰富多彩的活动，鼓励当地居民共同使用并有效地介入社区事务。

●在大南坡村，得益于在乡村进行保护性的空间生产，建筑师梁井宇与场域建筑设计团队将建于20世纪70年代的村大队部建筑群改造成大南坡艺术中心、方所乡村文化·大南坡、碧山工销社（焦作店）和本地食馆等各具业态的新空间，将废弃的村集体空间转变为新时期的文化生产之所，被赋予了新功能的各个建筑空间通过重新设计动线和组织关系，创造出更具开放、平等和公共性的环境和文化属性。

●民宿和复合功能空间是大南坡美学产业集群中的重要组成部分，无论是隐居乡里设计运营的小竹林精品民宿，抑或是安哲建筑主持改建的老村小馆，都在尊重原有老院的建筑肌理前提下，尽可能地降低设计的干预程度，最大限度地延续建筑语言，使新的建筑得以平稳地融入整体村落风貌中。而张唐景观对大南坡村的景观改造更是对新与旧的关系的一次深入思考和探索，是以景观设计的语言对乡村现代化与乡村美学做进一步的具体定义。

3.1
大南坡村建筑考现 A Pictorial Survey of Dananpo Structures

大南坡
建筑考现

㊫左靖
㊮李国胜、周锦绣

对考现的关注，来自我们在乡村展览的一个概念，即展览不是展示过去的标本，而是未来的可能。未来诞生于现在，现在又是过去的总和。对普通人、普通物和普通事的“现在时”考现是我们了解乡村的基础。考现是一种手段，持续的考现才是我们认识并借此影响乡村的方法。所以，从乡村物件到人们的日常生活，从浅描到深描，从基础调查到躬身参与，考现因为持久，意义才得以诞生。

插画师李国胜对大南坡民居和公共建筑的考现是一个开端，这个开端始于大南坡村即将发生变化之前，因此，当下这种有温度的记录才具有更为重要的意义。在此之后，村落的景观、建筑的形态、居家的陈设，都会因为我们的到来而发生一些变化。就现在而言，考现是记录；就未来而言，考现是回溯，同时又是一份时间的证词。

大南坡全貌

周锦绣 / 绘

zhouJinxue
2020.8.13

大南坡村赵氏祠堂表现——建筑外观記录
在大南坡祠堂,它不单是祭祀祖先和族亲商
议重要的场所,更是村民日常聚集地,
在这里,能时常传来
怀梆戏
排练的曲声,传
来武术
队训练的整练声
它传来的
更是整个村落
对传统文化的传承
对生活的热情及向往,在
这里能看到大南坡的过去,也能看到
大南坡的未来,它承载着记忆,传承着希望.
焦作大南坡村祠堂
李国胜記

李国胜 / 绘

赵氏宗祠

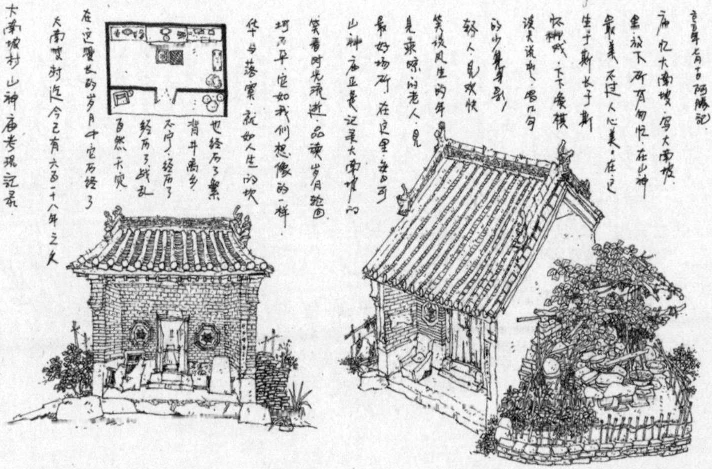

庙忆大南坡·写大南坡
画·放下所有的忧·在山神
最美不过人心美·在这
生于斯长于斯
下下象棋
谈天说地·留几句
的少年梦！
轻人·见欢快
笑谈风生的年
见乘凉的老人·见
最好场所·在这里·无可
山神庙正是记录大南坡的
笑看时光流逝·品读岁月轮回
坷不平·它如我们想像的一样
华与落寞·就如人生的坎
也经历了繁
背井离乡
不宁·经历了
经历了战乱
自然灾害
在这漫长的岁月中它历经了
大南坡村迄今已有六百一十八年之久
大南坡村山神庙考现记录

李国胜 / 绘

山神庙

李国胜 / 绘

大南坡完全小学

李国胜 / 绘

养殖场

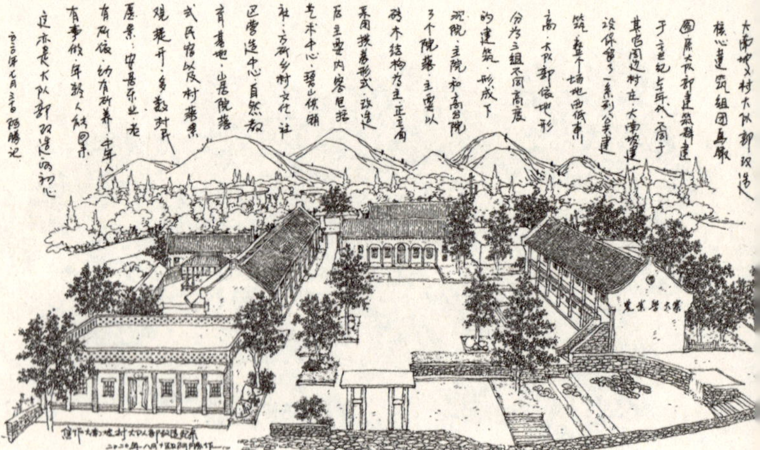
大南坡村大队部改造
核心建筑组团鸟瞰
图：原大队部建筑群建
于二十世纪七十年代，不同于
其它周边村庄，大南坡建
设保留了一系列公共建
筑，整个场地西低东
高，大队部依地形
分为三组不同高度
的建筑，形成下
沉院、主院和高台院
3个院落，主要以
砖木结构为主，正立面
采用拱券形式，改造
后主要内容包括
艺术中心、碧山供销
社、方所乡村文化、社
区营造中心、自然教
育基地、山居院落
式民宿以及村落景
观提升，多数村民
愿景：安居乐业，老
有所依，幼有所养，中年人
有事做，年轻人能回来
这亦是大队部改造的初心

李国胜 / 绘

大队部鸟瞰

李国胜 / 绘

大礼堂

村民
牛炳富的家

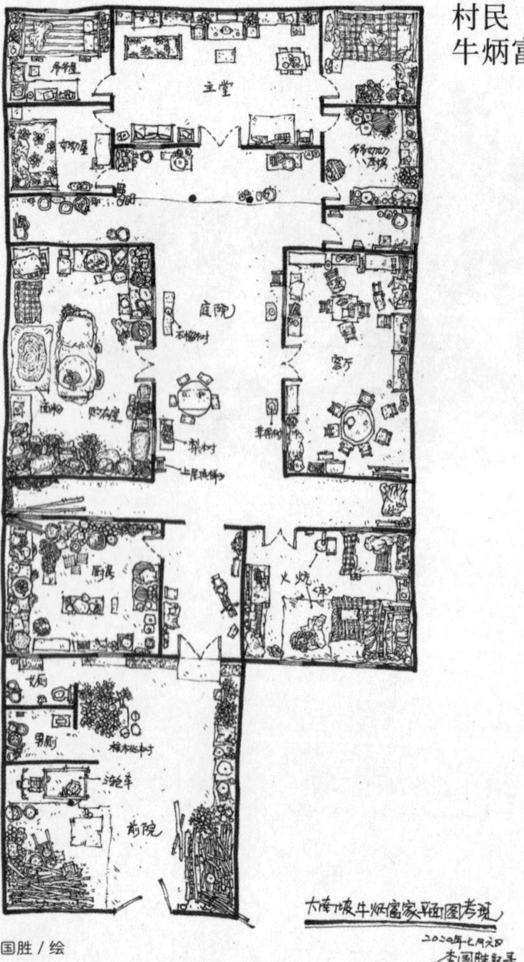

李国胜 / 绘

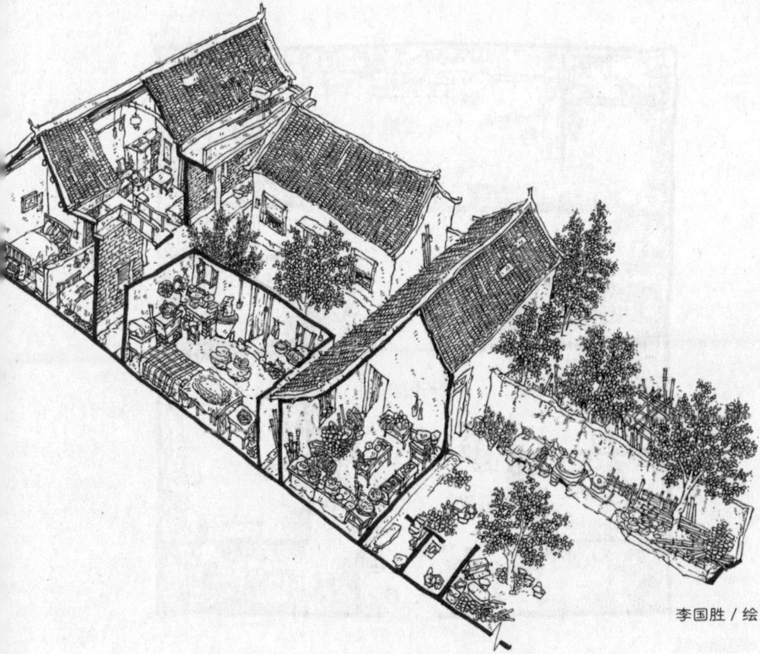

李国胜 / 绘

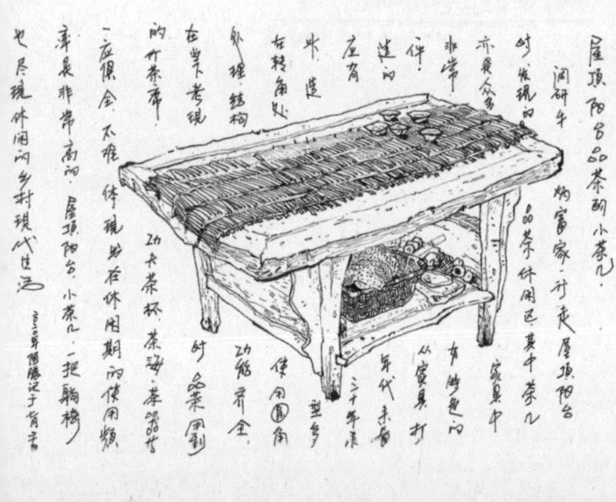

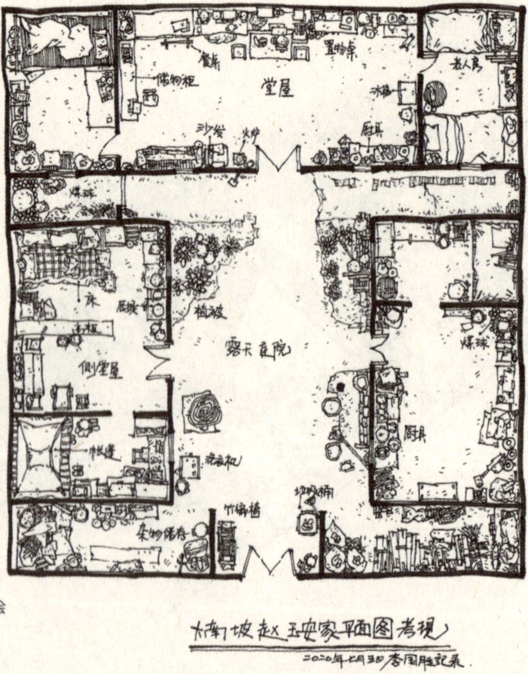

李国胜 / 绘

村民
赵玉安的家

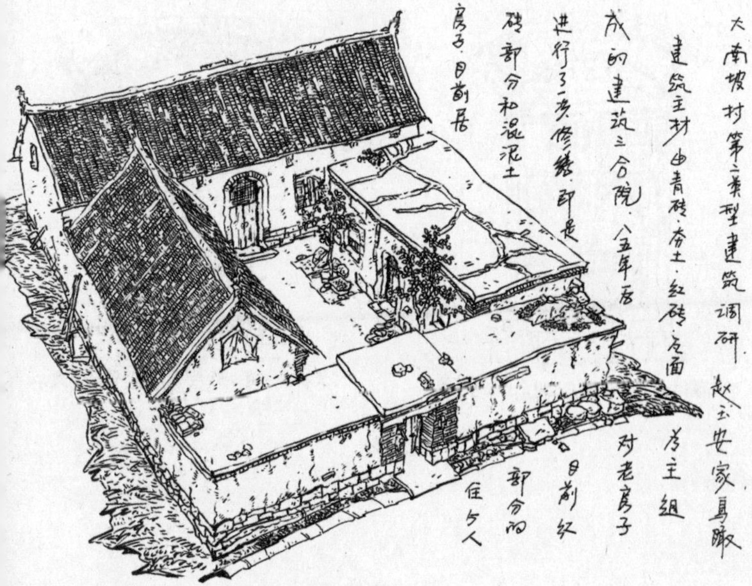
大南坡村第二类型建筑调研
赵玉安家鸟瞰
建筑主材由青砖、夯土、红砖、石面为主组
成的建筑三合院。八五年房主对老房子
进行了二次修缮，即是目前红
砖部分和混泥土部分的
房子。目前居住5人

李国胜 / 绘

大南坡村大队部展厅改造前立面窗户形式一

大队部展厅改造前立面窗户形式二

李国胜 / 绘

大南坡大队部展厅
改造前窗户形式

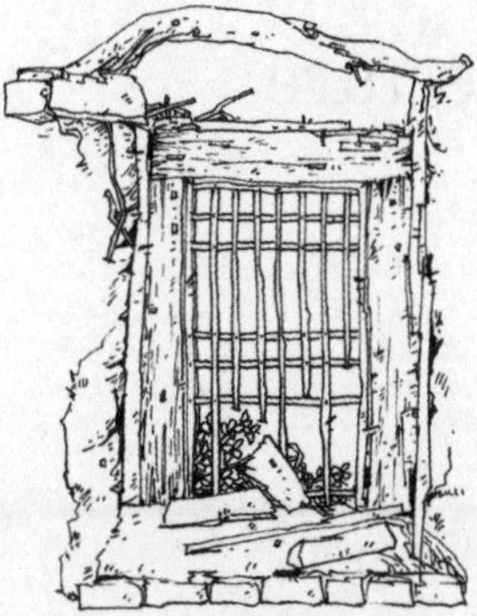

大南坡民居建筑窗一

大南坡民居建筑窗二

李国胜 / 绘

大南坡民居建筑
窗户形式

3.2
公共建筑 Public Architecture

老院落里新体验

㊙场域建筑

㊓朱锐

场域建筑工作室

(Approach Architecture Studio)

2006 年于北京创立。曾经获邀参加包括威尼斯建筑双年展、圣保罗双年展等世界范围的重大建筑展览。代表作品包括北京伊比利亚当代艺术中心、上海民生美术馆、北京海关总署博物馆、北京无用生活体验中心、北京大栅栏文保区的保护与发展规划与策划、西安大都荟、贵州黔东南茅贡粮库艺术中心等。

大南坡大队部
建筑群

大南坡村隶属河南省焦作市修武县西村乡，距离焦作市区 20 千米，位于云台山风景名胜区浅山区范围内。云台山风景秀美，每年接待游客数百万人次，且连年增长。虽然地理区位靠近景区，但大南坡村民经济支撑仍然以务农及外出务工为主。20 世纪 70~80 年代，大南坡村因煤矿产业开发曾兴建了一批公共建筑，如今大多数已闲置。场域建筑接受委托，对一组保留比较完整的 80 年代砖木结构建筑群——原大队部旧址建筑群进行了改造。

原大队部建筑群由地形高差不同的三组院落组成。居中的院落为主院，旁边的下沉院与主院之间有一层高差，高台院比主院地坪高约1米。改造完成后的建筑群，将具备吸引外来访客的多个功能空间，如展示本地风物的大南坡艺术中心、销售本地土特产及艺术商品的碧山工销社、供访客就餐的本地食馆，此外还包括特别针对本村居民提供服务的社区营造空间，为当地怀梆剧社成员和爱好者准备的排练室及戏台和欢迎所有人阅读、学习及交往的空间——方所乡村文化。

在本次改造前，大队部建筑群已荒废破败多年。要保留、修缮并尽量维持原有建筑形象，保持建筑群体院落布局不变，不仅对设计上如何安置新的使用功能构成挑战，还需要克服建设成本增加的难题。虽然设计师常会听到诸如“比拆了新建还要更贵、更花时间是为了什么”的质疑，我们仍然希望这次在各方努力下达成的设计成果，可以有说服力地证明，单一的城市审美趣味并非唯一的设计导向，不同时期和地域的建筑都有可能是美的。比起简单粗暴地整拆整建，适当地保留老建筑，在从资源利用到延续乡村建筑的文化上都有重要意义。

▲ 碧山工销社（焦作店）改造前　▲ 大南坡艺术中心改造前

▼ 方所乡村文化改造前　▼ 窑洞改造前

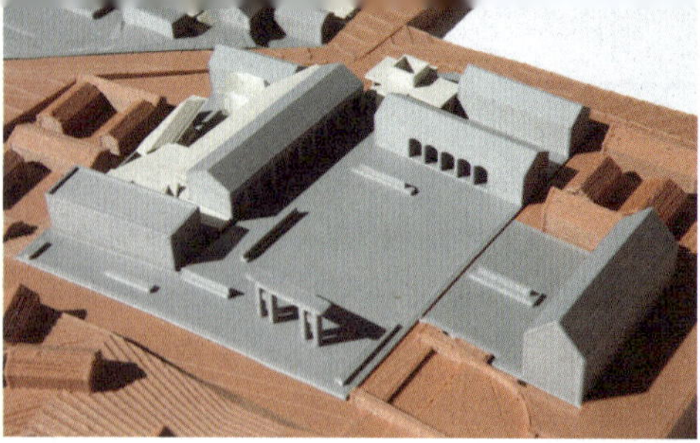

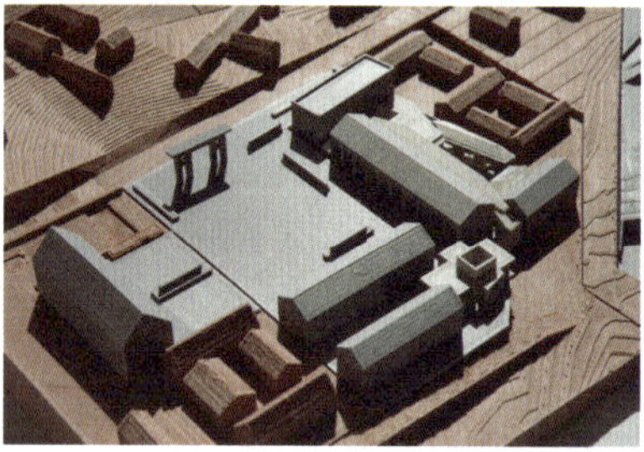

● 保留修缮建筑
● 新建建筑

A1 碧山工销社（焦作店）
A2 方所乡村文化
A3 排练室 / 地方戏展厅
A4 本地食馆
A5 戏台

B1 大南坡艺术中心
B2 大南坡艺术中心
B3 茶室展厅

C1 社区营造空间

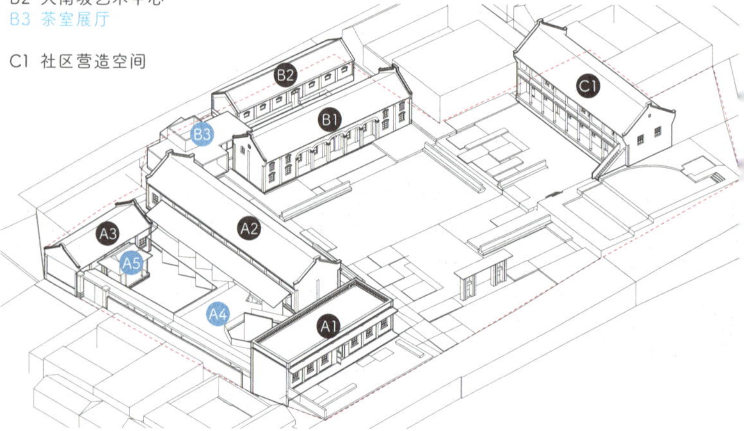

事实上，只需对那些充满距离感、空阔的建筑门前“类广场”空间，以及大门、围墙和对称的轴线空间做些微小调整，如拆除院墙，将广场向街道敞开，便可将原有大队部典型的“七八十年代政府单位式样”布局转变为亲民的、对所有人开放并可自由步入的公共场所。以此空间骨架为基础，我们进一步利用原有的树木和建筑出入口的关系进行景观设计，调整公共空间和户外家具细节，加强和完善了从广场到建筑之间的过渡空间。

这种过渡空间的强化，对于整体空间里不同功能的分布、交通动线的组织起了承接与转换的作用。比如，街道和广场上的人流最容易被导入方所乡村文化空间。改造完成的方所乡村文化处于中心位置，自然地成为几个建筑之间的交通联系枢纽。原先与主院仅有一部户外楼梯作为垂直交通联系的下沉院，借由新建的餐厅平台及连廊，有效串联了书店咖啡厅、工销社、餐厅及艺术展厅，增加了整体建筑群的可通达性。

下沉院的餐厅主体是由石拱修车库、村卫生所及老院墙围合成的狭长院落，新建的餐厅空间坐落其中，将原有的院落一分为二，调和成两个尺度更协调独立的庭院：一个用于组织垂直交通和后勤的内庭院，另一个是作为公共活动的中心庭院。七个旧石拱被改造成了七个不同的包间，而餐厅邻庭院的座位旁都设有面向中心庭院的落地窗，折墙的设计则保证了每个餐桌都能正对庭院里的戏台，又兼顾了私密性。新建的戏台作为大南坡本村怀梆剧社的活动、表演场所，背后的村卫生所旧址

▲ 大队部建筑群下沉院改造后

本地食馆室内 ▲▶

◀▲ 新建的茶室展厅

方所乡村
文化
fang suo rural
— 大南坡 —

则改造成了排练室，兼作日常传播怀梆文化的展览空间。餐厅的屋顶露台，则作为建筑二层连通方所乡村文化的交通平台，串联了多个空间，同时也成为一处局部延伸的阅读休息区。

另一处新建的空间是位于艺术中心前后两排展厅联系通道的茶室。隐藏在后排的第二展厅原先“不可见”，而建造完成的茶室作为空间提示，成为其新的“可见的入口”。茶室不仅仅是展览的过渡与休憩区域，也同时具有展示功能，其室内外空间均可作为各种临时展览的场地。茶室建筑将场地划分为数个不同的户外庭院空间，居中的一处留给了场地内现存的两棵挺拔的杨树。一大一小两个茶室之间的垂直天井将其围合，从水平方向上形成一条通长的视觉通廊，将远处的山景框入建筑之中。

目前，该项目的建设已完成并陆续投入使用。我们希望以此空间生产为契机，让本地村民与外来访客能够共同使用这处公共建筑群，从而带动大南坡乡村文化的发展。

◀ 方所乡村文化入口及咖啡区

▲ 方所乡村文化

▲ 碧山工销社（焦作店）▼

乡村
考现学：
修武的
山川、
作物、
工艺和
风度

◀▲ 大南坡艺术中心 ▼

UNDER
STAND
ING
CHINA'S
RURAL
PRES
ENT
乡村
考现
与实践

▲ 社区营造中心

大南坡
美学中心

大南坡美学中心是场域建筑继大队部项目之后，在大南坡村改造设计的又一组公共建筑群项目。项目地处大南坡村老村西北角，北侧为景色优美的河谷，可远眺山峦起伏下的新村。场地内遗留一座20世纪80年代建成的大礼堂，虽紧邻南侧道路，但地面标高比道路低矮近一层，缺乏步行可达的路径。改造的第一个目标是利用建筑高度及布局，调整场地高差，营造容纳多种活动的户外公共空间，并借由方便的步行交通体系，串联不同的空间，呼应树木、河谷及远山的景致。

已成为乡村记忆一部分的大礼堂主体及周围大部分小体量建筑都被保留下来，确保整组建筑的面貌，以及和老村的空间关系基本保持不变。保留下来的大礼堂仍是这一块空间的主体和视觉焦点，在改造完成后将成为大南坡新的多功能活动空间，综合影片放映、戏剧表演、报告厅等多重功能。礼堂北侧局部拆除后将新建为综合展厅，并配套接待、休息等功能。面向北侧的大台阶让人不必进入展厅也可以随时惬意地休憩于此，村民、访客都能够共享这一处公共空间。

基地北侧的新建筑虽然体量和尺度较大，但因为安排于大礼堂的后方，从南侧和东侧道路上看过去几乎隐而不现。新建筑的大尺度立面仅面向北侧开放，与开阔的自然景观及远处的新村建筑群遥相对望，且北侧因为地势关系，可眺望太行山脉，于是我们在展馆新建

▲ 大南坡美学中心模型 ▶

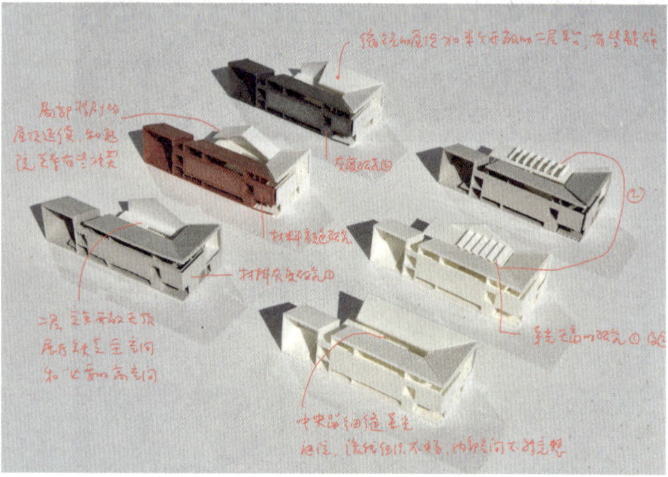

部分的坡屋面高空间处，设置一条望向北方的户外“秘密”廊道。此流线可以上下穿越建筑户外，观赏北侧的山川风景。

大礼堂西边面向学校一侧，将新建自然教育培训教室及办公空间。东侧半环形廊道将改造为艺术家驻地，和新建的艺术家工作室联通。位于环形走廊中心位置的旧建筑，则将改造为乡建资料馆和杂志编辑部。

综合了多种功能的大南坡美学中心，将成为服务本村乃至整个县域地区的一处新的文化艺术空间。而随着更多拥有影响力的文化机构与生活场所的进驻，大南坡将迎来崭新的面貌与未来。

◀ 大南坡美学中心南侧俯瞰模型示意

◀ 大南坡美学中心体块模型推敲对比

▲ 从北侧山谷看大南坡美学中心（效果图）

▼ 大南坡美学中心鸟瞰图（效果图）

梁井宇：在难以把握的平衡之间

㊉喻婷洁

㊉三金

（除特别注明外）

2020 年，建筑师梁井宇和他的团队场域建筑接手了大南坡村大队部改造的设计工作。大队部是大南坡村保留下来的一组公共建筑，于 20 世纪 70 年代由村中的赵其国设计，村民共同施工建造，在 1976 年竣工投入使用。大队是公社时期的产物，功能相当于大南坡的村委会，2009~2010 年，大队搬迁到北边的大队部后，这组建筑就闲置了下来。

大队部共有三组建筑，从三面围合，第四面是敞开的庭院，地势西低东高，三组建筑也依地形处于不同高度，形成下沉院、主院和高台院三个院落，依照先前的布局，它包括村委会办公室、广播室、电话室、化妆间、戏台、供销社、汽车修配厂、窑洞车库、卫生所和仓库等空间。改造之后，它们成为艺术中心、展厅、社区营造中心、工销社、乡村文化书店、戏曲舞台和排练厅、餐厅、茶室等具有新功能的建筑空间，同时也被赋予了更多的责任。

◀ 院墙被拆除，大门予以保留

对建筑师梁井宇的采访中，我们试图从空间生产的角度理解乡村建设，理解建筑师如何以微小而巧妙的方法撬动隔阂的墙体。作为一座具有文化属性的乡村公共建筑，新的大队部在讲求设计差异化的同时，也尽量平稳温和地融入乡村的背景语言，寻求一座建筑真正平等的公共性。

◀ 大队部主院

◀ 大队部主院室内

▲ 改造后的大队部主院，现为大南坡艺术中心

问：从建筑师角度，您看到大南坡这个项目的最初想法是什么？

梁井宇（以下简称梁）：建筑师看问题会比较快地切入场地和空间，就是这里周围的地理环境、到达它的方式，以及它自身的空间关系。但还有一个容易被忽略的问题，也是我们在这个项目里想着重体现的：它在时间上的变化。从大队部到不再是大队部，它的功能发生了什么转变？20 世纪 70 年代因为当地矿产发展的契机，这里出现了一轮工业化，使大南坡和其他村落有一点不同，而现在的它又和其他村子有相似，比如建起了新村，比如原来的公共建筑有了新的发展形态，它原来的功能被放弃……在这个条件下形成的现状，是我们最感兴趣的，也是我们设计的起点。

问：您如何概括这个空间改造后最重要的特点？

梁：应该说，没特点，就是它的特点。在农村盖房子，我怕它太突出，过于和当地既有的村庄不和谐——从当地政府的角度来说，这又有一点矛盾，因为他们还是希望这个地方能够有独特性，如果能做成网红建筑未尝不可。这是个难以拿捏的分寸。所以你要说这个房子最大的特点是什么，这种难以把握的平衡可能是它的最大特点。既不能做得过于与众不同，过分强调它某一种形态上的特点，但又不能看起来好像什么也没做，这样它甚至会失去建筑的公共属性，像一个民居，可能人家明明已经到了这儿还问"在哪儿呢"。

原本的大队部可以说解决了这个问题：它有标志性的大门和围墙，门的尺度超过了一般理解的民居门的尺度；进去后是空旷的庭院，意味着它不可能是一个民居。它通过空间的尺度、大门，把这两个区别性的要素整合到这个空间里。除此之外，它的房屋形态、所用建筑材料都和周围的村落是相安无事的关系。但同时它带来的一个感觉是，你只有去村委会办事时才敢走进这个大门，外来的人会被拒之门外，觉得它是一个机构。

所以我们思考，如何利用既有的空间特性把建筑本身暴露出来。我们保留了门头，但把两边的围墙拆除了一部分，让它更加开阔，通过场地来体现它的公共性，感觉像是沿着门前这条路把这个空间整体向内推进了，庭院由3个房子围合，并面向街道彻底打开了。

现在这个空间给人的感觉是任何人都可以走进去的。如果你能走在这条路上，你就肯定能找到这个空间。这种开放性是这个村落里原本不存在的，它的空间形态是新的，但你又不会觉得太过于陌生，因为房子是原有的，它不会产生一种迷失的感觉。

问：<u>您是否想象过，大南坡村居民在日常生活中会怎样使用这些建筑？</u>

梁：这反而是设计上的一个难点，也是重点。我们做完的建筑往往是外来者使用，即使建筑本身是开放的，它还是有一种可能会阻碍村民的氛围。"城里人在里面搞了一些什么东西啊？”村民可能会站在广场上观望，未必进去。但这个广场（原来是庭院，现在我们称它为“广场”吧）或许会相对容易进入。所以如果整组建筑算一个外来文化，那么村民和外来文化交锋的第一个地点，就是广场。

在这个广场，我们安排了一些比较朴实的砖砌座椅，它们看上去就像村头路边的一个垄，任何人坐在那里都不会产生一种“这个地方是不是不该我坐？”的疑问。它们被安排在广场的四周、靠近建筑的边上，如果你仔细看会发现，那里出现了树荫等更加细小的景观设计，在中间的广场看不见，但一坐下来，整个细节就出现了。你会发现你坐在那儿不会孤零零地被观望着，是一个有点私密性的空间，反而可以比较安心地观望别人。这有点像在村子里看到的有些村民蹲在自家院门口吃饭时的情形，他处于公共空间和私人领域之间，进可攻退可守，这就是空间心理上的一个过渡空间。在这个地方如果能产生一些交流，他就有机会认识一些外来的人，也许就能被带进新的空间中。

下一步，以方所乡村文化书店为例，他们有一个儿童区，这里会举办孩子们的课后阅读、画画等活动，因此孩子们可能会是最先能接触到方所空间的，他们进来之后也许就会把家长带进来。这就是第二步，通过一些更切合村民的活动把他们引进去，这既需要空间本身有容纳的可能，也要有相应的活动能够跟上。

▶ 改造后的大南坡艺术中心一角

问：您认为空间生产能为一个乡村的振兴激发出什么改变呢？

梁：这件事可以很重要，也可以很不重要。就以一种建筑形态来说，举个例子，在二三十年前，北京有好多家庭式教会，教堂空间对于信众是必不可少的，但当我被邀请去家庭教会时，我发现那就是一个住宅楼里的单元，但教徒却完全沉浸在精神世界里。这说明空间有时候完全不重要，什么样的空间你都可以运行你想运行的活动。但反过来说，这也证明空间非常重要，否则教徒不会想着在有条件的时候，去创造能够容纳他们精神世界、获得更充分宗教体验的空间。当这两件事结合在一起的时候，就是事件和物理空间的高度融合。

在乡村做建筑，也会发现空间的混杂性。我们介入的场所往往是城市思想和农村碰撞的地方，这种空间或呈现激烈的对抗性，或呈现

似乎是揉搓在一起的不确定性。这就让你不能一下看明白它是城市的还是村子里原生的东西，它好像是嫁接在一起的混合体。所以你要说有什么能产生出来的话，这种混杂物要能够沉淀一段时间，在乡村建设不断前进的过程中，城市、农村不断融合当中，也许会出现可辨识的形态，也许永远不会，也许它最后依然是一种或农村或城市的混合体。

假设左靖老师的文化生产这种混合物有它的生命力，那建筑或许也有它的生命力。如果这种东西最终被农民接受、淹没在农村文化当中，那么它也会回归到农村形态。如果我们整体大时代的发展会碾压乡村文化，最后变成完全的城镇化，也许它会统一到城市中去。所以所谓的空间生产，不能脱离开更大规模的乡村建设来看。

▶ 改造后大队部鸟瞰

问：您翻译过的一本书叫《庇护所》，它介绍了人类历史上出现过的洞穴、草屋、帐篷、木屋、仓房等各种建筑形式，也是一本手工建房指南，涉及人类学与建筑学的领域。这本书中传达的想法，在您的实际工作中得到了印证吗？

梁：这本书中的内容在这个建筑里，更多体现在我们的设计和实现设计的工匠中的默契，这当中的灵活性，比如铺地时用的材料、花纹、铺法等，涉及工匠本身的随意性，涉及工匠是否具备决策的可能。非常严格的现代城市的建造，本身是一种体制化的方式，你得精确到对

▶ 大南坡小学生在艺术中心门口合影

© 摄影：朱锐

▲ 碧山工销社（焦作店）前，一位村民正在拍照

所有事情都有规定，这种规定细节的把握是我们的文明程度越高、设计程度越高，建筑师就对它控制得越深，这会让工匠变成完全的工具，甚至在未来由机器人来取代。要想不控制，其实是难的。我们想减少一些控制，给工匠带来一些自由度，但又不失去品质。

建筑和工匠之间其实有非常复杂的渊源，这个问题其实特别重要，是建筑专业的核心。建筑师怎么理解工艺，怎么引导工匠，角色转换（争夺主导权或在转换过程中有多次交锋），建筑师与工匠的分工又从互相模糊化到演变为各自泾渭分明地工作……但实际上还是存在很多本来应该是融合的知识或技能。我们在乡村做的，多多少少都涉及对这件事的探索。

乡村美学的空间元素：以大南坡为例

㊫梁井宇

© 摄影：朱锐

▲ 大南坡村大队部主楼（改造后，2021）
建筑物及周围树木被完整保留，建筑物后方可见山体轮廓。建筑与广场在一位站立者的衬托下，显现出真实的空间尺度。

巴洛克城市与
传统中国农村

在谈乡村之前，我想先从罗西（Aldo Rossi）的《城市建筑学》开始。

罗西认为，城市是集体记忆的场所，包含双重含义：其一，记忆，作为人们对城市的意识，即个人和集体关于城市的意象，通过实践缓慢在建成建筑物中展现，成为城市的一部分；其二，城市的物质实体，通过发生在那里的事件，再次汇入市民们的集体记忆。也就是说，在记忆的实现与转换两种模式中，历史在建筑中延续，而建筑获得了经久性。(1)

可以看出，罗西的场所（locus solus）除了惯常的空间形式，还包括时间概念："场所……取决于它的地形大小和形式，取决于它的记忆，取决于它是古代和当今事件的连续发生之地。"(2) 这种连续性从人的感受上来说，就是历史和未来的区别："往昔现在仍然被部分地体验着。这也许就是经久物所具有的意义：它们是一种我们仍在经历的'过去'。"(3) 虽然我们只能生活在当下，但罗西认为，通过经久性的建筑与场所，我们仍然能够体验到往昔，让"当下的现实变得最大化"。(4)——或者反过来说：离开经久性的建筑与场所，现实生活将有所缺失。

罗西论述的是欧洲巴洛克城市，但场所、记忆与经久性建筑的理论则具普遍性，甚至适合自然演化的传统中国农村。所不同的是，前者处于自然环境当中，而后者是高度人工化的。罗西引用意大利哲学家卡塔内奥（Carlo Cattaneo）时说："尽管我对卡塔内奥研究城市的方法很感兴趣，不过，他却从未对城市和乡村加以区别，因为在他看来，所有的居住地都是人类的作品：每一个地区都凝结了巨大的劳动，从而与荒野区别开来……这块土地不是自然的造物，而是我们双手创造的产品，是人造的家园。""城市、地区、农田和树林因人们的巨大劳动而成为人类的作品。作为'人造家园'和建成的实体，这些作品证实了价值，构成了记忆和永恒。"(5) 除了凝结人类劳动的农田和树林这些人造家园外，罗西对未经人工化的自然的态度在书中并无阐明，倒是他的另一个引用，法国地理学家布拉什（Pierre Vidal de la Blache）的一段话提到："野地、树木、耕地和荒地相互联系成一个不可分割的整体，留在人们的永久记忆之中。"(6)

矶崎新在《爱琴海的非透明空间》一文中，描述圣托里尼（Santorini）岛上建筑和海的关系时有一段话："所有的窗户基本都开向大海方向。（山坡上）房屋排列成莫比乌斯环状，仅仅是为了一个简单的原则：让每栋房屋都有独立的窗户，不会丧失和大海、太阳的直接视觉联系，（人们）从而可以时时感知彼此，并保持在变化的地形中的方位感。仅凭面向大海开窗这一个简单直接的组织原则，创造出自由而灵活的聚落。"(7)

事实上在旅游业没有完全占领圣托里尼之前，面向大海的不仅仅是窗户，还有那些层层叠叠的露台上的厨房操作台、水池等（今日许多已被民宿私人泳池代替）。

© 图片来源：左靖工作室

▲ 大南坡旧村（2021）
旧村的大部分建筑处于山体南坡的“褶皱”中，从北向低矮的学校旧址眺望时，可以发现山坡上的建筑被重叠在一起。

岛上居民是面朝大海从事家务劳动的。在他们的传统生活里，即使不考虑渔业，大海也不仅是提供方位的地理特征，还是居民日常起居不可分割的部分。

同样，我们可以将陶渊明的诗句“采菊东篱下，悠然见南山”中的“东篱”与“南山”分别看成是半人工化的与未经人工化的两种自然。它们和建筑及其他人工环境一道，深深地刻画在乡村的记忆当中，并如诗中的描绘，成为乡村不可分割的一部分。

因此在讨论农村空间时，我们应当把“自然”作为另外一个主要元素，补充到罗西的场所、建筑、经久和历史这四个重要概念当中去。

地平线与天际线

站在村庄的某个位置，视线从脚下的土地开始，可以绵延到远方的地平线。其间或被建筑、树木、田野或水面打断，但地平线并不消失。只有山的轮廓可以将这条水平线弯曲。建筑物从城市密集天际线的竞争中解放出来，化为散落在广袤土地上自由的聚落。零星的体量在地平线的衬托下，能被辨识出来的，要么是兀自垂直于地平线的几何体：鼓楼、佛塔甚至还有电线杆与烟囱等；要么是成片的村舍，以整齐划一的材料与体型，将自身从自然背景中分开。

这些未经规划、自然形成的村落，虽不保证，但若与自然之间达成默契，便常常能唤起我们的审美意识。在黔东南地区的侗寨，体现为高突的鼓楼与成片的吊脚楼之间的平衡。在徽州地区，则是将这两种几何形态结合为单一的建筑形态：突出屋面的马头墙作为垂直方向的几何体，引导视线向上；坡屋面作为水平方向的主要视觉元素，和地面一道将空间延伸。

建筑师的工作也许就是从这些案例中学习，将它们运用到某些平庸之处，使之焕发出本该有的空间魅力。赖特（Frank Lloyd Wright）喜欢将他的草原风格住宅建在起伏山丘的“皱褶”处，用水平檐口的阴影，以及舒展到地形中的墙体构成的水平线“切开”地面，映衬出地面的缓缓起伏。他的设计后来在瑞士提契诺学派（Ticino School）一些建筑师的发展下得到继承与强

© 图片来源：朱锐

▲ 大南坡村大队部新建茶室（2021）
茶室后方为大队部主楼展厅，左侧为被主楼遮挡、位于广场后排的第二展厅，右侧附楼为方所乡村文化空间。

© 图片来源：场域建筑

▲ 大南坡村大队部茶室方案概念模型（2020）
现有的两棵杨树作为建筑的定位点，模型同时探讨与周围三栋建筑的关系及远处山体的视线联系。

© 图片来源：朱锐

▲ 大南坡村大队部新建茶室（2020）
位于左右大小茶室之间的居中开间没有实体存在，留给了场地内的一对杨树。观察者的目光，穿过树干“撑开”的空间，直抵远方。

© 图片来源：朱锐

▲ 大南坡村大队部新建茶室（2020）
居中的庭院视线和广场连通，将左右两边的茶室与此公共区域分开，界定出相对私密的茶室与其私庭空间。

化。他们在山地上的建筑物都尽量避免台地化处理坡地，将建筑物直接“插入”倾斜的地面，在强化山地的起伏特征的同时，将建筑物在垂直方向增高，取得水平与垂直两个方向的空间主张。强化地平线的景观，并创造几何体与山形共存的天际线。

豫北修武县辖的大南坡老村坐落于南北两排山丘之间，高度人工化的村舍与基地堆叠于北侧山体平缓的南坡“褶皱”之中，纵深而遥远的地平线出现在东西方向。面南背北的村舍视线，阻断于山峰所形成的那条亘古不变的天际线。只有近处挺拔的树木，可以在某个观察角度刺破它，将它暂时改变。在这里无论采用赖特的水平线，还是提契诺建筑师们的垂直几何体，空间都会被压缩。如何让视线尽量延伸，投射得更远呢？

茶室的选址和设计被当作一次尝试：建筑原型为三开间带前后廊的豫北民居，有一大一小两间茶室。建筑并无正面性（frontality）。从“正面”看，位于左右大小茶室之间的居中开间没有实体存在，留给了场地内的一对杨树。观察者的目光，穿过树干“撑开”的空间，直抵远方。进一步趋近这个空间，使它充满眼帘时，观察者会感受到看似画面的浅空间，实际具有左右墙面围合而成的深度。两棵杨树不仅在立面上将空间打开，也在纵深方向上（即平面上），“撑”开了一方小小的庭院。观察者踏入这个庭院时，树干会引导他向上寻找被隐藏的树冠，他将发现一个既熟悉又陌生的景象：庭院上空被加高的女儿墙环绕，树冠被强化的透视灭点推向了更远的天空。这时，观察者可能意识到他正位于平面茶室的中央，但却又是前后和上方都被透明性包裹的室外。不可避免地，他会注意到包裹空间左右墙面所留下的“缝隙”——那是东西方向上被雨棚和抬高地坪“框”出来的、同样不受阻碍穿透建筑物的柯林·罗（Colin Rowe）

© 图片来源：朱锐

◀ 大南坡村大队部新建茶室（2020）一个被三栋建筑山墙切割剩余的空间，通过茶室交织的透明空间，变为各自独立又相互照应的整体。

式透明性空间。它一边将西侧遥远的地平线向观察者拉近，另一边又将阳光穿透的茶室推出，迎向地平线。

▲ 大南坡村大队部新建茶室（2020）
两棵杨树不仅在立面上将空间打开，也在纵深方向上（即平面上），"撑"开了一方小小的庭院。

© 图片来源：朱锐

▲ 大南坡村大队部新建茶室（2020）
东西方向上被雨棚和抬高地坪"框"出来的穿透建筑物的柯林·罗（Colin Rowe）式透明性空间。

© 图片来源：场域建筑

◀ 大南坡村大队部茶室模型（2020）

如果把周围的建筑作为基地的边界，茶室的总图（site plan）为九宫格平面，位于东北、东南、西南三个角落的方格由周围建筑与茶室共同构成，分别为大茶室的私密庭院、大队部展厅后厅入口及方所咖啡空间的后入口。西北角是唯一没有建筑遮挡的方位，它成为小茶室眺望西侧地平线的最佳平台。于是，一个被三栋建筑山墙切割剩余的空间，通过茶室交织的透明空间，变为各自独立又相互照应的整体。

▲ 大南坡村大队部新建茶室（2020）
它一边将西侧遥远的地平线向观察者拉近，另一边又将阳光穿透的茶室推出，迎向地平线。

▲▶ 大南坡村大队部茶室模型（2020）
茶室的总图（site plan）为变形的九宫格平面。

巷陌与空地

阡陌纵横的田野与小径幽深的巷弄是传统农村的典型道路形态，它们伴随村落的形成延续至今。即使是彻底改变了城市道路的机动车，也未能将其完全改变。穿过田埂徒步进入村庄，和牲畜、猫狗漫步在石板小巷，听着脚步声回荡，依然是农村的平常景象。

如果对照诺利地图（Nolli map）里绘制的罗马和传统中国乡村，我们可以发现一些有趣的相同点。诺利留白部分为户外公共空间、半公共的室内和庭院空间，表达出由建筑“挤出”的街道空间、室内、室外庭院的连续性。同样在传统乡村，街道的有机形态、街道（公共）—室内（半公共）—庭院（半公共、半私密）—室内（私密）的空间关系也具有普遍性。构成欧洲城市的巴洛克街道、广场等户外空间结构的建筑并不独特，但却塑造出不同城市独特的空间魅力。传统农村的户外空间是由巷陌和形态、尺度、功能各异的空地构成，同样以普遍

图片来源：https://www.lib.berkeley.edu/EART/maps/nolli.html

◀ 诺利地图局部（1748）
不同于普通地图绘制方式，诺利将所有建筑不向公众开放的部分涂黑，而所有户外公共空间、向公众开放的重要建筑的室内和庭院空间均留白，表达出由建筑“挤出”的街道空间、室内、室外庭院的连续性。

性的空间结构产生出复杂多样的村庄面貌。与现代主义的城市规划（如巴西利亚）将单体建筑作为地标的实体（object）城市不同，无论是巴洛克城市还是传统农村，具有清晰图底（figure-ground）关系的空间整体性，而非建筑单体，是塑造其特征的主要因素。

巷陌及两侧的村舍是在村庄的缓慢发展中逐渐形成的。在这个漫长过程中，村舍时有更迭，而巷陌空间一旦形成，往往成为经久现象，进入村民代际相传的集体记忆。在罗西的理论中，住宅区有稳定的秩序和组织(8)，在城市中作为一个经久的特征区域，而不是以易变的个体建筑形态，与其他主要元素共同发挥作用(9)。

罗西认为，“主要元素具有相当的明晰性；它们的特性在于自身的形式以及在城市构造中的某种异常属性；它们具有特征，更确切地说，它们使城市具有特征。当人们在查看任意一个城市的规划图时，这些易于识别的形式变成黑点跃入眼帘。从立体的角度来看，情况也是如此”(10)。美国规划学者培根（Edmund N. Bacon）在《城市设计》（*Design of Cities*）一书中绘制的城市平面图刚好可以作为罗西描述的图解。城市里的主要元素如纪念物被强调成“黑点”，而大面积空白的区域则是具有经久性的区域。

那么，这些“黑点”——城市里的主要元素在农村中以什么形式普遍存在呢？我认为是那些“空地”：它们不似城市广场拥有围合的空间形态，也区别于农村自然起伏的地形，是被人工化的水平场地，出现在乡村寺庙、家族祠堂、学校、行政和公共服务空间，如晒谷场、农场露天堆料场等农业生产服务空间中。未经规划的空地，往往功能模糊不清，但常有那么一两处成为村民集中活动的地点，充当了城市广场的功能。相对于成片的村舍作为特征区域，空地是农村里最易辨识的空间主要元素(11)。尽管不少村落里尚存古寺、祠堂等珍贵历史建筑，但它们所处位置于乡村的空间秩序而言，并不参与其整体组织——不像巴洛克城市规划中，利用纪念物作为节点，放射出轴线并相互连接，成为区域内的主要道路和空间结构——这些建筑物对乡村空间的影响更多地体现在局部区域。当然，空地的位置也具有偶然性，能成为对农村空间有影响力的主要元素，是在村民漫长生活中，被选择充当聚集功能的那一两处主要空间。

建筑师忽略了由巷陌和空地组织而成的乡村整体空间形态，在单体建筑的设计上可能无意识间对其秩序产生干扰甚至破坏。审视大南坡大队部内的空地，其空旷的尺度与建筑间不成比例的关系，很难让建筑师任其空虚，不加以填塞。但我们将目光放大到整体村落，便可发现其超出常规的尺度在大南坡的乡村空间结构中不可忽视。它的选址和建成既有当年本地煤矿生产时期的经济原因，也有城市广场潜意识的农村输出。这些功能及意识形态虽已消散，但与乡村小尺度空间格格不入的空旷感，已成为大南坡集体记忆里不可分割的部分。

显然，当初这片空地是在东南高、西北低的坡地上平整出来的。只有南侧道路与其高差平齐，北侧为挡土

© 图片来源：左靖工作室

▲ 大南坡大队部整体航拍（2021）
与乡村小尺度空间格格不入的空旷感，已成为大南坡集体记忆里不可分割的部分。

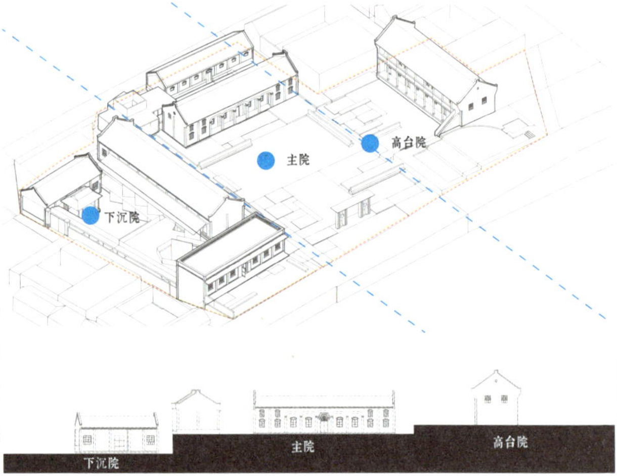

© 图片来源：场域建筑

▶ 大南坡大队部场地高差示意（2020）
当初这片空地是在东南高、西北低的坡地上平整出来的。只有南侧道路与其高差平齐，北侧为挡土墙，比相邻道路高约 3 米。东西方向地块呈台地组织关系，西侧局部未填高到空地标高的地面与之相差一层楼高。

墙，比相邻道路高约 3 米。东西方向地块呈台地组织关系，西侧局部未填高到空地标高的地面与之相差一层楼高。高差只有在其转换位置才会被意识到，实际体验是对其平坦面的感受。相比山坡褶皱里起伏的道路与屈服于地形的村舍，大片平坦的空地本身即是一种稀缺而有质量的空间。

改造设计主要围绕空地边缘展开。沿南侧道路的围墙被打开，四向围合的专属空间成为三边围合、一边面向道路的开放广场。大门作为空间标记物被保留下来，点状的占位使它成为广场上唯一的视觉焦点，将环绕其四周的空地，包括原本被排除在外的道路，合成更为深远的单一空间。空旷作为一种纪念空间特征得到加强。然而亲切宜人的小尺度、接纳人使用的空间并没

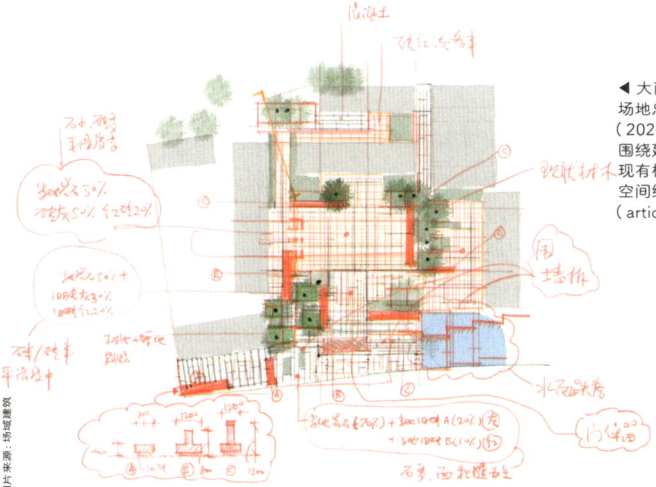

◀ 大南坡大队部场地总图草稿（2020）围绕建筑周边及现有植物展开的空间细分操作（articulation）。

© 图片来源：场域建筑

© 图片来源：场域建筑

▲ 大南坡大队部场地铺地平面图（2020）
地面铺砌材料和尺寸同样反映靠近建筑边缘地带的细分操作(articulation)变化，以适应边缘地区行人的停留空间尺度。

有被牺牲，它们由靠近建筑边缘空间的切分与细分操作(articulation)实现，包括地面铺砌尺寸的缩小、砖砌坐凳、矮墙、台阶划分和植物等。

乡村的空间魅力体现在巷陌与空地的相对变化中。大队部广场和周围环境的联系是改造设计的另一个目标。服务于四周建筑的封闭空间，增加了不同的进出路径。广场左侧的建筑（现改造为方所）处于广场和其西侧未填高的空地之间，因高差关系，两侧并不能互达。为此，广场的标高在设计中局部延伸扩展到方所的西侧，一部分成为方所增加的咖啡厅，另一部分成为增建餐厅的屋顶露台。这样，西侧场地通过位于方所和工销社之间的狭小通道与主广场连接起来，并与方所咖啡厅、北侧茶室形成一条隐形的环形巷道。这条隐形动线环绕的书店空间，成为整个建筑群最为活跃的中心。它与广场的物理中心的分离避免了广场空旷与人体尺度的矛盾。

西侧空地比主广场要低一层，尺度接近合理的公共庭院。在此扩建的餐厅借助了平面图底（figure-

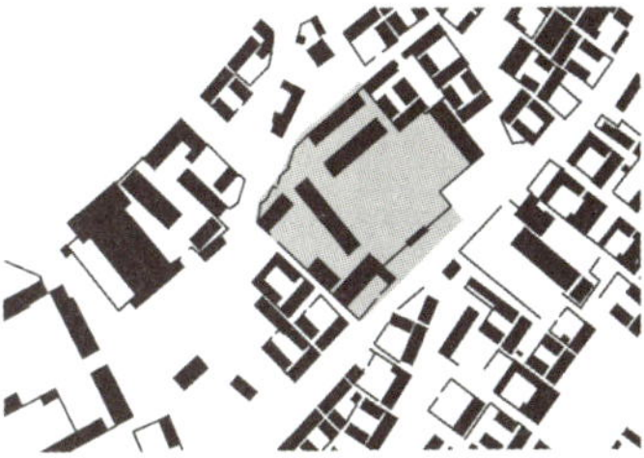

▲ 大南坡大队部改造前总平面（2020）

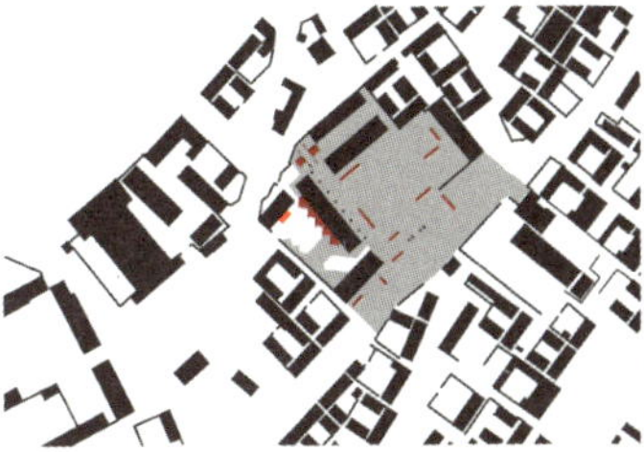

© 图片来源：场域建筑

▲ 大南坡大队部改造后总平面（2020）
空旷作为一种纪念空间特征得到加强。然而亲切宜人的小尺度、接纳人使用的空间并没有被牺牲，它们由靠近建筑边缘空间的切分与细分操作（articulation）实现，包括地面铺砌尺寸的缩小、砖砌坐凳、矮墙、台阶划分和植物等。

ground）关系的反转而实现。位于中央的庭院可看作一处虚体的户外“剧场”，周围被碎片（articulation）锯齿化处理的建筑填充。新建筑本身并无完整的实体，主角是被建筑留白而成、比周围碎片化的建筑——处理成

poché(剖断面中的实体部分)——更加完整的庭院空间。这种源于欧洲古典主义建筑“过时”的构图方式〔例如法国建筑师安托尼·勒·保特利(Antoine Le Pautre)设计的巴黎博韦宫〕(12)，因为巴洛克城市与传统农村的相似性，获得了意外有效的运用。

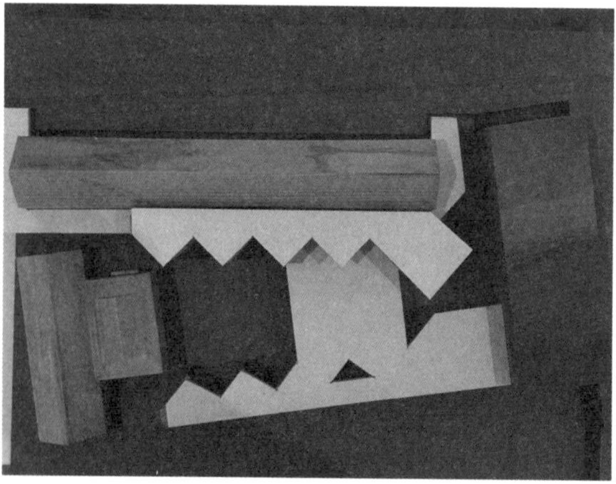

© 图片来源：场域建筑

▲ 大南坡餐厅改造早期概念模型（2020）
推敲加建部分体量的细分操作（articulation）。

© 图片来源：场域建筑

▶ 大南坡餐厅改造概念模型第二版（2020）

注释：

(1) 这段文字根据下述英文版原文大意翻译整理而成：
Ultimately, the proof that the city has primarily itself as an end emerges in the artifacts themselves, in the slow unfolding of a certain idea of the city, intentionally. Within this idea exist the actions of individuals, and in this sense not everything in urban

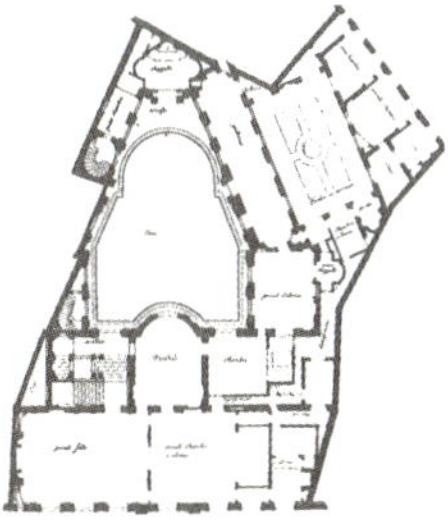

Paris, Hotel de Beauvais, plan

◀ 巴黎博韦宫（Hôtel de Beauvais）平面图（1657）
法国建筑师安托尼·勒·保特利（Antoine Le Pautre）设计的巴黎博韦宫（Hôtel de Beauvais）在不规则的地形内，利用规则几何体构图实现了其中荣耀庭院（cour d'honneur）围合。

© 图片来源：张鑫

▲ 本地食馆内庭院（2021）

▼ 本地食馆室内（2021）

© 图片来源：张鑫

artifacts is collective; yet the collective and the individual nature of urban artifacts in the end constitutes the same urban structure. Memory, within this structure, is the consciousness of the city; it is a rational operation whose development demonstrates with maximum clarity, economy, and harmony that which has already come to be accepted. With respect to the workings of memory, it is primarily the two modes of actualization and interpretation that interest us; we know that these depend on time, culture, and circumstances, and since these factors together determine the modes themselves, it is within them that we can discover the maximum of reality. ALDO ROSSI. The architecture of the city[M]. The MIT Press, 1984: 131.

(2) 罗西 . 城市建筑学 [M]. 黄士钧, 译 . 北京 : 中国建筑工业出版社, 2006: 107.

(3) 罗西 . 城市建筑学 [M]. 黄士钧, 译 . 北京 : 中国建筑工业出版社, 2006: 59.

(4) 英文原文为 "It is within them that we can discover the maximum of reality." ALDO ROSSI. The architecture of the city[M]. The MIT Press, 1984: 131.

(5) 罗西 . 城市建筑学 [M]. 黄士钧, 译 . 北京 : 中国建筑工业出版社 , 2006: 36.

(6) 罗西 . 城市建筑学 [M]. 黄士钧, 译 . 北京 : 中国建筑工业出版社, 2006: 29.

(7) 译自矶崎新为 *Villages and Towns 1 Aegean Sea* 所撰推荐文英文版中的段落，原文为 "All the windows are basically opend facing the sea. What shapes this Moebius band-like space is, as it were, no other than the fact that it is exclusively committed to a simple principle in which houses have independent rooms with windows in order to maintain without fail a visual introduction of sea and sun while being always conscious of others and responding to geographical changes for the purpose of setting up their own positions. A free and flexible cluster is created by focusing only on the straightforward method of opening a window for a view over the sea." YUKIO FUTAGAWA. Villages and Towns 1 Aegean Sea[M]. ADA Edita Tokyo, 2016: p21.

(8) 研究住房是研究城市的最好方法之一，反之亦然。也许没有其他任何东西能像形态和结构不同的住房那样，表现出地中海城市如塔兰托（ Taranto ）和北部城市如苏黎世城在结构上的不同。从阿尔卑斯山的村庄和所有那些由并不独特的居住建筑体占主导地位的聚居处，我们可以得到类似的结论。这些例子都证实了维奥莱 - 勒 - 迪克的论断：只有经过很长时间，住房的秩序和组织才会发生变化。
罗西 . 城市建筑学 [M]. 黄士钧, 译 . 北京 : 中国建筑工业出版社 , 2006: 72.

(9) 在区分城市中居住区域和主要元素这两个重要建筑体时，我们已经彻底否定了视住房为不定形和短暂的观点。因此，我们已用特征区域的概念取代了对单体住房的专门研究。
罗西 . 城市建筑学 [M]. 黄士钧, 译 . 北京 : 中国建筑工业出版社 , 2006: 98.

(10) 罗西 . 城市建筑学 [M]. 黄士钧, 译 . 北京 : 中国建筑工业出版社 , 2006: 98.

(11) 我们已称这些具有支配属性的城市元素为主要元素，因为它们以一种永恒的方式参与了城市的历史演变，并且通常等同于构成城市的主要建筑体。从位置和建设的角度来看，这些主要元素与区域，经久布局和建筑物以及自然和人工建筑体相结合，构成了城市有形结构的整体。
罗西 . 城市建筑学 [M]. 黄士钧, 译 . 北京 : 中国建筑工业出版社 , 2006: 86.

(12) COLIN ROWE, FRED KOETTER. Collage City[M]. The MIT Press, 1978: 78.

3.3
民宿美学 Accommodations Aesthetics

七贤隐居，竹林之约

㊫金雷

(隐居乡里设计师)

隐居乡里

隐居乡里成立于2015年，是中国乡村生活方式和县域文旅产业运营商，专注于以国有经济与村集体经济为主体，挖掘在地乡村资源优势，通过孵化并运营村落品牌实现乡村沉睡资产的盘活，提供一站式乡村解决方案。截至2022年，隐居乡里已经解决了当地劳动就业300人，创造总收入超过3亿元。成立以来，隐居乡里不断探索民宿与当地自然、风物、文化的结合，依托互联网+在地化运营，从最初的一间院落发展出来一条极具创造力且可持续的乡村振兴路径，未来还将继续陪伴指导乡村文旅产业全地域的升级和发展。

◀ 小竹林精品民宿 · 阮咸院

建筑分布图

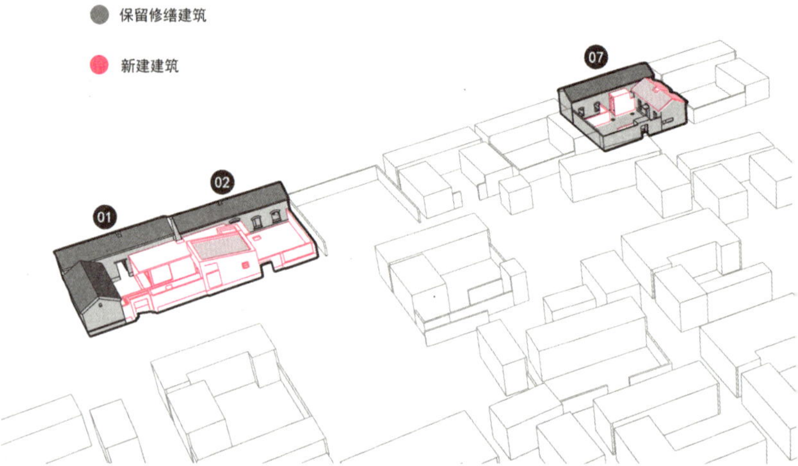

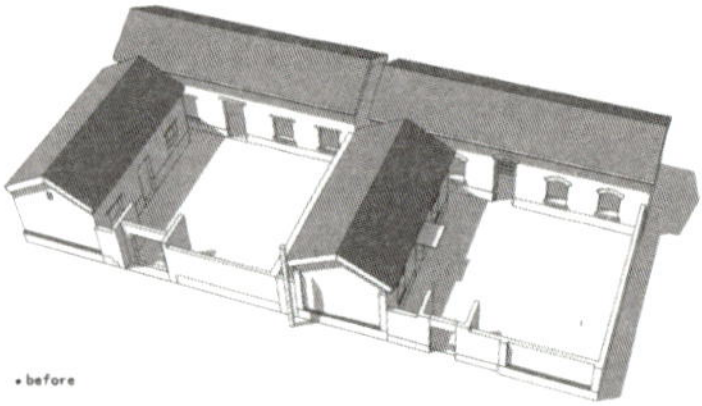

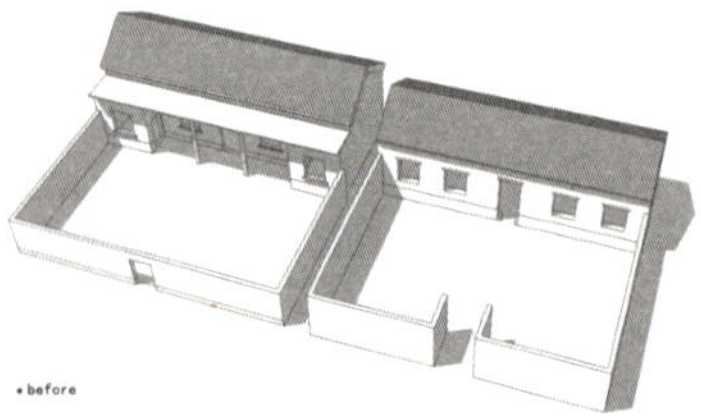

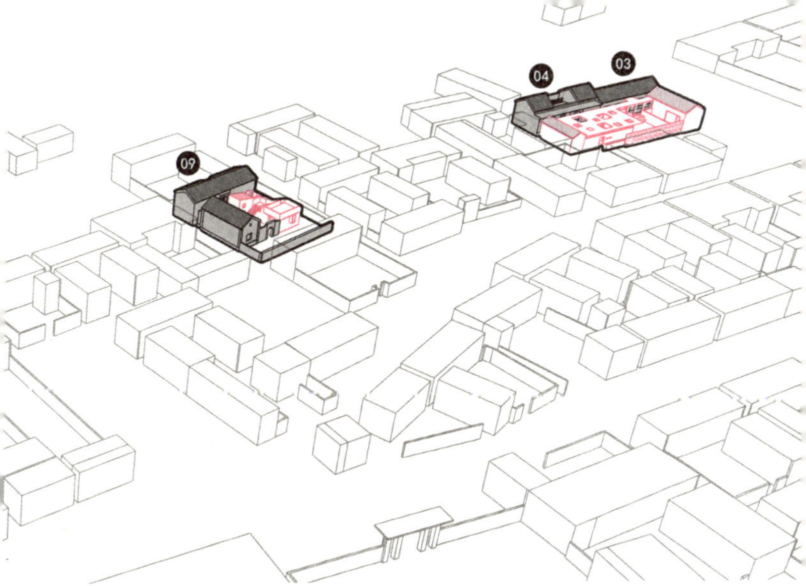

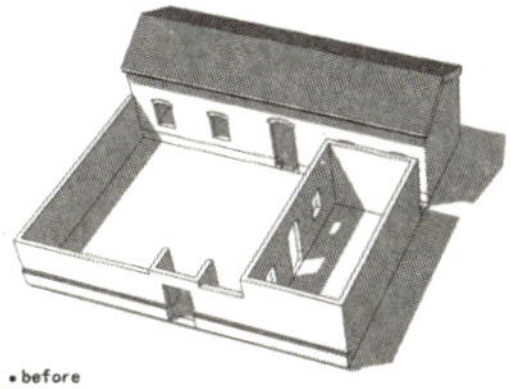

• before

• after

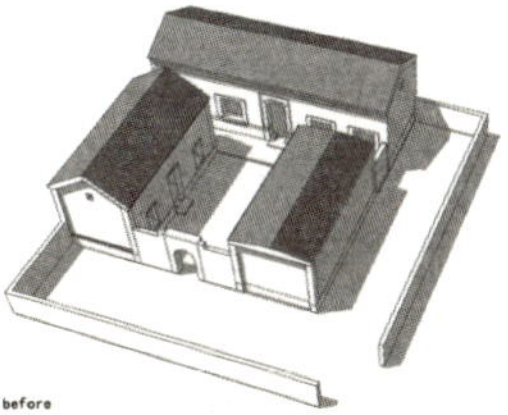

• before

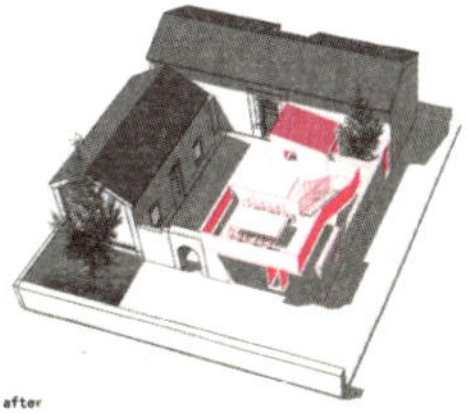

• after

小竹林精品民宿由隐居乡里设计运营，是隐居乡里在全国运营的第 26 个乡村改造项目，于 2022 年 7 月 23 日大暑节气在大南坡村正式开门迎客。民宿地处太行山南部浅山地带——河南省焦作市修武县西村乡大南坡村，距离省会城市郑州 1.5 小时的车程，距离 5A 级景区云台山开车仅需 15 分钟，辐射中原城市群 1 小时经济圈，交通区位优势非常明显。

大南坡曾因煤矿产业而兴，后又因煤矿产业而落，因为缺少支柱产业，最终沦为省级深度贫困村。近年来，修武县委、县政府认真贯彻省市"持续推动乡村旅游高质量发展"的总要求，将乡村旅游工作作为巩固拓展脱贫成果同乡村振兴有效衔接的一项重要工作举措，将乡村旅游作为修武从山水观光向休闲度假转变的重要载体，广泛调动社会力量，全力推进乡村旅游项目，大南坡便是修武县提出的"美学经济"理念下打造的一个乡村美学产业集群样板。

2019 年，在清华大学建筑学院副教授罗德胤的引荐下，经过策展人左靖老师、艺术家刘庆元、奇村文创创办人陈奇、隐居乡里创始人陈长春等一众乡建人的共同努力，大南坡村被修缮一新，并先后引进了方所乡村文化书店、碧山工销社（焦作店）、老村小馆、小竹林精品民宿等多种业态，又复兴了在当地沉寂40年的怀梆剧。一场以"美学经济"为引领的乡村变革正悄然发生，逐渐没落的小山村正以全新的方式重塑昔日的辉煌。

作为大南坡美学产业集群中的重要组成部分，小竹林精品民宿由修武县国资平台美尚文化旅游投资有限公司投资，隐居乡里设计运营。民宿以住宿为依托，为大南坡村引入城市流量，形成民宿与村庄经济综合发展的核心组团。

“小竹林”这个名字源自在修武当地流传至今的竹林七贤的故事。魏晋时期，嵇康、阮籍、山涛、向秀、刘伶、王戎及阮咸七人常在当时的山阳县（现今河南焦作修武县云台山一带）竹林下喝酒纵歌，肆意酣畅，并在此隐居长达 20 年之久，至今云台山还遗存有嵇康淬剑池和刘伶醒酒台等历史遗迹。小竹林现有的 6 栋独立小院，即以这些魏晋时期的精神领袖命名，如嵇康院、向秀院、山涛院等，与修武县浓厚的“竹林七贤”历史文化背景相呼应，为所有热爱乡村、热衷乡村美学和投身乡村建设的人士，营造一处让身心休憩的世外“小竹林”。

隐居乡里在改造乡村时，一向坚持降低干预程度，以保证原有的村落肌理及风貌能最大限度地被保留，同时也能节约建造成本。但我们也会秉持实事求是的态度，根据市场及实际运营的需要做必要的调整及改变。

嵇康院是由最初的两个院子拼成的一个大院。东北侧的院子是嵇康前院，西南侧相邻的院子是嵇康后院。改造前，两个院子的格局基本一样，院落面积都很小，我们需要在有限面积的院落基础上尽可能多地增加客房数。于是，我们将西南侧院落的偏房拆除并扩建，改造成一个两个院子共用的公共空间，其中包含了两组起居及就餐空间，这两组空间共用一个小卫生间，

但各自有通往自己院落的出入口。如此一来，两个院子原本的正房就可以各自改造出两个卧室，从营销角度来看，这两个院子既可以按一套四卧室的院子售卖，也可以分拆成两套两卧室的院子售卖，增加了面对市场时的灵活度。

改造成公共空间的偏房由于功能发生了改变，需要同时增加面积和净高，原有的建筑形制便不再适合。我们根据新的功能需求，在这里设计了相对当代一些的建筑形象：沿村道一侧的红砖墙面帮助两个院子融入整体环境中，但单坡造型以及从花格砖背后透出的暖光还是会隐隐显示出不同于周边院落的气氛。

两个院子均保留了原始的院门作为各自的出入口。虽然空间布局都差不多，但经改造后，不同院落的空间体验亦有所不同。进入东北侧的嵇康前院，经过一个被矮墙及花池夹出的狭长甬道，右转可进入公共空间的门厅，再转出来后会通过落地玻璃看到矮墙后的绿化景观；而西南侧的嵇康后院则开放于内院之中，左转即可进入起居空间。

两个正房也都保留了原始结构及门窗开洞处的构造细节，并对年久失修、部分坍塌的屋顶做了下架处理，在修建新屋顶时顺势提升其高度，为构造及机电设备留下了空间。为了弥补院落室外面积较小的缺憾，我们在每个正房的中心部分都设置了一个前后贯穿的灰空间作为两个卧室间的小起居。这个灰空间一方面作为进入卧室空间前的过渡，并隐约提示了转入卧室后可以见到的

◀ 嵇康前院改造前后

豁然开朗的山景；另一方面，它也将两个相邻的卧室分开一定距离，以保证隔音和私密性。

卧室中面向山景的一侧都设置了大飘窗及休息榻，客人可以在这里面对山坡静静沉思，如果带小孩入住，还可以将此处当作临时儿童床榻使用。两个正房间的夹缝空间被保留下来，并在下方公共空间对应处设计了一个开洞，客人可以透过开洞及夹缝看到山色，而透过夹缝漏进室内的一缕阳光自然分割出餐厅和起居，也为不大的空间增添了些许趣味。室内空间的设计遵循了隐居乡里一贯的风格，尽量简洁干净，避免干扰到客人对周围自然环境的观察体验。摇曳的树影是室内外最好的连接，而大面积的白色墙面则是最好的背景。

向秀院距离嵇康院不远，形制及周边环境也与嵇康院类似。入院后，横向的种植池形成影壁，避免内院被一眼看穿。正房布置了最重要的起居空间及两个卧室，且都开了大窗取景。在正房前，利用花格砖墙和金属板墙分别在两个卧室的东北侧形成一个小围合空间，保证了两个卧室的绝对私密，也为卫生间提供通风采光和室外景观。在钢板墙与老墙之间设计了一个前厅，方便客人换鞋换装，亦为起居空间提供了过渡。从动线上来看，客人从开敞的内院右转进入一个小尺度空间，光线变暗，前方的小围合景观院成为视觉焦点，而后左转，通过原始老墙上被保留下来的拱形门洞进入客厅，山景扑面而至；从客厅进入两个卧室的节奏也同样采用了这种先抑后扬的手法，窄小的过道为卧室

◀▲ 向秀院改造前后

开阔的视野及明亮的光线做了很好的铺垫，提升了客人的入住体验。

阮咸院不靠山，前后左右均有房舍相邻。院子入口的外面由一道矮墙同院墙一起围合出一个半开放的空间，自然形成一个“前院”，成为进入内院前的过渡。“前院”中长着一棵高大的柿子树，从很远的地方就可以看到，这也成了院子入口的天然标志。内院由正房和两侧的厢房围合而成。虽说是“内院”，但其实面积狭小，只能算是个室外通道，从市场角度考虑，客人很难接受。于是我们拆除了一侧的厢房，插入两个小体量的建筑，减弱原先建筑格局带来的压抑感，使内院较之前更开放一些。屋顶设置成可以让人活动使用的平台，缓解原始

布局室外活动场地过小的痛点。客人在二楼平台俯瞰村落，南望远山时，也可以接触近处大树上散开的枝叶，获得独特的体验。在一楼厨房对应二楼平台的位置处，我们设计了一点错动，四周采用竹子做栏，以便同厨房外墙的青砖加以区别，进一步弱化院落的二层楼体量对村落环境带来的影响。

东侧新建的小建筑体量则服务于院南角的卧室，为

◀ 阮咸院改造前后

这间卧室提供了一个单独的小起居空间，和一个被起居室及卧室共同享用的小景观庭院。由于阮咸院四周不是紧挨村道，就是与别家相邻，这个小景观内庭院会使入住的客人收获特别的体验。在原有建筑基础上，我们将保留下来的另一侧厢房做了简单的内部改造，作为客厅及餐厅来使用。它与正房间的夹缝空间也顺势成为上方卧室通风取景的窗口。两个卧室所夹的灰空间也同样成为进入卧室前的过渡，并为淋浴间提供光线及景观。这里的凹龛处也正好可以隐藏空调外机。

山涛院也由两个院子合并改造而成，院内均有多棵原生树木。院子的东南侧有优美的山景，但西南侧有村民自建的二层小楼，对方可以从高处窥视到院中的活动，给客人的体验造成一定影响，这是山涛院需要解决的主要问题。我们的设计策略是将合并后的大院落仍按原先的格局划分为东北和西南两个部分。东北侧院落的室外庭院上方用细钢柱支撑起一个用竹格栅错动排列后形成的棚架，棚架顶面开有不同尺寸的方洞口，阳光从这些洞口射入形成丰富的光影，保留下来的树木也可以穿过这些洞口向上生长。这些横向展开的棚架亦遮挡住了村民从自建小楼上投过来的视线，保证了入住客人的私密性。西南侧则是一个下沉的开放庭院，形成了很好的视觉屏障。左右两侧两种不同的室外空间类型也为客人提供了在不同天气条件下都可以室外活动的场所。

东北侧院落中原先正房靠近厨房的一侧设置了餐厅，另一侧安排了卧室。在最初的设计中，我们在两个空间所夹的花园里设置了楼梯，可通往二层一个室外平台，就餐并观看山景。但就在施工结束时，平台东南向的山景却突然变成村民的晾衣场。原来有村民在我们施工期间在这处位置上搭建了新家。这一变化令我们哭笑不得，计划中独赏美景的体验变成了现在尴尬的对视。我们只能修改方案，将二层平台及楼梯取消，把

山涛院改造前 ▶

◀ 山涛院改造后

这个空间简单处理成一个花园。南侧的正房则是典型的隐居乡里模式，中间是起居室，两侧各安排有一间卧室，每个空间均设置了看向山坡景观的大窗。一个风雨廊将棚架下方的室外空间同南侧正房联系起来。风雨廊同正房间的夹缝空间里种植了密竹，保护了卧室空间的隐私，同时为卫生间提供了通风和采光的机会，也使得客人从室外进入室内前有一个过渡。西南侧的建筑是一间单独的卧室，在它北侧种植的密竹在为卧室提供景观体验的同时，也屏蔽了来自旁边下沉庭院的干扰。

每个独立院子都有一位管家大姐，大姐们都是从当地村民中择优选拔，经过培训考核后上岗的，她们负责小院的清洁、维护及客人的餐饮、接待服务。北方大姐们有的性格爽快，有的朴实含蓄，但当地道修武方言说出口时，浓浓乡音总会唤起人们对家乡故土的亲切回忆。

乡村生活、乡土情怀蕴含着人们的

◀ 山涛院改造后

“集体记忆”，承载着最深沉的乡愁。“美学”的注入，将人们记忆中的家乡变成有活力的乡村，灵动地呈现在世人面前。艺术创作和社区参与的紧密联结，以美学作为乡村振兴的实现路径，将全民美育、长效设计等前沿理念与县域发展相结合，共同凝聚乡村振兴信心与希望，也为乡村发展创造良性的文化土壤。未来，小竹林精品民宿将以县域美学经济为引领，文化复兴为根基，将山村风貌、风土人情、历史文化等资源融入乡村民宿业态，打造集竹林雅集、国学文化营、地质科考、农耕研学等多种形式在内的乡村体验活动，创造性地将人文生活美学和住宿体验融为一体，开创一种富有生命力的乡村生活方式。我们相信，乡村的重生，不仅是建筑的更新，更是“人”的更新，“生活”的更新。

老村小馆：承续乡建肌理与精神

文 王求安

摄 夏至

北京安哲建筑设计

自 2015 年成立以来，安哲建筑深耕中国的广大乡村，进行完全以村民为主体的乡村实践。安哲践行“当地，当下”的规划设计策略，坚持建筑师长期驻村，组织召开村民大会，设计施工过程陪伴式指导，项目建设完成后，还长期协助村庄对接产业资源，开展村民培训，帮扶村庄运营。目前已在湖南、河南、湖北、河北、贵州、江西、山东、四川等多地完成数十个整村推进乡建落地项目。

▲ 老村小馆曲线形玻璃空间室内

河南省焦作市修武县大南坡村曾因得天独厚的煤炭资源而兴，但不久后便在工业化的激进更迭中，面临资源枯竭和环境破坏的双重挑战。近年来，顺应“乡村振兴”的时代议题，设计、美学、文化、教育等力量不断注入大南坡村，为其进行环境重塑与产业赋能。安哲建筑主持设计的“老村小馆”即是在这一振兴支点下，顺势而生的乡建再造范式的设计作品。“还原场所记忆，延续乡建肌理”，是老村小馆项目所坚持的首要原则，以此为基础，安哲建筑最大限度地保留了项目原场地的文化基因，打造了一个集餐厅、清吧、小舞台、民宿、中式庭院、艺术展陈为一体的复合功能空间。

大南坡村，
一段被遗忘的
历史

大南坡村虽地处偏远山沟，但凭借其煤炭资源，经济发展兴盛一时，村里早早就拥有了大礼堂、电影院和供销社等一批公共建筑。历史的车轮滚滚向前，大南坡村也从兴盛走向衰落，留下了那些曾经人声鼎沸而现在破败荒废的公共建筑和房屋，留下了那些曾经意气风发而现在已步入迟暮之年的老人。

2016 年，修武县委、县政府探索“县域美学”发展路径，邀请乡村建设者、策展人左靖及其团队策划开展了“大南坡计划”，以可持续发展、多元民间合作为亮点，向乡村导入城市资源，并向城市输出乡村价值。

围绕“大南坡计划”而相继展开的项目，如大南坡艺术中心、方所乡村文化·大南坡、南坡秋兴等，都获得了高美誉。

乡村振兴，最重要的是振“心”。我们认为，在当下参与乡村建设的各种方式中，坚持以村民为主体的自建，才能重启人们对生活的热爱。解决了人的问题，乡村建设的最大问题就解决了。2020 年 4 月，大南坡村民们在左靖、奇村文创的陈奇及其团队的帮助下，重启了中断四十余年的怀梆戏排练与演出，戏曲成为恢复乡村文化生活的重要组成部分，村民们也由此有机会重新登上表演舞台，这无疑激发了当地人的自信。当我们时隔一年再次进入大南坡时，村里的老人不再像一年前我们初到这个村子时所见的那样神情麻木，而是开始乐于和我们互动。我们切身感受到了大南坡村的巨大改变。

续写
乡土文脉与
时光印记

老村小馆选址在村头奶奶庙旁的几间老屋子。这里原是村集体向农民租用的两个院子，每个院子都保留了一南一北两间正房，房屋比较破败，连同院中的几棵老树，处于被闲置的状态。项目初期，我们确立了“还原场所记忆，延续乡建肌理”的建设原则，因而，院子里的老树、残破的围墙，都是我们要保留的乡土记忆，也将是这个院落重生的根基。

▲ 老村小馆改造前的残破围墙和老树

我从小也生活在一个落后的乡村，全村人都互相认识，人际关系简单，生活方式千篇一律，与外面世界的联系很少。但村子里有一个特别的存在，让小时候的我对外面的世界产生好奇与向往，那就是供销社里摆满商品的玻璃柜子。透过玻璃，那里头有各种新奇的玩具、美味的零食和好看的文具。玻璃柜子的存在，可以说是那个年代生活在乡村的我与外面世界联系的一个通道。

在老村小馆设计之初，我就一直想到小时候供销社里的“玻璃柜子”。我认为，老村小馆的设计要满足两部分人的需求，一是外来游客餐饮食宿的需求，一是当地人对“新希望”的想象。我希望村民们透过晶莹剔透的玻璃看见空间内部的景象时，就像小时候的我透过供销社玻璃柜台看到琳琅满目的商品时一样，会重新开始接受一些新的东西，开启一些新的生活方式，同时也会对自己的村子有这样一个存在而心生自信。

于是，我们设计了一个曲线形的玻璃空间，将入口处的老木门、门头的砖雕、坍塌了一半的老院墙，以及院内的 12 棵古树完整地保存下来。曲线的玻璃边界和

▲ 老村小馆设计概念草图

葫芦形的天井都是为了绕开原有树木而产生的自然形态，这样的设计，也实现了建筑使用面积的最大化。为了中和大面积玻璃给空间带来的清冷气质，我们将室内屋顶设计成黑色，而在软装家具的选择上，采用了贴近自然的大地色系，既提升空间品质，也拉近了空间与人的关系。

这或许是国内少有的大量运用曲面玻璃的乡村建筑。原来的破败老屋经设计后成了一个通透的空间，光线在这个空间里变幻游离，在时间里流动，交织出玻璃与光的完美韵律。

而设计成灰色的屋顶让整座建筑更自然地融入大南坡村的建筑群中。由于项目本身所处的位置相对较高，我们也设计了楼梯使客人可以上到房顶观景，从一个特别的视角来欣赏大南坡村。

▲ 老村小馆俯瞰实景

复合共生的正向循环

老村小馆还配套三间“土山房”民宿，均在传统的老屋格局基础上改造而成。我们保留了原有的土房外立面纹理，并进行了加固与翻新，提升了古意新宅的审美意趣。室内设计以简约质朴的风格为主，在原有结构的基础上，运用极简线条、木质家具和软装的搭配打破空间的沉闷感，再通过灯光氛围的营造，给人以自然放松的舒适感。

经过一年零三个月的设计、改造与筹备，“老村小馆”落地、营业，大南坡村也拥有了一处属于自己的艺术·食宿在地品牌。我们长期扎根乡村做建设，始终坚持“发掘乡村之美，重塑乡土价值”这一理念。在老村小馆项目上，这一理念也得到了完整的体现，结合当代的审美需求和乡土资源，为村民量身打造生活空间场景，为文化和旅游产业发展创造更大的空间，并以独特的空间吸引力、文化认同和富有韵味的场所精神，形成强烈的村民自信与乡村期待。

▲ 老村小馆的曲线形玻璃空间

◀▲ 老村小馆配套“土山房”民宿内部

3.4
乡村景观 Village Landscape

▲ 大南坡字母装置一角

大南坡乡村景观改造与更新

㊫唐子颖

张唐景观 Z+T Studio

上海张唐景观设计事务所，由张东先生和唐子颖女士于 2009 年共同创立。经过近年来在景观规划、场地设计、艺术装置以及生态技术等方面的实践，张唐景观获得了包括美国景观设计师协会（ASLA）荣誉奖在内的多个奖项。通过对“参与性景观”设计理念的实践，张唐景观倡导一种具备环境教育功能、可提升场所活力并增进人与人的关系，同时又符合场地特征的独特设计手段。

乡村建设需不需要景观这个环节？如果需要，乡村需要什么样的景观？

乡村景观与乡土景观是什么关系？“乡土”的“土”对应英文中的 vernacular 还是 provincial？（同为乡土，vernacular 强调地域性，provincial 略含贬义，有粗鄙、落后的倾向。）

大南坡的乡村振兴项目，是张唐景观第一次正式参与的乡村景观设计。迄今为止我的个人体会是，由于设计师长期受城市建设框架的思维导图影响，加上“乡土”(vernacular)、“文化”、“风景”等关乎设计风格的紧箍咒，在乡建中常常无所适从：用原有的材料保持原有风貌，大家说什么都没做，没有看到“更新”；做成不一样的、新的，大家诟病与当地文化违和。乡建中要不要“见新”？什么程度的“新”？旧与新的关系是怎样的？在反复斟酌和思考过程中，摸索出一些心得体会与大家分享。

首先，乡村的“现代化”不能等同乡村的“城市化”。

当然，该命题成立的前提是乡村需要现代化。个人认为乡村的习俗、礼仪、文化传承的保留与持续，和文明的发展、科技的进步不矛盾、不冲突。就像祠堂、宗庙可以和进行现代教育的学校并存一样，保留烧香拜佛的传统不妨碍公共意识、社区观念的养成。而社会的发展与进步是不可逆转的大趋势。

问题的关键是，因为各种原因，我国乡村发展普遍滞后，城市的一切似乎代表了发达进步，象征现代文明。乡村的发展或者说现代化，被自然而然地当成了城市化。小城镇、乡村规划的文本是按照城市规划的范式制定的：路网的密度、道路的宽度、雨污管道的排布、绿化种植、街道灯光……乡村没有同样的人口密度和车流量，考虑路肩错车的双向两车道是否已足够？建设用地没有城市的密度大，雨水管网是否可以由生态草沟、自然下渗等生态雨水管理系统取代？当乡野是由大量的自然环境占主导时，乡村绿化的意义是什么？乡村的夜晚是否需要灯火通明，重蹈城市光污染的覆辙？

大南坡的第一步景观改造，就是改7米的水泥主路为6米的沥青路面（其实5.5米就够了，如果大家心理上逐渐不再向往宽大的马路）。两边各留半米的碎石路肩（保留原有基础）给偶尔两辆大车相遇错车用。路肩是土地利用没那么紧张（比如乡村）、用地宽松的地方负担得起的，功能上，它承担雨水自然下渗的作用；精神上，它是舒适、放松的奢侈品——这是城市道路系统中无法负

▲改造前的水泥主路和改造后保留半米碎石路肩的沥青路面

担的。实施这半米的路肩，虽然符合实际应用，但是不合规范。挑战规范，挑战的是实施者“违规”的勇气。

其次，乡村景观建设更强调地域性。虽然乡土景观不一定特指乡村，但是乡村景观的先天属性，自发成长、根植于当地的土壤和气候，其表征、内理都具有强地域特征。

依然以大南坡的这条主要车行路为例。为什么把原来的水泥路改成沥青路？从功能上看，沥青和水泥一样实用，但是地处河南北部的大南坡村，气候干燥，黄土地貌特征，植被为松柏类常绿，冬季时天地一体满是灰扑扑的萧瑟感。黑色沥青较之灰色水泥可以与整体景观形成色差对比。同样在具体的场地设计中，基于对地域景观整体氛围的把握，无论是石材、围墙，还是装置、路牌，材料的质感和颜色即使植入了“新”，都需为此平衡。这是地域性中的自然地理条件导致的、我们在景观中经常强调的氛围。

▶老村口三角地鸟瞰

地域性中另外一个重要的景观因素是空间格局，属于人文地理条件，是人类出于生存本能对周围环境的改造。比如江南水乡、徽州宅院、豫中村落等，就是人们根据不同的自然地理条件发展出来的、形态迥异的生活空间格局。大南坡的村落依山而建，自然成长出来的道路系统大致分为平行山坡（缓坡路）和纵向联系垂直山坡的陡坡路，其空间格局是在不同时间段生长出来的。祠堂正对一个池塘，左右两侧守着奶奶庙、山神庙，是60

年代以前的建设。到了 70 年代，乡里开发煤矿，随之产生了大队部、供销社、大礼堂、学校等公共建筑，新的空间格局层层展开。这种自然生长的空间本身非常独特有趣，但因为是阶段性的建设，空间之间的关系经常简单粗暴或者不合理，比如大队部的一组院落，围墙直接砌到池塘下面，留下 4 米多高的落差溢水；村子的主要道路从大礼堂前穿过，留下一侧 3 米多高的陡坎，然后以“之”字形拐弯，形成锐角的三角地（旧称老村口）。现状改善，首先就是将原有的空间脉络梳理清楚，在此基础上将空间关系重整，让场地功能符合当下的使用需求，并为未来的发展提供更多的可能性。

▼老村口三角地的沿路景观

还有大南坡的自然景观格局。目前进入大南坡村的道路只有一条，而局限其交通便捷的是村前有一条貌似天然的黄土沟壑，经研究我们才知道这条沟还曾被人工利用修成泄洪沟，不知道什么原因无疾而终，后来退耕还林种了成排的杨树林、泡桐林，也有随机在边坡

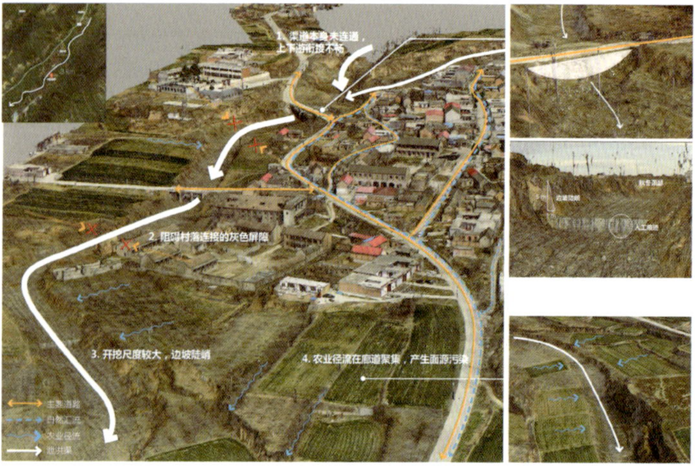

▼ 大南坡景观的空间格局（左）和自然景观格局（右）

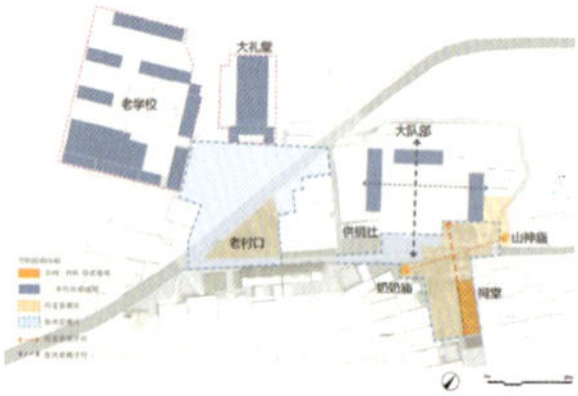

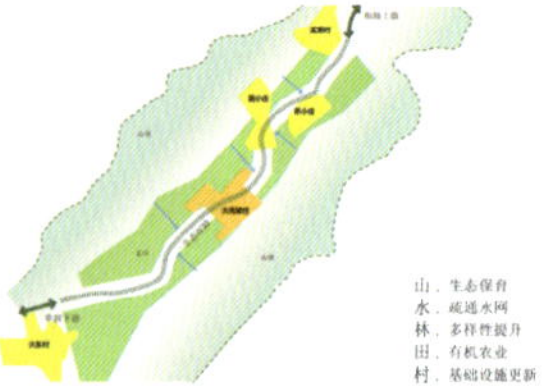

陡坎开发的梯田。这条沟壑虽然在交通上是负面条件，但在景观上，它却增加了村子整体景观的多样性。我们的规划是希望通过整治乡村整体的生态环境，为沟底粗放的单一式种植增加植物品种多样性，将部分的梯田转换成生态农业，从而减少农药杀虫剂等化学排放对冲沟的土壤和水域污染。

◀ 曾被改建成泄洪沟的一条黄土沟壑的分析图

地域性在景观中还有一些更直观的要素，比如植物。乡村所处的地理位置往往已经拥有大量丰富的自然环境，不需要再通过种植“美化环境”。观察一个自然生长的村落，树是能结果的（石榴、核桃、柿子），或能修屋做建材的（泡桐、椿树），藤是长瓜结豆的，草也要有经济价值或者药用价值。在这样的背景下，如果新种的植物出现在了它不该出现的地方，就会显得奇怪，比如城市绿化的黄杨冬青如果种在乡村道路边上，显然不符合乡村美学的属性。

▲ 大南坡景观一期施工的 50 米巷道

▲ 五条人和乐评人张晓舟在改造后的巷道合影

最后就是我们常常提及的乡村美学问题。追根溯源，乡村景观的美学最后都会涉及实用性和功能性。一条路，一块场地，一棵树，都要有用且好用。大南坡景观一期施工的50米巷道里，两侧有土坯、水泥、砖墙等不同材质的墙体，还有电线、空调机、小广告……我们除了用老石板、河滩石重新划分路面功能（比如行走和有组织排水），对其他部分则选择清理和保留。做完以后，有村民反映，原来的水泥路平整，结实，防水，干净，干吗换成疙瘩的石板路？外来参观的游客以为这老石板路是旧有的，既然改造为什么做得像没做一样？一个北方的乡村，小街小巷到底用什么材料合适？这是我们始终没有结论的一个问题。如果抛开新与旧、传统与现代的矛盾，单纯从功能和美学出发，水洗石工艺的小路是非常合适的。当然，该工艺的技术含量其实很高，传统工艺中存在的问题（比如开裂、磨损、防滑等）还需要新的技术力量介入解决。

再拿大南坡的儿童活动场地设计为例。祠堂前的台阶一带是村民常常聚集的地方，三三两两，看热闹或者扯扯闲。旁边有一块空地，有些简单的健身器械，规划中需要做个儿童活动场所。回想小时候对乡下的印象，其中之一是菜粉蝶。这种蝴蝶颜色不很鲜艳，身上很多粉，抓在手里扑扑地掉一手。大人们指着白菜里肥肥的菜青虫，说是蝴蝶变的，无论如何不能相信。丑陋和美丽，亦即生命的蜕变，毛毛虫的一生还真是复杂啊。菜青虫，或者说毛毛虫的概念就这样形成了。我们设计了

菜青虫局部▶

▲ 大南坡字母装置

▲ 大南坡儿童活动场所内的“菜青虫”

一个不同螺旋弧度的外框架，里面设置不同的互动设施。外框架毛毛虫身上的“丁丁”，可以架一些泡桐枯枝或者玉米秆，成为毛毛虫或青或暗的表皮（看季节和村民们的需求）。

还有蝴蝶、蛹。联想一点点展开，大南坡可以成为一个自然教育基地，通过散布在山林、田野的互动的艺术装置，引导人们领略久违的自然；通过对废旧路基、旧的污水管等材料的艺术再创造，启发人们的环境意识；户外课堂可以成为当地小学教育的一部分，也可以成为假期夏令营内容；我们的装置作为一个引导，日常中村民们可以按照自己的喜好继续创造。已经建成的毛毛虫现在不只是小朋友的游乐场地，还是老奶奶们荡着秋千社交的场所。我们期待看到它慢慢融入村子的生活中，呈现更多的开放和包容，而不仅仅是乡建中的一个儿童活动设施。

乡村美学大概是功能至上的极致。自然质朴、去装饰的极简主义（simplicity），是我们乡建的基本原则。保留原有的文化符号，新建的无须仿制，或者说新的就是新的，对旧有的不修饰、不掩盖，用强对比突出旧有的，也是方法之一。让空间在时间里沉淀。这是我所相信的乡村美学。

做一个项目，最喜欢看到它被使用——人化的设计因各种偶然、意外而具有生命力，而有生命的设计会呈现出独特的美。比如，被怀疑太窄的柏油马路铺好以后，家家户户在半条路上晒了玉米；村角的一块夏季纳凉用的碎石场地，秋天时整整齐齐地停上了三辆农机车；老奶奶们在大南坡的字母装置上发明了各种各样的好玩的健身方法……

▲ 被怀疑太窄的柏油马路铺好以后，家家户户在半条路上晒了玉米

▲ 村角的一块夏季纳凉用的碎石场地，秋天时整整齐齐地停上了三辆农机车

乡建中有些问题需要我们重新审视行业的进步发展与乡建的匹配度，这是我们无法忽视、必须提及的。

在设计上，比如安全规范是否应该在乡建中严格执行？景观行业中的规范随着城市化发展越来越完整周密，但是否应该照搬到乡村？在很多乡村里，类似水塘、高落差坡坎这样的“高危”地段比比皆是，且统统没有安全防护的传统——对于生于斯、长于斯的本地人来说，从小已经习惯并可熟练规避这些“危险”（甚至对他们来说这根本不算是危险）；但是对于外来者，对此环境不熟悉的人，却是极易出事的地方。前面提到大南坡村的池塘溢水的一端有4米左右的落差，村民们如履平地一样在池塘沿上走动、聚集、观演，手脚麻利的孩子还常常从下往上“徒手攀岩”。从安全的角度考虑，我们需要或将这个水塘降低到安全高度，或在四周安装防护栏杆——无论哪种做法，这个大南坡村独有的、有趣的空间都会消失，成为一个城市里常见的“平庸”的场所。观察很久、权衡很久以后，我们觉得应该保留村里原来的使用模式，但在池塘四周做了“当心坠落”“小心落水”等警示牌。

项目实施到后面，具体的问题还有：施工队人员严重老化且技能不足；依赖专业化的图纸深度无法直接控制现场施工，对设计师驻场要求高；乡建的施工队缺乏把控人员解读图纸，没有足够的市场资源（包括材料、苗木）；更宏观的问题涉及乡建的资金来源不稳定造成的工程无计划性，有时甚至是重复性的；乡村经济模

▲ 在池塘沿上如履平地般聚集、观演、攀岩的村民们

式的可持续问题；等等。这些问题无法通过个体行为改变，但是我相信通过无数个体的实践和经验总结，系统的完善和调整会被逐步推动。乡村建设不可能一蹴而至，更无法一劳永逸。希望这些设计在乡间生活中不断磨砺，最终成为生活中有机且有光泽的部分。

文化生产 4.

Cultural Production

●文化生产是承续空间生产的必要步骤，通过文化植入，才能使空间发挥效用。一方面，各个团队在乡村工作中进入文化研究、田野调查、乡土教育等多个领域，他们的工作进程与研究成果，组成了文化生产的一部分；另一方面，通过影像、展览、出版等视觉文化方式，组织并呈现艺术家、建筑师和设计师等跨学科人士围绕当地民风民情而创造的各类作品，以多种表达形式，发挥文化之功效。

●“大南坡计划”组织团队对修武的县域文化进行梳理，在一年的时间里总结出四个关键词：山川、作物、工艺和风度。随着大南坡艺术中心完成建筑改造，“乡村考现学：修武的山川、作物、工艺和风度”展览在艺术中心开幕，由31位参展人组成的多个展览单元，涵盖了“地方性”所蕴藏的各个有机部分。展览主要服务在地居民，并对观光客开放。

很多在外打工的人回到大南坡，也对展览内容感到惊奇和欣喜。通过展览的形式，当地人重新看见自己所处社区的文化价值，亦是文化生产的意义之一。

●活动则是乡村和城市文化的交流平台，出版是为乡建主体搭建发声平台。2020 年落地的“南坡秋兴”以大型活动为介入方式，激活和丰富了地方的公共文化生活，随着大南坡影响力的提升，“南坡秋兴”成了在乡村实践主题性的文化与艺术活动的重要参考。《大南坡：共振村声》、《大南坡》杂志创刊号等书刊的出版，怀梆唱片和大南坡相关影像作品的发行，则是以不同的媒体语言重述在地的乡建实践，从而抵达更多人群，实现城市和乡村的精神勾连。

●而在乡建实践中运用上述文化传播手段的最终目标，是要培养社群的文化自觉，强调文化的创造力和可持续性，增加村民的自豪感和幸福感，为改善地方的文化环境而努力。

4.1

乡村考现学：修武的山川、作物、工艺和风度 Archaeologies of the Rural Present: Xiuwu's Scenery, Crops, Crafts and Demeanor

大南坡计划以河南修武县西村乡大南坡村为基地，是一个涵盖了美学实践、文化发掘、社会美育、自然教育、地方营造、建筑景观以及展览出版、产品与空间创新等各种活跃动能的联合体。自 2016 年修武县委县政府探索“县域美学”的发展道路以来，在不断聚合当地历史与文化资源的情境下，大南坡计划应运而生。该计划广泛邀请来自区域内外的设计与思想力量，以在地营造的方法，参与乡村的社会与美学实践，激活本村和周边村落的经济和文化生活，回应当下生活与在地发展的需求。

2020 年，大南坡计划对村大队部闲置的公共建筑群进行更新，旨在为当地创造一处容纳展览、阅读、教育与店铺活动的新型空间，鼓励多种维度的当代城乡生活与价值流动。随着大南坡艺术中心完成建筑改造，首展“乡村考现学：修武的山川、作物、工艺和风度”在此开幕迎客。

展览涵盖了“地方性”所蕴藏的各个有机部分，包括对本土知识的学习与开掘，以及对修武的历史、风物与文化独特性的体察与再现。我们希望以社会美育的方式，营造和培养当地居民的文化自觉和身份认同，加强他们在文化转型过程中的自主能力。同时，也让世界通过艺术的棱镜认识修武，让地方的意义与影响力振荡开来。

在“山川”单元，展览邀请了四位对景观摄影素有心得的艺术家进行创作，使诗、画、影三者所创造的意象在云台山高远清润的墨色之中流变随形，互为参照。在“作物”单元，我们梳理了小麦种植与河南麦面的历史，通过“麦面之路”探讨在地与亚洲、世界的关系。在“工艺”单元的绞胎瓷部分，我们组织了国内首个探讨绞胎瓷艺术的展览，通过专门设计的茶室空间和陈设，呈现了绞胎瓷工艺和美学在当代的最新发展，以及重新发现修武在中国陶瓷史上的独特位置。“协力造屋”部分记录了赤脚建筑师王求安进驻修武岸上村，推动村民自建实践，以及“普通设计”观念的形成过程。最后，在“风度”单元，我们以木刻和木刻动画的视觉形式，使“竹林七贤”这一中国文学与图像精神中的重要意象在当代有了全新的表达。作为活着的乡村精神和乡村风度，“怀梆戏”则是摄影师从修武民间戏曲的人物和故事出发，以脸谱和戏曲长卷的方式，展现了乡俗礼仪下社区民众的文化记忆与文化认同。

乡村
考现学：
修武的
山川、
作物、
工艺和
风度
Archaeologies of the Rural Present:
Xiuwu's Scenery, Crops, Crafts and Demeanor

“考现学”是我们在乡村展览的一种工作方法。“考”是以类似田野调查的方式，以学习与观察的谦恭心态，缓慢地参与乡村工作的点滴；“现”则是过去的总和集合于当下，所形成的乡村社会的各个复杂而特殊的面向。这使得我们的视点从风景与物件开始，转移到民居、公共空间、村民和日常生活，并在其中发现乡村生活的韵律。艺术家与乡建工作者的观察随风土情境而转移，其所记录的物质与精神形态也具有了更加深远的意义。随着方所乡村文化、碧山工销社（焦作店）等文化资源的进驻，大南坡村的在地营造将焕发出持续的力量。

无论是从文人创造还是民间工艺出发，由艺术所感化出的人的修养与性情，都讲求将人从僵化的社会规范中解放出来，以美好的志向、超越的观念，复归情之自然。我们珍视美学所赋予我们的感知与意义，它们基于经验、知识和价值而平等存在。我们希望，通过云台山水的滋养和豫北大地的馈赠，我们能建立起更加广泛的城乡文化联系，将美学自觉与日常生活的实践冶于一炉。在县域乃至村镇的尺度上，构筑起新的艺理与世界观，创造新语言、新文化。同时，我们也重视美学对于提升社会治理体系的意义，使其服务地方，适应地方，以艺术的策略，在美学经济的主导领域内完成转换腾挪，最终构建一个兼具东方美学与开放视野的美学体系，为“现代化的乡愁”之后的亚洲乡村开辟出另一种面貌的“修武经验”。（文 / 左靖、彭嫣菡）

4.2
山河考 Scenery

凝视：重塑山水的理想秩序——论郭熙和李唐笔下的云台山风景

文 冰逸

图（1）
宋 郭熙
《早春图》
1072 年
绢本水墨
158.3cm×108.1cm
台北故宫博物院

凝视：再造山水

在凝视山水的时候，我们深信：是山水创造了人类，而不是人类创造了山水。

凝视云台山的风景，我们发现，山水的深意正在重塑世界的理想秩序。

我们在对山水的凝视中发现了太行山脉，并重构人类精神中美好世界的光辉容颜。

对山水的审美激发了我们对心中美好世界的眷恋。绘者在眷恋中，不自觉地变成了作者和书者，成为诗人和哲人。

宋代的山水是人类有关自然的视觉文化的高峰。我们对宋代山水的遥望承载了对崇高精神的向往。人类通过膜拜山水之美来获取终极的喜乐。在充满狂喜和近似迷狂的凝视中我们成为精神化的生灵。

从焦作的风景中，在宋代，曾经走出郭熙和李唐这样伟大的画家。但是在 2020 年，焦作的风景依然是消失中的风景。今天的云台山是风光旖旎的游赏之所，但是我们需要从宋代的山水丰碑中再一次重构它的视觉史。

这个画家的神奇故乡是陌生的，是隐现的，是无法描述的。我们只能通过回望宋代辉煌的历史时刻，再一次认知我们心灵之旅的源头。

消失中的风景，是四季流转中的风景。我们在四季变迁中感受时光的流失，察觉眼前风景的不可获得，因此构成了对遗世独立的风景的凝望。

在郭熙的笔下，山水是人对自然寤寐思服的深游。而焦作，郭熙幽光中的故乡，是他精神上的回归之所。

郭熙不断咏叹山水的美好。他深知审美造就生命的深邃意义。在郭熙的笔下，山水有丰富的审美情态。它的萧瑟，是季节的来临，也是立体多面的情态。季节把自然变成了过程：放慢，暂停，落定，变得更缓慢，其后又暂停，近景，远景，拉伸，模糊，其后消散。这个过程，就是山水的形成。这个过程中，人能看到的只有一面、一角，只有在绵延的想象中暂停和搁置的种种瞬间。每个瞬间都是不完整的，破碎的和落寞的。而这种在季节中变幻的弃置之感塑造了山水的情绪特性。郭熙发明了整套语词来描述这些内在的情绪。他书写的是具体地学习和整理绘画方法的系统，但是他赋予每一个语词情绪和哲理。郭熙认为：山水丰富的变化来自季节，来自距离，来自结构；但是让这变化意味深长的，不是茂密的生长和充沛的淋漓，而是充满荒凉感的大势和氛围。

例如：

角度——“学画花者，以一株花置深坑中，临其上而瞰之，则花之四面得矣。学画竹者，取一枝竹，因月夜照其影于素壁之上，则竹之真形出矣。学画山水，何以异此？盖身即山川而取之，则山水之意度见矣”。

凝视中，郭熙看见了花的四面，看见了竹子的影子，看见了共情和共感。

四时——“真山水之云气，四时不同：春融冶，夏蓊郁，秋疏薄，冬黯淡。画见其大象而不为斩刻之形，则云气之态度活矣。真山水之烟岚，四时不同：春山澹冶而如笑，夏山苍翠而如滴，秋山明净而如妆，冬山惨淡而如睡”。

凝视中，郭熙看见了四季中山水如女人的美妙。

山形步移——“山近看如此，远数里看又如此，远十数里看又如此，每远每异，所谓‘山形步步移’也。山正面如此，侧面又如此，背面又如此，每看每异，所谓‘山形面面看’也”。

凝视中，郭熙看见了“山形面面看”。

一山千山——“如此，是一山而兼数十百山之形状，可得不悉乎！山春夏看如此，秋冬看又如此，所谓‘四时之景不同’也。山朝看如此，暮看又如此，阴晴看又如此，所谓‘朝暮之变不同’也。如此，是一山而兼数十百山之意态，可得不究乎”！

凝视中，郭熙明白了一座山总结了千座山的全息意义。

这些有关“凝视”的审美喟叹构成有关“观看”的行为准则。这些准则的确立意味着有关山水的哲学系统的确立，也意味着有关山水的工作方法的确立。

当山水作为哲学命题被确立，跟它相关的一系列修辞也都被确立。而这一整套话语，构成了郭熙关于山水的完整言说。

在郭熙之前的一百年，山水逐渐确立了人们关于世界的根本理解。从五代到北宋时期，崭新的社会动向塑造了中国人井然的世界观，从李成的《晴峦萧寺图》，到郭熙的《早春图》，山水的视觉传统从初始达到了绚烂的高峰。

在凝视中，山水作为完美世界的底层秩序，不仅指导我们如何去观察和欣赏一个世界，更界定了我们如何去理解和表述一个世界。当绘画去呈现这样的底层秩序，它必然呈现出人类的常规认知所不能理解和覆盖的面貌。由此，新的审美形态就出现了。它的出现也带来了与众不同的表述和仪式。因此有关山水的新的哲学系统和行为准则也就出现了。

山水同时具有无限的包容性和严格的排斥性。它因此形成的话题极其广泛，以至于画以载道；也极尽细腻和微妙，仿佛在星光浅淡的晚上一个人独自观察壁虎爬过城墙。

宋代的山水，是文学、美学和哲学的交集，也是它们的合集。郭熙创作的《早春图》是宋代山水自由而浪漫的高峰。它有关爱，有关光芒，有关奇迹。

从《早春图》到《万壑松风图》：清明政治下的宋式高潮

在宋代，各个物质文化领域的审美是存在于整体性中的。艺术中各领域高度的整一性形成了宋代的清明政治，形成了认知上、审美上和趣味上的清晰和准确。有了这种清晰度，这个时代中各种领域的人才调动一切资源整体地进行创造和思考。从皇族到士族，从政治家到艺术家，宋代的审美在各个阶层虽然稍有不同的侧重点，但整体的高度是一致的。

从郭熙的《早春图》到李唐的《万壑松风图》，宋代伟大的文明跟它的山水一样壮阔深远，以至于北宋在政治上凋零之后，宋代的文化还能够向前延续性地发展。

郭熙和李唐，代表着宋代皇家政权在巅峰时对世界的态度，而这两位画家的故

图（2）
宋 范宽
《溪山行旅》
11 世纪
绢本水墨
206.3cm×
103.3cm
台北故宫博物院

乡如此之近，都在今天的焦作。郭熙来自河阳温县，李唐来自河阳三城。宋神宗熙宁元年（1068 年），郭熙从家乡来到都城，奉诏入翰林画院，成为翰林待诏直长。神宗赵顼尤其欣赏郭熙的作品。曾经一度“一殿专皆熙作”。王安石变法时设置的新的中书、门下两省，以及枢密院和玉堂等墙上壁画，都是郭熙的作品。画家的创作是通过大尺度和大体量，尤其是通过绘制建筑空间中的大型壁画和屏风来凝结山川精神的。

郭熙早年修道，经常在山川中壮游，观摩自然，入宫之后通过学习李成的原作悟到了画树和画山之法。郭熙画树体如龙，画树的枝丫如蟹爪下垂。郭熙在宫中的二十年，得以学习宫中所藏汉唐以来的历朝历代的原作，因此他具备了非同一般的眼界。

任翰林待诏直长之后，郭熙成为宫廷画院的重要成员。郭熙创作旺盛的时代正是宋神宗在位的熙宁和元丰年间（1068—1085 年）。他深受神宗的恩宠，因为“神宗好熙笔”，以至于当时宫中重要的屏障，“非郭熙画不足以称”。

《早春图》中，我们看到人类对世间美好事物的期盼，并寄托于光明和深情。画家自己的内心也充满了光明。他必然经历过这个光明给他带来的幸福，才能有如此忘我和深入的代入感。经历过这样的光明，经历过这样辉煌的时代，画家方能传导如此浩瀚、深刻而又清新的力量。

我们来对比郭熙的《早春图》和范宽的《溪山行旅》，可以得到直接的视觉和感官结论。《溪山行旅》有明确的近景、中景和远景的结构，尤其远景的大山充斥了画面。画面中的山是树木的依托，山因为它的结构性而容纳了自然中可有的物象。相比之下，如果说《溪山行旅》是结构性的风景，那么《早春图》则是充满了“呼吸感”的风景！《早春图》中，山与山之间的关系是游动的，起伏的，富有呼吸般的韵律和节奏。

《早春图》中的山和树仿佛是载体和角色。树的形体概括了山的生动。图中的人物，每一个角色仿佛都在归往必然要去的地方。无论是打鱼、渡河，还是行走，这些人物都有明确的归属感，他们安乐于他们所处的情境之中。在氛围上，他们的形象跟《溪山行旅》中负重远行的旅人是有区别的。

《早春图》中令人瞩目的是山和水之间的关系。它呼应了云台山川特有的风景：瀑布奇迹般从山体中流出，山涧的落差近似诗意的意外。在郭熙的世界里，山为何呼吸？因为水为之涌动。山谷的圆转，近似女人的身体抑或是龙的身体在其中隐隐地游动。而《早春图》中的树也同样宛若游龙。不论是山体、群树、山涧，还是其中行走的人物，这些元素被完全统一在一个审美形态之中。人与自然深层的

图（3）

图（4）

图（5）

图（6）

图（3~6）
细节：人物
宋 郭熙《早春图》
1072 年 绢本水墨
108.1cm×
158.3cm
台北故宫博物院

和谐因此显现：此构图中不仅对人体的隐喻跟世界是和谐的，而且世界的形态，世间万物的形态，世界和世界之间对彼此的想象都是和谐的。因此，人类的启蒙时刻来临了。

《早春图》呈现的是大世界中的大时代造就的审美意识。它不是因为某个人或某一个时刻而突发的。艺术的高峰是对千年大命运的总结，而《早春图》正是对中国人千年大命运的总结。只有在这样光辉伟大的时代，一介寒士凭绘画的能力能够成为国家的栋梁，并能够因此被专宠二十年！这个曾经修道的画家因此体会到了世界近似怀中心爱的女人，而这个女人的长发就是一棵树，这棵树就是一条龙；他因此体会到彻底的精神和肉体上的通感。正如郭熙的文字：

春山澹冶而如笑，
夏山苍翠而如滴，
秋山明净而如妆，
冬山惨淡而如睡。

郭熙能够清晰地看到自然山川和女性之美的共感，所以他的绘画之中隐藏着感官幸福中深入的爱意。这哲学化的情感有别于常见的爱情，而是他对人类伟大命运的总结。因此，《早春图》呈现了伟大时代贯穿于个体生活后产生的崇高的、幸运的和美好的经验。

一个民族经历的伟大的历史时刻，通常也是艺术创造的神秘时刻。它无论从力量还是从趣味和形象上都令人感动，因为这样的艺术来自历

图（7）

图（8）

史时刻中创作者内心真实的涌动。在北宋,“仓廪实而知礼节”,人们拥有理智和自由的精神。这种精神被称为“斯文”。北宋在很多方面达到了“斯文”的自由。无论是皇族还是士人都能深沉地进入精神生活,人们因此产生了深沉的幸福感,画家也因此做好了准备,向世界表达。

随着时间的流动,赵氏皇族的趣味是有所变化的。郭熙的《早春图》中,充满了向上的、恢宏的、高亢的和优雅的气象。它代表了人的高洁和浩荡的气节。到了《万壑松风图》,宋代山水的面貌更深邃、悠远、雄峻,而又充满了阴郁丰厚的情绪。

李唐跟郭熙一样,因为绘画的才华而进入徽宗的画院。李唐绘制《万壑松风图》是在1124年,正是北宋灭亡前的两年。在构图中,我们再次看到隐隐约约从天而降的瀑布。它呼应着画家故乡的景象:画面上的主体山脉仿佛野兽,匍匐在松涛之中。松林,而不是山脉,占据了画面的中央。我们仿佛听到松涛和水声的融合和穿插。主体山脉的周围长满了石笋般高低不平的插云之峰。山崖,绝壁,厚实而彪悍,近似被钝器雕刻而出。自然因此视化为雕刻山川的力量。所谓“大斧劈皴”,在李唐的世界里,是自然雕琢山崖的形态。而白云造就的空白,却是人类视野被自然抽象和绝对化的指征。这些飘移而不确定的空间,给我们留下了云雾缭绕的声音场域。山巅

图(7)
细节:
山间流水
宋 郭熙
《早春图》
1072年
绢本水墨
108.1cm×
158.3cm
台北故宫
博物院

图(8)
天女散花
瀑布,
云台山,
焦作

长出如若毛发的枞树，近处高耸入云的松林，若隐若现的小溪，连着远处如天降一线的瀑布，构成了在山川中声音游历的网络。中景的左侧和右侧有若干瀑布和水流垂下，辗转构成一摊溪涧。水声穿石而起，击浪而生。在主峰旁边的远山上，题有“皇宋宣和甲辰春河阳李唐笔”。甲辰是宋宣和六年（1124 年）。如果李唐出生于 1066 年，此时的他已经是 58 岁了。在这样的年龄，李唐画的松树和石头有野兽匍匐的生机力量。我们隐约感觉到，画家画的是一个非常熟悉的地方。如果我们去观察在焦作的云台山的风景，我们发现：那里的树和石，原本就是如此的样貌。在画里，山川跟树的尺度形成了独特的反转：山川如岩石般低矮，而松树成为主要的形式载体。因此李唐对山水的理解，不是关于山水的本体，而是关于在其中的生命的呼喊和呈现。

图（9）
宋 李唐
《万壑松风图》
1124 年
绢本水墨
188.7cm×
139.8cm
台北故宫博物院

南宋年间，李唐再次进入画院，此时的他已经是北宋画院南渡而入南宋画院的画家。南宋恢复画院后，李唐以成忠郎衔任画院待诏。李唐创造的“大斧劈皴”对南宋画院有极大的影响。李唐对山水的简化，成为南宋山水范式化的起始点。

相比之下，如果《早春图》是万物在呼吸，那么《万壑松风图》则是万物呈现深邃的交响。郭熙和李唐生活过的故乡山川，终于在一千年后的我们对宋代绘画的凝视中再次出现。

山水：
我手中是
完整的宇宙

郭熙和李唐的绘画，出现在一个中国非常罕见的历史时刻：它是一个权力和文化深度和谐的时代，它也是罕见的财富和趣味优雅融合的时代。这个时代把人的政治立场、才华培养以及他的人格成长放在一起给予营养，因此它成为美妙的时代。彼时人类各种类型创造力的各个方向，都在向一个方向汇集，在这个汇集的过程中，人类范本中出现的美好的性情，悠扬的故事，和生活的可能性，集合成了宋代的高峰。

宋代很少杀害文官，因为它尊重有文化的生命。宋代的皇室集中了朝代的财力、物力和领导能力，来塑造灿烂的绘画传统，宋代有画官的考试制度，和科举考试是一样的。画家同时也是文化上的政治结构的组成部分。这样的制度意味着，艺术家在绘画上有特殊的才能，就能在政治上有他独特的影响力。宋代的政治和文化是平行的，是互为隐喻的。

宋代政治和艺术的深层和谐，本质是表达上的自由。画家通过对粉本的反复练习，能做到高超的写实。在如此高超的写实中，艺术家没有恐惧。因此绝对自由的对自然的表述也自然地成了写意之举。画家认识上的自由给创造带来了不可思议的解放。在艺术中，如果创作者有了本质的自由，就不用担心对山水的创造附属于权力和利益，也不用担心艺术只是在制造非本质的形式功用，更不用担心自己的创造没有精神性。

艺术在无限的精神自由中对自然的凝视，让艺术的创作者得以随时随地地确认：我手中就是一个完整的宇宙。

云台山考：影像叙事

㊁彭嫣菡

云台山位于修武县北，秉造化之秀，依自然之势。其间云峰石迹，峡谷溪潭，无不参灵酌妙。河南是中华文化的源头与核心，云台山亦是文物丰盛、文学灿烂之所。这里所留存的景致从《诗经·国风》的吟咏开始，及至竹林间的魏晋风骨，郭熙、李唐笔下的宋代山水而达到高峰。在天高云阔的山河地理之间，展演着自然秩序恒定耐久的面貌，也刻下人们对于自身与世界关系的认知痕迹。

以影像这一较为“现代”的艺术来求取这种认知，将山水的灵性与精神加以再现和蕴示，并不是一件容易的事。通过邀请四位艺术家造访云台山水，以他们所擅的艺术语言重新寻找与推演，刻下山水世界所留下的层积与褶皱。可以说，影像的实践与山水所蕴藏的自然义理，同样具备了瑰丽的绘画性与悠扬的诗歌性。由此，影像中的澄澈和肃静之态，得以应物象形，神与俱成，将古今之间的复杂意义联系在一起。

云台山考：影像山水
Research on Yuntai Mountain: An Image Landscape

孙彦初

●作为生长于河南的艺术家，孙彦初的作品融合了他对中国传统绘画和现代摄影创造的热情。从早年的摄影手工书开始，他对照片进行大刀阔斧的涂改与加工，消解图像的固有意义，将摄影和绘画两种艺术形式自如地糅合在一起，难分彼此。在近年来的《显影绘》系列中，他则直接放弃了以快门拍摄形成图像的方式，直接使用暗房显影液和画笔在相纸上进行绘画。因药剂造成的显影时间延迟，以及对化学物质、温度、光照和显影过程的推敲与控制，叠加成在暗房场景之中涌现的未知、等待与凝视。

●这些原本属于摄影本体论的瞬间，与水墨绘画的笔意工法之间产生了新的互文。正是文学与宋画中的山水构建了他对北方山河的最初想象。他以出人意料的手段拓宽了摄影在还原真实与表达氛围之外的思路，再造的山水游荡在影像的真实与意旨之间，风格为之一变。

●山间飞瀑流泉如练，山石高耸崎岖，百家岩寺塔的巧妙立姿衬着一轮寂静的圆月。飞扬的笔触与运动的风景虚化了影像的实在面目，而显影液则代替了水墨的蘸取，泼墨挥扫间染成画面，形成更加活泼的层次与浓淡。传统文脉的浸染回到了创作的血液之中，借由绘画所表达的山水审美与思想，携带着影像的特殊本质与属性，显示出新的观念、生命力与价值。

百家岩
明胶卤化银
94.5cm×127cm
2020年

云台天瀑
明胶卤化银
127cm×85cm
2020 年

云台天瀑
明胶卤化银
60.5cm×50.5cm
2020 年

●孙彦初的作品融合了摄影、绘画、图像编辑以及他的个人经历与感受。孙彦初捕捉了那些富有生命力却孤独的画面与时刻，同时他也一直试图追寻那些在历史中被丢弃了的图像，并通过绘画和图像处理将它们重新呈现给当下的观众。

●他最近的展览包括：在洛桑爱丽舍摄影博物馆2018年亚洲摄影计划展出《虚构集》；在厦门集美·阿尔勒国际摄影季展出《虚构集》；2017年在上海M97画廊展出《显影绘》；2016年在香港巴塞尔艺博会“亚洲视野”展出《暗房里的自大者》；2015年在北京三影堂展出《中国摄影：二十世纪以来》。他还获得了2017年集美·阿尔勒发现奖提名，2015年谷仓摄影样书：马丁·帕尔评审奖大奖，连州国际摄影年展2011年度新摄影奖和2010年MIO摄影奖评审员（森村泰昌）特别奖。

卢彦鹏

●同样以对胶片的干预作为创作之法，卢彦鹏的图像则弥漫着几分向晚的暮色烟霭。在远山与楼台之间，此世界与彼世界相互重叠共鸣，最终汇集成时间的神秘与浩瀚。

●以黑白胶片为“表”，通过长时间曝光、底片重叠等技术，以及不寻常的放大方式，掌控药水浓淡、温度、工艺和显影的快慢，创作成为一个填满、波动、再消退的过程；其“里”则是在不断重复的暗房工作中沉淀出影像之外的诗与道。

●在过去的十年间，卢彦鹏走过许多名山古刹，也与形状各异的山石、数不清的高塔和塑像相遇。在如此浩瀚的天地之中，肉眼难以达到对事物感知的极限，对摄影的机械性与技法本身的反叛已瓦解了对图像信息的追寻。作品的视角往往落在某处隐蔽的风景前，定格之时，图像的意义从对山水的整体意识中产生，它结合了艺术家的经验与实证，这是属于艺术家的现象学。

●当艺术家作为创作的主体与现实的山水相遇，是审美遵从了自然的改造，而自然也经受着古往今来的人文审视。透过图像的当代诠释，回归对视觉本源的理解，我们看到以云台山为代表的山水画意何以成为一种完善的秩序，在认知的自由与高超的写实间，是山水塑造了中国艺术的精神，并赋予人们万物皆备于我的审美意识与哲学体系。

孝女塔　百家岩
哈内姆勒竹纤维纸喷墨打印
110cm×168cm
2020 年

凤凰岭
哈内姆勒竹纤维纸喷墨打印
168cm×110cm
2020 年

红石峡
哈内姆勒竹纤维纸喷墨打印
168cm×110cm
2020 年

潭瀑峡
哈内姆勒竹纤维纸喷墨打印
110cm×168cm
2020年

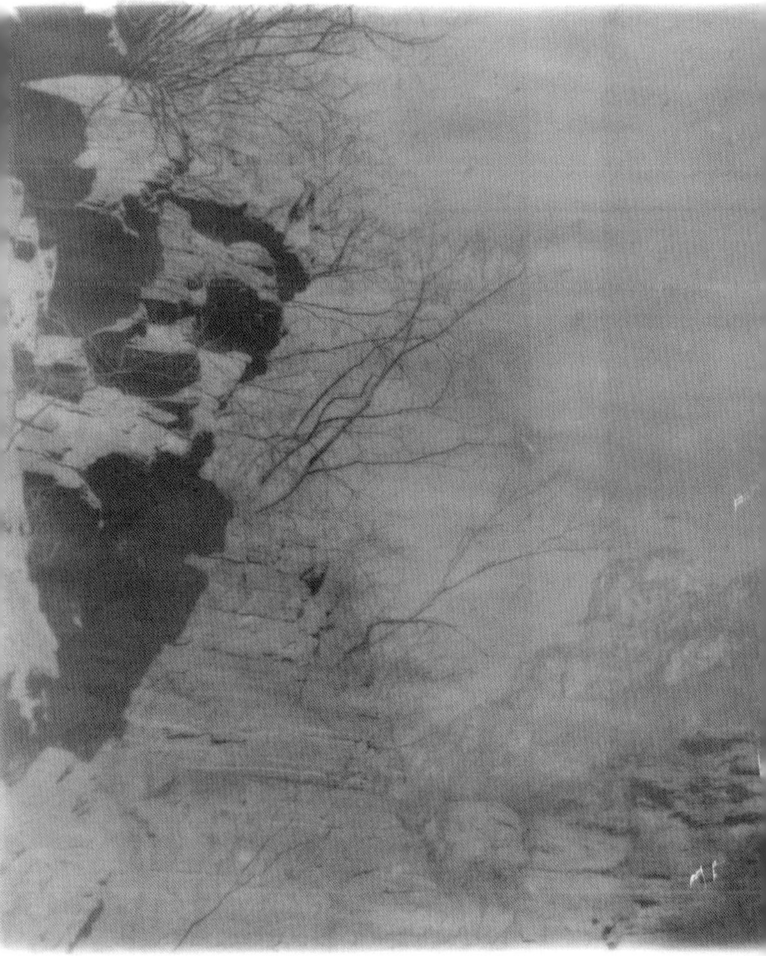

万善寺
哈内姆勒竹纤维纸喷墨打印
168cm×110cm
2020 年

孝女塔
哈内姆勒竹纤维纸喷墨打印
168cm×110cm
2020年

●卢彦鹏，1984 年生于福建，现居厦门。代表作品有《石头的记忆》《山·雾》《空·气》等。曾获得2011年荷兰 FOAM 摄影博物馆 Foampaulhuf 世界100位摄影师提名奖，大理国际影会的“亚洲十佳先锋摄影师奖”“第 11 届平遥国际摄影大展大奖”“三影堂摄影新人奖”等国内外多个摄影奖项。作品曾在法国、比利时、意大利、美国、澳大利亚、日本、中国等地的重要艺术及摄影机构展出。

张克纯

●自早年的创作开始，张克纯的行迹遍布黄河流域，他寻找文学式的岸上风景并加以传摹，更记录当下复杂参差的社会景观。两者相加后的图像，组成了具有强烈人文意识的独属于中国的风景。

●在修武驻地创作期间，张克纯使用大画幅林哈夫相机拍摄，通过大量的攀登和行走，慢慢地介入了此地的山水。夜色中的云台山，林木苍润，石尖欲落，瀑布飞动。远景中开阔的山与近处的石、洞口，从他的作品中流淌出的苍郁墨色与恒定的安静时刻，为这里的山水法度界定了格调。

●通过录像与照片，艺术家记录了枯水期的云台山瀑布依靠人工抽水来维持其运转的过程，在此处，人工水坝与宽阔的山水并置，它们同样壮美，附着在厚重的视觉历史与传统的美学经验之上，也赫然袒露着人与自然的微妙关系。他的作品乐于展现广袤的自然，然而，当人与人工制品偶然闯入自然的宏大尺度，这是发生在真实场景中的对峙与张力，让景观与现实具备了更加深刻的寓意。

●在湍急的时代进程里，人与变动的环境发生着各式各样的新关系，我们对北方山水的想象与期待有时落入因过度真实而显得虚幻的画面之中，尽管山水总能唤起人们心中所激荡的诗意。正是艺术家所怀有的审慎与克制的目光，让图像之下所掩映的部分，穿透了基于地缘、人文和美学等不同立场的边界。围绕着这一历史变迁形成的视觉档案，正等待着被更加复杂与超越的目光所理解。

幽潭
艺术微喷
铝塑板装裱
120cm×160cm
2020 年

子房湖
艺术微喷
铝塑板装裱
120cm×160cm
2020 年

跌水
单频道 HD 录像
黑白无声
6:56 min
2020 年

●张克纯，1980 年生于四川，现生活工作于成都。他曾获得 2008 年美国国家地理摄影奖，2012 年三影堂摄影奖提名，2012 年及 2013 年索尼摄影奖提名，2014 年法国汇丰银行摄影奖提名，2014 年连州国际摄影节年度评委会特别奖，2014 年美国 DAYLIHGT 摄影奖，2014 年法国阿尔勒摄影节发现奖，2015 年法国 Talents Contemporains 当代艺术奖。他的作品在美国、法国、英国，德国等 20 多个国家和地区得到展出，并曾在《时代周刊》《BBC News》《Telegraph Magazine》《中国摄影》等媒体上刊载。作品被德国国家博物馆、中央美院美术馆、美国威廉姆斯美术馆、施耐德基金会、微软中国、现代传播集团等多家国际知名博物馆以及个人藏家收藏。

杜宝尼

●杜宝尼的作品《洞见》从微观出发，当光盛满洞穴空间，它们或成颗粒，或织为金线，跳跃上升，构成不同的表现形态。透过摄影的干预性，测量时间在空间中流走的质量与形式，最终回归到时间所蕴藏的神秘力量之中。

●当身处于黑暗之中，时间似乎是静止的。驱动光源使其在空间中呈现出纯粹的动态，历史、空间以及光线本身的局限性都消失了，对于洞穴的好奇心与疑问与时间一起上升。

●光驱使一切变幻，在它的灿烂形式之下，与之有关的行动在时间中转化，成为艺术表现的有机组成部分，来对峙人们对时间的终极寻求。摄影师对时间着迷，身边存在的其他事物也成了时间的化身。“洞见”内外所盛载的抽象记忆，增加、连续和终止，回落在这片古老的流域之上。

洞见
收藏级喷墨打印
150cm×100cm,
50cm×75cm
2020 年

●杜宝尼，生于湖南，现生活工作于长沙。曾获 2017 年金翅鸟“最佳摄影奖”提名，并入围了 2018 年第一届无像 Photo-Zine 摄影样书奖。曾参与过的展览包括：2019 年由中国美术学院美术馆于杭州举行的“行走 · 观察”第二届影像西湖艺术现场；2019 年在大理举办的“当代社会的女性视觉书写”第八届大理国际影会；2020 年由众嘉禾 · 创空间在杭州举办的“当代社会的女性视觉书写”。

4.3
文学、图像与精神 Literature, Image and Spirit

考察竹林七贤的历史图像，从最早的南京西善桥《竹林七贤与荣启期》的南朝砖画到唐宋，历代画家笔下的竹林七贤各有其时代叙事，人物精神及场景关系屡有演进。元代之后，对竹林七贤的形象及场景的摹写逐渐以山水景观和文人雅集为趣，虽经明末有所更新，但大多不离“超越文本，寄寓己心，施展想象”的路数。到了当代，竹林七贤在杨福东和洪磊那里，更是有了“一切历史都是当代史”之感。

最初大南坡版竹林七贤木刻作品的灵感，来自刘庆元为 MAXXI（罗马 21 世纪国立美术馆）创作的“街头故事会——20 世纪 60~90 年代的 28 个街头艺术事件”。从《世说新语》和《晋书》中记载的七贤轶事来看，单个事迹可以由借助于文字的一个画面传达，而连缀这些画面又可形成一个较为完整的视觉叙事，如果需要，还可以继续补充延伸。但，真正的创造性在于，刘庆元不顾疫情困扰，毅然奔赴修武大南坡村，似乎只有在那里，在当地村民的一举一动和一颦一蹙之间，他才能创造属于他心目中的竹林七贤。在某种意义上，刘庆元重新定义了木刻。木刻在应对文化问题时，所表现出的及时性与即兴特征，以及在当代社会中的无差别应用，应该是他的木刻带给人们的最深的思考。（文 / 左靖）

竹林七贤的图像演进

㊕王彦之

魏晋易代之际，政权斗争正酣，战乱不休，又逢玄学思潮兴起，经学式微，一股任性放达、轻世傲物的风气悄然盛行。嵇康、阮籍、山涛、向秀、刘伶、阮咸和王戎七位名士"豪尚虚无，轻蔑礼法，纵酒昏酣，遗落世事"，号称"竹林七贤"。七人纵情越礼、放任怪诞的乖张言行，以及各自在诗歌音乐、文学哲学方面的才情造诣，不仅被后世的文人雅士认同，亦被大众文化吸收。近两千年来，竹林七贤作为一个独特的文化精神符号在中国艺术史上从未间断，持续刺激着世人的再想象和再创作。

现存年代最久的竹林七贤人物图是南京西善桥的一座南朝贵族墓葬中发掘的《竹林七贤与荣启期》砖画。墓室南侧的壁画有嵇康、阮籍、山涛和王戎四人，北侧则有向秀、刘伶、阮咸和荣启期。八人着宽袍大领，袒胸赤足，坐于皮褥之上。嵇康双手抚琴，神情傲然，望向右边的阮籍。阮籍侧身回看嵇康，左手撑在皮褥上，右臂撑在膝盖处，吹指作长啸状，一旁置有酒具。隔一槐树，是为山涛，右臂环抱膝盖，右手挽左臂袖口，左手执一酒杯，神情怡然自得。与山涛相对而坐的王戎，一手倚案几，一手舞如意，曲膝仰首。北壁始为向秀，一肩袒露，盘膝而坐，倚着银杏，闭目沉思。隔垂柳一株为刘伶，曲一膝，另一条腿裸露在外，一手持酒杯，一手作蘸酒状，双目凝视杯中，一副醉意朦胧之态。接着是阮咸，挽袖拨弹一四弦乐器，全神贯注。荣启期盘腿端坐，鼓琴而歌。荣启期乃春秋时代人，与竹林七贤的时代相隔了七百多年，估计是考虑到南北两壁的对称性，以及荣启期与竹林七贤的相通之处，故将其加入。值得一

图（1）
《竹林七贤与荣启期》
南朝
模印砖画
纵 80cm
横 240cm
南京博物院藏
风入松供图

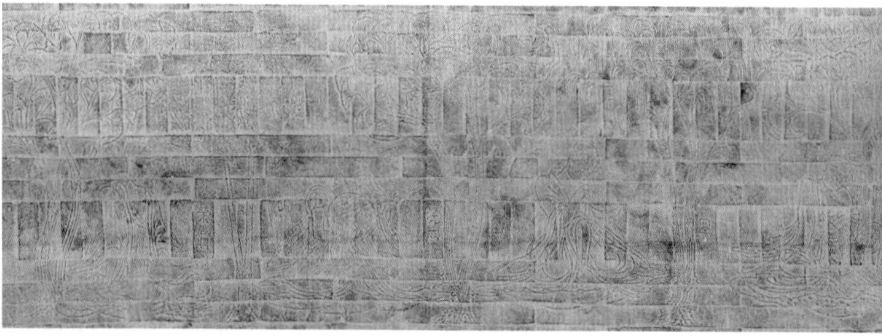

提的是，每人之间以树木相隔，各自拥有同样大小的独立空间。除了对视的嵇康和阮籍，山涛和王戎，八人并无互动，从整体构图上看，两幅砖画更像是并置排列的肖像画，着重展示的是每位贤士的个人志趣，而非同游，符合竹林七贤“和而不同”的人物关系。嵇康通晓音律，尤爱弹琴，曾写诗“手挥五弦，目送归鸿”；《晋书》称阮籍“嗜酒能啸”，谓阮咸“妙解音律，善弹琵琶”；《乐府·对酒歌》载有“山简竹篱倒，王戎如意舞”。砖画中刻画的人物特点对应着具体的文字记载。最早将七人称为“竹林七贤”的是西晋左将军阴澹所写的《魏纪》，但这一名号在西晋时期并未广泛流传，多的是关于阮籍、嵇康、山涛、刘伶、王戎五人的人物传记以及他们之间关系的史论记载。山涛与王戎是七贤中“唯二”步入仕途且官高位显的，或许也是画家安排二人对视的原因。就人物的五官与形体而言，画家似乎并未对容貌特征特加描绘。据《晋书》载，嵇康“身长七尺八寸，美词气，有风仪，而土木形骸，不自藻饰，人以为龙章凤姿，天质自然”。《世说新语》又写，刘伶“身长六尺，貌甚丑悴”。而在砖画中，嵇康与刘伶二人的容貌外形竟非常相似。不过画家对人物神态的拿捏却极为准确，寥寥几笔对人物眼睛的描画生动地展现了八个人物迥异的精神状态，颇有顾恺之强调的传神写照在于目睛的意味。尽管这幅砖画背后的画家究竟是谁，学界尚无定论，但据唐代张彦远的《历代名画记》可知，顾恺之、戴逵、陆探微、宗炳、史道硕、毛惠远、谢稚等都曾以“竹林七贤”或其中个别人物为题材作画，这也侧面反映了七贤在当时并不总以一个整体出现，事实上七人的处世方式和政治态度都不尽相同，后世对他们的评价也褒贬不一。这幅《竹林七贤与荣启期》砖画绘有银杏、垂柳、槐、松等树木，却唯独无竹。“竹林七贤”中的“竹林”二字究竟是地名，还是实指竹子林，一直以来学者们著述丰富，目前可以肯定的是，汉魏时期河南西北部一带确实存在大片竹林，竹林之游是可能存在的。但就这幅砖画而言，或许有无竹林无关宏旨，既然将不同时代的荣启期纳入画中，图像想要突出的想必是八位贤士的任情与率性。

除西善桥发现的砖画以外，南京和丹阳范围内还发现了其他四处具有相同构图的《竹林七贤与荣启期》墓葬砖画。虽保存不如前者完好，工艺水平有所差异，人物榜题也大多错乱，然似出自同一粉本，至少证明了“竹林七贤”是南朝墓葬中常见的壁画题材。在丹阳的两座陵墓中，与“竹林七贤与荣启期”图像一同出现的还有日月、龙虎、羽人的图像。可见，竹林七贤的意象已在两百年内被进一步扩张，不

仅代表着清谈玄学的高士形象，还被纳入仙人、神兽的行列，反映了当时的人们希望能在死后“羽化升仙”的观念。同样绘有“神化七贤”题材的还有在山东发现的两座北朝墓穴，采用的皆是屏风式彩绘壁画。每扇屏风一位高士，着宽袍大袖，袒胸裸足坐于树下席上，姿态各异，布局和人物形态与南朝砖画颇为类同。

到了隋唐时代，竹林七贤愈加深入人心。杜甫、李白、王维、元稹、刘禹锡、卢照邻等都曾留下诗作谈及竹林七贤。当然也不乏将该题材入画的，已知的就有唐朝的韦鉴、常粲与孙位，路德延还曾写过“展画趋三圣，开屏笑七贤”的诗句，可惜年代久远，留存至今的只有孙位于唐朝末期所画的《高逸图》的残卷。图像的程式风格延续南朝砖画，依然采用了分列式构图，画面注重个人摹写。

图（2）
孙位《高逸图》
唐
绢本设色
纵 45.2cm
横 168.7cm
上海博物馆藏
风入松供图

从右至左依次描绘了山涛、王戎、刘伶和阮籍，每人之间隔以树木蕉石，无互动，身旁伴有侍奉小童。山涛抱膝而坐，目视前方，神色傲慢；王戎手舞如意，若有所思；刘伶手捧酒杯，侧身欲吐；阮籍手持尘尾，面带微笑，似有得意之色。尘尾是清谈名士用于拂秽清暑的道具，同时具有领袖群伦的象征意义。四人头戴小冠，衣着仍是魏晋风尚，但坐毯色彩艳丽、纹样繁复，不同于砖画中的皮褥，具有唐代特色，与清高脱俗的人物产生对比。根据现存的以竹林七贤为题材创作的器物来看，该题材至晚于唐代起还被吸纳进了大众文化，在此后的瓷器、铜镜、木雕、砚刻、笔筒、刺绣、酒器、鼻烟壶等各类工艺品中一直屡见不鲜。

竹林七贤放浪形骸、轻蔑礼法的形象在儒学再次成为主流价值观的宋元时期并未受到一味的推崇，反而成了部分士大夫批判的对象。宋人叶梦得在《避暑录话》中称“七人如向秀、阮咸，亦碌碌常材，无足道，但依附此数人以窃声誉”，“唯嵇叔夜似真不屈于晋者”；对阮籍的看法则更为激进，“若论于嵇康前，自宜杖死”。元代的郝经在《续后汉书》中说竹林七贤“蔑弃礼法，褫裂衣冠，糠秕爵禄，污秽朝廷，婆娑偃蹇，遗落世故，颠颠痴痴，心死病狂，乃敢非薄汤武，至于败俗伤化，大害名教”。该时期的竹林七贤图也大多散佚，仅存一幅原藏于洛阳存古阁的“竹林七贤”石刻的拓本，原石最晚作于北宋时期。现拓本仅存四贤，将山涛、向秀、阮籍和阮咸四人分布于同一平面的前后左右，似极了孙位的《高逸图》，或许是碍于石刻的工艺限制，总体上未见突破之前的绘画程式。

现藏于美国纳尔逊·艾特金斯艺术博物馆的《消夏图》是元代画家刘贯道的一幅人物画，据专家考证为他所作七贤图中仅存的阮咸像。庭院中横置一榻，一名文士赤足卧于其上，双眉微锁，右手持尘，左手

拈一书卷，身后斜放一琵琶。榻的后方是一座屏风，屏风中画一老者坐于榻上，背后又有一幅山水屏风，画中画的构图采用的是初创于五代期间的“重屏”样式，极富趣味性。对比西善桥砖画和孙位的《高逸图》，图中实景内所绘人物与阮咸极为相似，后方的乐器应是因阮咸得名的“阮”。卧榻左侧有一四足方几，案上的茶器首次代替了酒器，另置有砚台、书卷、长颈瓶等清物，尽显当代文人的闲适生活和审美意趣。从《消夏图》中不难看出，无论是构图，还是场景、器物，元朝

图（3）
刘贯道《消夏图》
元
绢本设色
纵 29.5cm
横 71.4cm
美国纳尔逊·艾特金斯艺术博物馆藏
由威廉·罗克希尔·纳尔逊信托购得
摄影：Jamison Miller

的竹林七贤图已和南朝砖画的绘本拉开距离，朝文人画的方向倾斜，很大程度上改写了后人对竹林七贤的视觉演绎，山水景观和士人雅集的母题成了图像的重点。据《墨缘江观》记载，赵孟頫也曾作竹林七贤图，“全以水墨，韧竹为林，地坡用墨渲运，竹学苏文忠，人物淡着色，法唐人。七贤皆席地而坐，吟咏闲适，其间陈错笔砚及酒果罇罍，于前童子四人”。从文字记录来看，入画的林木一改之前品种，真正以竹为主角，与宋朝文人的“好竹”之风不无关系，此后的“竹林”七贤图也终于名副其实。赵孟頫作为亡宋遗宗，屈身事元，选择的道路虽与嵇康完全相反，却于晚年多次书写《嵇叔夜与山巨源绝交书》，或是对自己的质问与自宽。

竹林七贤图在明朝更是成为创作热点，仇英、杜堇、陈洪绶、李士达等都曾以此作画，流传至今的也不在少数，尽管作品都颇具画家个人特色，倒也不乏共性。其一，并列的肖像画

图式极少出现，七贤之间三三两两有了交流。以刘仲贤的《竹林七贤图》为例，构图为“三三一”的模式，一人抚琴、两人清谈为一组，两人对弈、一人观棋为一组，卷末一人坐卧仰头看着书卷。画作似乎开始强调竹林七贤的整体性，大部分人物仍能分辨，但人融于景，整体所营造的氛围显得同样重要。其二，赏画、对弈等活动逐步代替了早期画作中的凝思、长啸、饮酒，画家开始超越文本，根据想象对竹林七贤的共聚进

图（4）
刘仲贤《竹林七贤图》
明
纵 31.4cm
横 128.5cm
台北故宫博物院藏

行叙事。例如在李士达版《竹林七贤图》中，有一人执笔题壁，三人在一旁观看，这一所绘情景并非源自竹林七贤相关的文本，而是西园雅集图中常见的母题。可见，“文人雅集”的文化观念正在逐渐渗透士大夫们对竹林七贤的认知。万历年间所编的图谱《程氏墨苑》中的竹林七贤图还运用了出自兰亭集会的饮酒游戏“曲水流觞”的母题。“竹林之游”“西园雅集”“兰亭集会”这些典故互相叠加，进一步拓展着竹林七贤的视觉叙事。但竹林七贤的政治意义也并未就此弱化消解，尤其在历代政权更迭时，士人都会面临与竹林七贤同样的现实问题，身处乱世时的价值取向再度回归竹林七贤图的主

图（5）
李士达《西园雅集图》
明
纸本设色
纵 25.8cm
横 140.5cm
苏州博物馆藏
风入松供图

图（6）
李士达《竹林七贤图》
明
纸本设色
纵 62.1cm
横 131cm
上海博物馆藏
风入松供图

旨。陈洪绶的《竹林七贤图》不似明朝前期的同题材画作洋溢着文人雅趣，而是在较忠实地还原谈玄醉酒的魏晋之风的同时，加入了自己对隐逸精神的理解和认同。他笔下的高士头大耳阔，相貌奇峭，形体夸张，姿态肆意，完美映衬出竹林七贤放浪不羁的精神气质。七贤在林中或弹阮或抚琴，或凝视远方，或低头沉思，神情专注，反而与一千年前的南朝砖画更为接近。陈洪绶的画风独具一格，本人亦是个性傲兀，举止狂放，年少时汲汲于功名利禄却不得，明末时目睹政权腐败，被任命为宫廷画师却抗命不就，选择归隐绍兴，削发为僧。这幅《竹林七贤图》多少映衬出陈洪绶面对残酷现实的复杂情感，以及其对魏晋风骨的认同。

晚明清初可谓是竹林七贤图像演变的又一个转折点，在禹之鼎、冷枚、改琦、顾鹤庆、葛尊、彭旸等清代画家的竹林七贤图中，七位名士的个性特征基本消失殆尽，人物难以辨别，着装彻底摆脱魏晋风尚，不再袒胸光膀，像李士达《竹林七贤图》中露出双腿、自顾沉醉，或陈洪绶《竹林七贤图》中形体扭曲、坐床论道的人物描写就此止步，取而代之的是穿戴整齐的士大夫形象，改琦的《竹林七贤图》中还出现了展翅帽。竹林七贤反礼教的一面在儒家伦理道德的规训下被再度削弱，只剩更为纯粹的文士形象留在了图像之中，尘尾、如意等象征着清谈风尚的道具完全被书事所需的笔墨纸砚取代。图像的另一变化在于构图，此

前的《竹林七贤图》基本都为横幅，而在清朝出现了许多描绘全景式山水的立轴，这也导致了人物的尺寸比例再度缩小。例如李墅、顾鹤庆、彭旸都采用了将人嵌于全景山水的构图形式。前景通常为小桥流水，一名高士携小童姗姗来迟，或是取“嵇、阮、山、刘在竹林酣饮，王戎后往”的典故。中景多为三五名贤士于亭阁高论，或围坐抚琴挥毫，意境闲适。全图最费笔墨的成了远处山势嵯峨、云遮雾罩的叠叠青山，作者们选择通过对山水的描绘彰显七贤避世绝俗的人生态度。到了晚清，吴昌硕索性舍去人物五官，仅寥寥几笔勾勒出外形，图像由茂林修竹、群山掩映主导，人物只需点题“七”贤即可。

从两晋之交至今，竹林七

图 7
陈洪绶《竹林七贤图》
明
绢本设色
纵 19.8cm
横 194.6cm
私人藏
苏富比供图

图 8
吴昌硕《竹林七贤图》
1915 年作
纸本设色
纵 146cm
横 67cm
私人藏（中国嘉德
2020 年春季拍品）
中国嘉德供图

贤的人物形象在不断的想象和重塑中演进，从个性鲜明的七个个体逐渐转变为一个整体，最终成为中国历史文化中的一个精神符号。值得一提的是，竹林七贤图至晚于 9 世纪传至日本，并且从 16 世纪起成为画家们热衷的题材，存世作品数量庞大，狩野正信、海北友松、雪村周继等名家均有七贤图传世。这些作品受到同期的明清七贤图影响，多描绘了一起漫步于竹林，赏画清谈的文人隐士形象，且时而与秦末隐士商山四皓一并出现。真正刻画出竹林七贤放浪形骸一面的属雪村周继的《竹林七贤醉舞图》，七人团簇在一处吹笛打鼓，手舞足蹈，纵情畅饮，一旁有妇人孩童拍手叫好。雪村周继作为一名禅僧画家，受到以牧溪为代表的宋元禅画的影响，风格

图（9）
日本
雪村周继
《竹林七贤
醉舞图》
16世纪50年代
纵102.4cm
横51.7cm
美国大都会
博物馆藏

图（10）
杨福东
《竹林七贤（之一）》
2003 年
35mm 黑白电影胶片
29min
艺术家供图

自由放逸，被后世称为奇想画家的始祖。除文人画外，竹林七贤还率先在日本步入了风俗画的范畴，尤其是浮世绘中的“见立绘”，即通过挪用、指涉前人画意进行二次创作，用平民趣味挑战统治权威和刻板思想的版画。在以竹林七贤为题材的见立绘中，超逸不羁的魏晋高士，常常摇身一变成了顾盼生姿的日本游女，或者盛名一时的歌舞伎演员。铃木春信的《仿竹林七贤图》便是游刃于雅俗之间，用七妍代替了七贤，还写下了“纵然贤者，也难逃愚昧之浮世，你也是春天”的颇具讽刺意味的题诗，以此传递“人生如梦，需及时行乐”的观念。正因为见立绘需要观众捕捉画中暗藏的视觉渊源才能感到滑稽巧妙之处，也侧面印证了竹林七贤的典故为当时日本社会所熟识。

时至今日，竹林七贤仍是中国视觉文化中的热门题材。在当代艺术领域，以该题材进行创作，却无意于再现或增饰七贤图像传统的艺术家有三，分别为杨福东、洪磊以及刘庆元。

其中，全然摆脱了具体的历史映射的是杨福东，他的实验系列电影《竹林七贤》（2003—2007年）几乎是在假借竹林七贤之题，展现现代知识分子们对于个性、自由、信仰的追求以及这个集体在整个过程中的互动关系。电影没有将观众带到古代，而是打造了一个抽离现实的朦胧环境，主角也被替换成了七名穿着考究、内心焦灼困惑的青年男女。整个系列由五个独立的部分组成，第一部分是明信片式的黄山游记；第二部分讲述的是繁华城市中的封闭生活和安静角落；第三部分展现的是城里的年轻人来到农村春耕农作；第四部分围绕着乌托邦小岛展开；第五部分则是回归城市，让年轻人的全新体验与现实生活碰撞。这些青年知识分子在乡村与城市、古代与当代、自然与文化的对立与拉锯中所表达出的执着、不妥协、反抗但不激烈的状态，与竹林七贤的精神气质之间有着似是而非的联系。

不同于杨福东完全抛开历史典故，洪磊与刘庆元都选择回到《世说新语》和《晋书》中最为隽永的文字记载再各自出发，但二人有着截然不同的创作逻辑和独特的表现语汇。洪磊的摄影作品《七贤》（2007年）汇聚的是他对“七贤”及魏晋风度的理解和想象，七名高士由七位中国女超模扮演，妆面诡异恐怖，造型妖娆冷艳，乍一看作品中的“戏拟”手法和恶搞成分与日本的见立绘有几分相似。不过此处“反串”的安排体现的是洪磊对魏晋审美的认知和他对竹林七贤妖艳形象的猜想，《世说新语》的“容止”篇用“美姿容”“面至白”夸赞男子相貌，用时尚超模来隐喻魏晋时期人们对美男子的赏慕可谓恰如其分。模特的选角、扮相、姿态皆为精心安排，与其所扮演人物的文字形象一一对应。嵇康作为七贤之首，坐在舞台中央弹琴，四肢修长，符合“肃肃如松下风”的描述；身后的阮籍以“白眼”对镜头，不作任何动作，更显内心苦闷；山涛的着装参考官员服饰，侧身似欲离开。布景中沼泽滩上的血迹和死蛇营造了一派不祥景色，虚假的七根竹子、恶俗造作的文人摆件也都各有所指。洪磊的艺术语汇始终植根于历史虚构的竹林七贤文化传统，具有鲜明的中国画美学特征，但他注入的戏剧元素和舞台感大大补充了传统七贤绘画中所无法呈现的心理表达和涵盖古今的复杂意象。

刘庆元的《竹林七贤》（2020年）系列创作由20余幅木刻组成，主角既非真实的历史人物，也不是完整的七贤概

念，而是每个普通人身上不被察觉的“七贤”拓印。每幅版画由三部分构成：图像、对话及其对应的典故说明；在此基础之上，他还将部分版画做成了flash 动画。图像叙述的全部是现代街头随处可见的日常生活场景，但配上史书记载的七贤对话却毫不违和。或许只是在街角的公用电话亭偶遇知己老友，如阮籍见嵇康携琴造访一般喜不自胜，邀其留下饮酒。抑或是像阮咸一般偷得浮生半日闲，倚在竹躺椅上酣饮，“群猪来饮”也不介意。再或是像嵇康一样在树下打铁，见话不投机的权贵（钟会）来访，视若无睹，只顾自己点烟，还不忘嘲问对方“何所闻而来，何所见而去？”。哪怕什么也不做，只是抱胸挺立，目送归鸿，也可能拥有片刻如嵇康一般的“龙章凤姿”。整个作品戏谑诗意，对七贤性格的精准理解在现代人物的姿态表情上被果断而轻盈地表达出来，“人人都可能是竹林七贤”的信息主旨确凿无疑。黑白分明、犀利直接的表现形式与竹林七贤拒绝妥协的独立人格相得益彰。就连贯穿整个作品的阴刻线条都是刚劲细长、一头渐尖，似是“竹”的隐喻。在创作过程中，刘庆元一边在修武县的当地居民身上捕捉图像素材，一边从古籍中分离出七贤碎片式的文学形象，被模糊了身份语境的图像和文字一旦重叠合并，隐藏于文化基因却不被日常表象所提示的精神符号便显现了出来。在当代艺术领域，木刻实在不算时髦的媒材，而这恰恰是他选择它的原因。他追求粗粝精准的视觉语言，从不刻画偶像精英，只是用日常劳作的状态对当下进行观察、发现、即兴、思辨。从表面上看，木刻日常、大众、不时

图（11）
洪磊《七贤》系列
摄影作品之一
2007 年
艺术家供图

图（12）
刘庆元
《竹林七贤》系列作品
2020
木刻
艺术家供图

髦的标签属性似乎和魏晋时期独领风骚的贤士气质有所矛盾，但被刻刀卸去了价值判断，从革命史诗中解放出来的木刻美学，恰恰映衬出了刘庆元逆行于当代艺术发展洪流的反叛心理，与竹林七贤旷达不羁的行事风范倒是完美自洽。

追本溯源，竹林七贤之所以能成为近两千年来人们心驰神往的对象，是因为其不拘一格、率直任诞的风度气节。竹林七贤图一路演变至今，经历了形式特征、功能价值等多个层面的变化，好似一艘夹带着时代与个人的遐想的“忒修斯之船”，令人心生疑惑，又犹如一面镜子映照出了思想观念和文化风俗于中国乃至东亚范围内移转变迁的广阔图景。到了当代，竹林七贤的意象更是史无前例地包容、庞杂、叛逆。他们在创作者们模仿、解构、想象与再造的过程中前进，于每个时代都是如此。毕竟若只是拷贝、修葺前人画意，又何谈“越名教而任自然”呢？

木刻
刘庆元

沉郁的咏叹：竹林七贤木刻作品

作 刘庆元

康早孤，有奇才，远迈不群。身长七尺八寸，美词气，有风仪，而土木形骸，不自藻饰，人以为龙章凤姿，天质自然。

《晋书·嵇康传》

嵇康

公穆兄，
请喝茶！
阮籍
嵇喜

及嵇喜来吊，籍作白眼，喜不怿而退。喜弟康闻之，乃赍酒挟琴造焉，籍大悦，乃见青眼。

《晋书·阮籍传》

叔夜兄，今晚就别走了，喝两杯。
公用电话
嵇康
阮籍

您再看看我注的《庄子》吧。
《庄子》恣肆纵横，灵性散逸，做注纯属画蛇添足，不如不注。
向秀
嵇康

始，秀欲注，嵇康曰：此书讵复须注，正是妨人作乐耳。及成，示康曰：殊复胜不？又与康论养生，辞难往复，盖欲发康高致也。

《晋书·向秀传》

钟士季精有才理，先不识嵇康，钟要于时贤俊之士，俱往寻康。康方大树下锻，向子期为佐鼓排。康扬槌不辍，傍若无人，移时不交一言。钟起去，康曰：何所闻而来？何所见而去？

《世说新语·简傲》

闻所闻而来，
见所见而去。
钟会
何所闻而来？
何所见而去？
嵇康

不如共阿戎谈。

《晋书·王戎传》

籍每适浑，俄顷辄去，过视戎，良久然后出。谓浑曰：濬冲清赏，非卿伦也。共卿言，

没路了，
回吧。
阮籍

时率意独驾，不由径路，车迹所穷，辄恸哭而反。

《晋书·阮籍传》

夜中不能寐，
起坐弹鸣琴。
薄帷鉴明月，
清风吹我襟。
阮咸

夜中不能寐，起坐弹鸣琴。
薄帷鉴明月，清风吹我襟。
孤鸿号外野，翔鸟鸣北林。
徘徊将何见？忧思独伤心。

阮籍《咏怀诗》

我嘛，不能免俗。
就晒晒裤子喽。
阮咸

阮仲容、步兵居道南，诸阮居道北。北阮皆富，南阮贫。七月七日，北阮盛晒衣，皆纱罗锦绮，仲容以竿挂大布犊鼻裈于中庭。人或怪之，答曰：未能免俗，聊复尔耳。

《世说新语·任诞》

诸阮皆能饮酒，仲容至宗人间共集，不复用常杯斟酌，以大瓮盛酒，围坐相向大酌。时有群猪来饮，直接去上，便共饮之。

《世说新语·任诞》

伯伯，
这样真的
好吗？
阮咸

你们怎么钻到我
裤子里面来了？
刘伶

刘伶恒纵酒放达，或脱衣裸形在屋中，人见讥之。伶曰：我以天地为栋宇，屋室为裈衣，诸君何为入我裈中！

《世说新语·任诞》

死便埋我。
刘伶

初不以家产有无介意。常乘鹿车，携一壶酒，使人荷锸而随之，谓曰：死便埋我。

《晋书·刘伶传》

王戎七岁，尝与诸小儿游。看道边李树多子折枝，诸儿竞走取之，唯戎不动。人问之，答曰：树在道边而多子，此必苦李。取之，信然。

《世说新语·雅量》

肯定是苦的，
我才不要呢。
王戎
绝世殊生

王戎丧儿万子，山简往省之，王悲不自胜。简曰：孩抱中物，何至于此？王曰：圣人忘情，最下不及情。情之所钟，正在我辈。

《世说新语·伤逝》

孩抱中物，
何至于此？
圣人忘情，最下不及情。
情之所钟，正在我辈。
王戎

王安丰妇，常卿安丰，安丰曰：妇人卿婿，于礼为不敬，后勿复尔。妇曰：亲卿爱卿，是以卿卿，我不卿卿，谁当卿卿？

《世说新语·惑溺》

如果我不用卿
称呼你，谁还能
用卿称呼你呢？
王戎
王戎妻

又人伦有礼，朝廷有法，自惟至熟，有必不堪者七，甚不可者二：卧喜晚起，而当关呼之不置，一不堪也。抱琴行吟，弋钓草野，而吏卒守之，不得妄动，二不堪也。

《与山巨源绝交书》

我喜欢睡懒觉，
但做官以后，
差役就要叫我起床，
我起不来啊！
嵇康
山涛

绍儿，今后你就跟着山涛伯伯了。
嵇康
嵇绍

康后坐事，临诛，谓子绍曰：巨源在，汝不孤矣。

《晋书·山涛传》

噫！从此世上再没有《广陵散》了！
嵇康

康将刑东市……顾视日影，索琴弹之，曰：昔袁孝尼尝从吾学广陵散，吾每靳固之，广陵散于今绝矣。

《晋书·嵇康传》

追思曩昔游宴之好，感音而叹，故作赋云。

《思旧赋·序》

余与嵇康、吕安居止接近，其人并有不羁之才；然嵇志远而疏，吕心旷而放，其后各以事见法。嵇博综技艺，于丝竹特妙。临当就命，顾视日影，索琴而弹之。余逝将西迈，经其旧庐。于时日薄虞渊，寒冰凄然。邻人有吹笛者，发音寥亮。

这样看下来，
人人都可以成为
竹林七贤啊！

木刻
刘庆元

4.4
大地的物产 Land and Product

修武县作为面食大省河南的一隅，小麦是当地最重要、最优质的粮食作物，也是中原人民饮食中的主角。由修武出发远望世界麦面，小麦与面食连接了从西亚、中亚一直到中土世界的“面之路”，并持续影响了东亚各国的面条文化；再从世界回看中原，我们认识到小麦是如何逐步取代了粟和黍成为黄河流域的主要农作物，并形成了“南稻北麦”的农耕文明格局。自这里生发的自然农法、可持续循环的区域内生态等模式，是中原人民为世界所贡献的深远智慧。

同时，修武地处物产丰富的太行南麓，属暖温带大陆性季风气候，这给当地带来了丰富的中药资源。云台山自古就被称为中药材宝库，除了野生的四大怀药之外，这里还有丹参、茱萸、连翘、黄精等，中药品种多达两百多种。生灵以草药为食，一方水土由此养育了此处的一方人。而当地的其他动植物也依附于物候蓬勃生发，从物产与饮食的关系中展露出的民间智慧，构成了这里旺盛的人间烟火。（文 / 彭嫣菡、喻婷洁）

06
全球语境中的河南麦面与乡土未来
Wheat of Henan in the Global Context
and the Rural Development

01
河南与世界各地小麦耕作
Wheat Farming in Henan and around the World
02
河南的小麦产量与麦面饮食
Wheat Yield and Wheaten Food in Henan
02-3 从传统到现代

02
河南的小麦产量与麦面饮食
Wheat Yield and Wheaten Food in Henan
02-1 河南麦面文化
02-2 从一碗面到整个河南料理
03
中国与全球的麦面饮食文化
The Culture of Wheaten Food in China and around the World

Food
03
中国与全球的麦面饮食文化
The Culture of Wheaten Food
in China and around the World

04
世界经济对小麦种植与环境的影响
The Global Economy's Impact on Wheat Farming and Environment

06
全球语境中的河南麦面与乡土未来
Wheat of Henan in the Global Context and the Rural Development
神州南北，纵览全球，生产力技术，信息的互联革命使得人与人之间的区别和个性呈现出多元和纷繁的同时，又使得人类不分国界和种族产生前所未有的合作和协力。在农业和饮食领域，每一个个体人对于知识的运用和转化，将会产生差异和多元。无论从物质世界还是精神世界，植物小麦给中原人带来了味蕾上的满足，更带去了精神上的慰藉。
05-3 地域内循环必要性与农业农村的未来
100 亿年之前，宇宙空间已经形成，这是进入 20 世纪以来随着人类科学进步而产生的认知。而在漫长的宇宙岁月之中，我们人类所在的星球地球的诞生，是从 60 亿年前后开始存在。宇宙从何而来？宇宙是否有界限，宇宙中是否还有与地球类似的星球，这些在当前的人类的认知中都还是谜一样的存在。
小麦传播与人类在地球上的进化路径

4.4.1 麦 Wheat

世界麦面与中原乡土

文 林翔
图 冯芷茵 鲁忠泽

小麦，并非源自河南，大约在五千年前，小麦才抵达中国，在此之前，中国南北方已经分别形成了“种稻饭稻”和“种粟饭粟”的农耕饮食文化。小麦出现在中国西北等地之后，作为外来物种，经历了漫长的从西向东、从北向南的扩张过程。西汉之际，石磨的发明运用使得研磨面粉技术成熟，而面条与馒头等面食，到唐宋以后才大致成为中原居民的主食之一，从那时起才形成了中国南米北面的饮食文化。

小麦从中亚传入中原地区后，中原地区的农民们刚开始几乎采取与古代先人们并无显著区别的耕作方式来培育小麦作物。手工耕作，牲畜协力，适应自然四季。这些以人为本的精耕细作，以自然为依托的农耕方法，奠定了农业文明的根基，促成了家文化的诞生。但随着人类生产力技术进化，特别是第一次工业革命的发展，机器取代了人力，大规模工厂化取代个体手工生产，传统生产力的代表——人的力量被弱化，与此同时，乡村和农业的重要性和根基也随之受到冲击。

改革开放之后的河南正处于时代的交替之际。东方传统自然农耕文明与西方工业化产生碰撞交融，机器开始取代人工和畜力，农药和化肥取代了精耕细作，破坏了人与自然的和谐。世界变化之快，远远超过中原人民的想象。进入21世纪以来，电力的广泛运用和计算机信息技术的发展再次给中原农耕文明带来新的变化，精准滴灌技术、无人机、大型机械，将生产力大大提升，但同时，大量的天然资源也被消耗殆尽。石油化工、农药化肥给锦绣河山带来了沉重的环境污染，也给中华儿女带来诸多困扰。然而，虽然在生产力技术提升面前，手工耕作看似捉襟见肘，但其作为东方文明的根基，以及其尊重自然的农耕方式，让越来越多的人开始从中总结智慧，并思考如何将传统的自然农耕与科学技术手段融合，使之既能给人们的生活带来改变，又能保证自然环境的可持续发展，并且进一步稳固中国农耕文明的根基。

© 插画：冯芷茵

▲现代农耕技术

与中国相比，欧美及日本诸国同样经历了上述人类生产力技术变革，以及因各国不同的自然条件和民族文化背景、社会制度而促成的农耕文明变化。从自然地理气候来看，英国、挪威、瑞典以及法国、德国北部的气候相对寒冷，为了适应此类气候，这些地区发展了畜牧业，并为欧洲人民带来丰富的奶酪制品；而南部的西班牙、意大利、希腊等地中海沿岸国家，夏季气候干燥，橄榄和葡萄成为这个季节的主要作物，冬季的温暖湿润则为当地的小麦生长创造了条件；欧洲的中部地区则因处于这两种气候的中间地带，形成了独有的家畜饲养和作物种植相结合的混合型农业。北部的畜牧业提供了丰富的奶乳，中部的混合农业带来了主食麦面，南部的地中海气候提供了橄榄油等作物产品，这给欧洲的饮食文化带来了长远影响，形成了丰富的麦面主食发酵文化，意面、面包、啤酒等食物在欧洲的出现，正是基于这样的农业基础。以意大利面为例，意大利面的制作原料是欧洲杜兰小麦，这种品种的小麦高硬度、高蛋白，富含维生素和微量元素，可制作出形状多样的意大利面（单单意大利地区就存在650种以上的意面形状），这就使得意大利料理能在全球占有一席之地。啤酒酿造则是小麦与大麦融合，通过微生物发酵转化而来，这一技术可追溯到古文明时期的古埃及和中国古代。近代工业革命时期，欧洲大幅提升和改进啤酒酿造技术，大量生产使价格低廉得以实现，啤酒一举成为普及全球的饮品。

微生物发酵与小麦的结合同样存在于东方的麦面体系中，这里不得不提及的就是中国和日本的挂面（日本称之为“素面”）。中日两国的挂面制作在手工和机器两方面都各有千秋，而日本则更多是将两者的优点相互结合。另外，长时间发酵熟成也是日本素面制作的一大特色。这种将传统手工与现代技术结合，将发酵与食养的理念贯穿于行动中的特点，构成了日本素面制作体系的核心。另一方面，日本的地理特征使得其在相对长的历史时期中处于稳定发展的状态，成就了诸多百年制面企业，生产者和消费者的关系也得到了长远维系和滋养。

在中国，人们对麦面的追求，以及从中表现出来的智慧，并未受到耕种格局的太多限制。人们根据不同小麦品种的特征（高中低筋粉、全麦粉等），利用水、微生物和温度、湿度等自然条件，与麦面进行不同程度的融合（发面、烫面、死面等），制作出馒头、面条、饺子、包子、烙饼等经典麦面食物，而这其中最具代表性的是面条。面条之所以盛行中国南北，并在世界范围内流行，是因为它善于兼并各地的饮食特点。一碗看似朴素的面条，通过汤汁调味与食材的考究搭配，浓缩了不同地方的风味。这一优势，使麦面能够超越稻米，面条文化（从欧洲的意大利面条，到日本的乌冬面、拉面）贯穿东西，扩及全球。

位于中原地区的河南，地处豫北的太行山、秦岭东侧的豫西山脉（嵩山、崤山、熊耳山、伏牛山等）以及豫南的大别山山脉之间，位于黄淮水系，饮食体系也基于这样的地理条件而来，因不同地区的自然条件的差异，而形成各地特色。例如豫北的道口烧鸡、鹤壁的淇河缠丝鸭蛋、焦作的怀药、洛阳的水席、开封的灌汤包、信阳的炖菜等，而馒头、胡辣汤、烩面、羊肉汤则不受地理气候条件的限制，得以在多地普及。但论及河南的饮食代表，麦面是无可替代的主角。这里的面食种类繁多，面条的

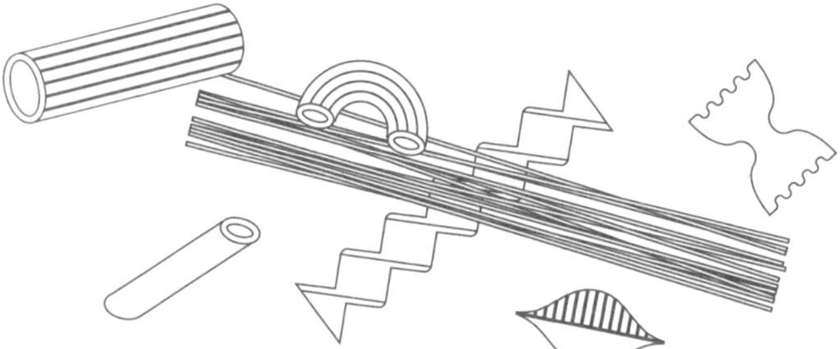

© 插画：鲁忠滢

▲不同形态的意大利通心粉

制作工艺和粗细长短均稍有不同，面食料理中所使用的高汤，亦多来自动物（牛、羊、鸡、鱼等）与植物（菌菇、中草药、香料作物等）的结合。

小麦从中亚经由丝绸之路传入中原，成为该地的主食作物，这个地位是人与自然长时间协作而来的结果，而河南的饮食体系正是在此基础上形成的。这也使我们不禁思考，人类社会不断发展，下一个百年、千年，河南的麦面饮食将会迎来怎样的时代？

在人类漫长的进化历史中，从刀耕火种开始，人类逐步驯化了动植物，并懂得遵照季节的变化进行农事活动。但随着人类认知自然的能力和方向发生变化，农业栽培耕作的方式也随之发生了巨大的改变。随着化学、生物学的研究发展，农药和化肥成为人类农耕的主流方法。农药可以强制性杀死病虫，化肥可以暂时却迅速地提供营养，但这种粗放直接的方式却破坏了自然万物之间的联系，最终造成土壤板结、

© 插画：冯芷茵

▲以麦面为主食的中华料理

▲以麦面为主食的中华料理

地下水污染，自然生态遭到破坏，进而使得食品质量降低，人类健康安全受到威胁。针对这一现象，日本的福冈正信、冈田茂吉等人开始提出自然农法的概念。自然农法与目前农业耕作仰赖化学农药的方式有着根本上的不同，以福冈正信的自然农法为例，他提倡不耕地，不使用肥料和农药，以及不除草的方式，通过自然的力量来收获作物。而通过这种自然农法所获得的食物产量和品质，足以令世人从根本上思考农业的本质和自然的奥秘。这个思考过程，将是人类不断认识自然、认识人类自身与土地之间的关系的过程，只有通过这样的思考，才能使人与自然之间获得可持续发展的关系。

与“自然农法”相匹配的是“地域内循环”概念。这个概念对当前的中国，乃至全球，都是非常珍贵的。在当今这个时代，我们的食物来源已经大大不同于古代，我们所食用的大豆和玉米可能来自美国，而我们生产的小麦和大米可能又出现在地球的另一端，人的活动能力和范围已经超过以前任何一个时代，越来越多的食物离开原产地，出现在千里万里之外的人们的餐桌上，这是经济发展和全球化所带来的便利。但我们同时也需要反思，什么样的农业和食物体系才能真正带给我们可持续的发展。如果食物的产出和消费需要依赖千里之外的地区，且不论运输是否消耗大量能源，食物安全以及疫情等特

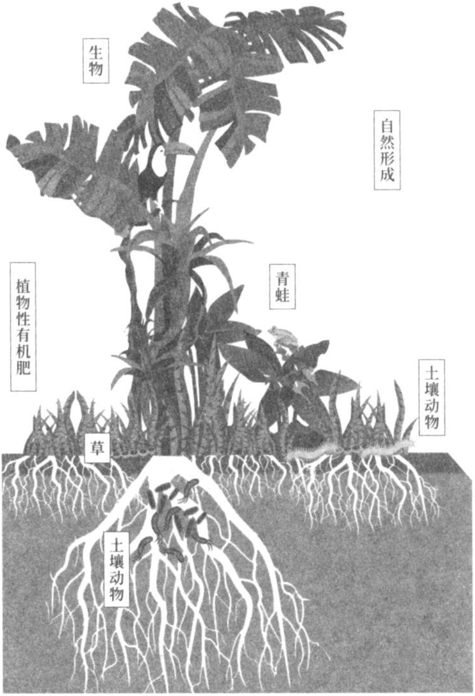

▶自然农法示意图

殊情况，都将给这样的产业联系带来根本性的打击。地域内循环的核心和基础，是当地人消费从自己土地上产出的食物。这一概念的实现，将会给乡村带来稳定的基础和可持续的发展。但要实现地域内循环，需要依靠乡村振兴和本地人才的培养。从农业教育到食物教育，从农业环境到乡村整体环境的营造，从微生物科学与发酵科学的普及，到乡村可持续循环的生态农业体系的建立，这些都是地域内循环得以实现的条件。而它一旦实现，将会使中国的乡村具备内在的生命力，使整个国家的农业根基发生根本性的改变。

在地球环境的不断演化中，动植物们进化出了多样的种类和特征，人类社会则建立了不同的民族和国家，以及形成了各自的文化。中国这一古老的国度，在过去两百年间，在东西方的交融与碰撞中历经坎坷，饱经沧桑，迫切需要以全新的姿态与新的时代融合。新中国成立后，农业成为国家稳定的基石所在，河南则成为中国的农业大省，小麦则更是河南的代表作物。地球自然的演化从未停息，人类应如何在演化中生存，并实现可持续发展？中原地区作为中国农村的基石，应如何实现乡村的振兴和农民的富足？这是我们一直在思索和探讨的课题。与地球自然共生，与世界各民族国家和平相处，与全球人类共命运，是当前和未来永不改变的方向。深化这一方向的研究，将会给中原人民和河南麦面的乡土文化带来永远的生命力。

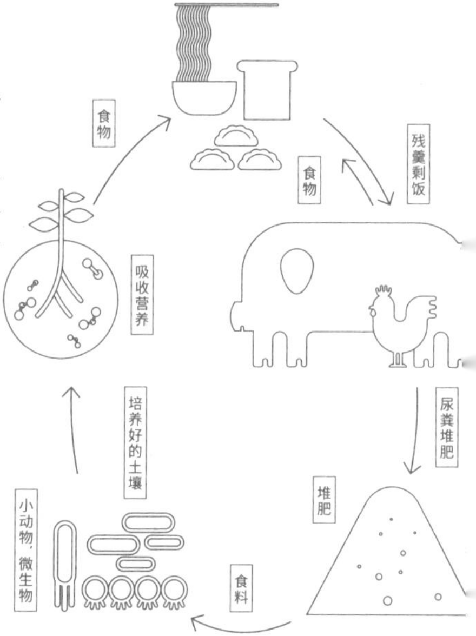

▲地域内循环的必要性与农业农村的未来

20世纪70年代
修武县麦种历史影像

(2)

3)

4)

(5)

(6)

(7)

(8)

(9)

(10)

(15)

(16)

17)

18)

(19)

(20)

(21)

(22)

(24)

(25)

23)

(26)

(27)

(28)

(30)

29)

(31)

(32)

(33)

20 世纪 70 年代修武县麦种历史影像

影像资料来源：修武县档案馆

《麦·二二三》追记

文 朱珐
字 厉致谦

现在，当大家张口来谈“麥子”，隔膜几乎难以避免，因为，作者和大多数读者很可能已经很多年没有触碰过真实的“麥子”了。即使天天买“麵”包、顿顿吃“麵”，但是与工业化主宰下的这个时代简洁的生存方式相同步的汉字简化工程，使“麵”剔除了“麥”字偏旁，“下麵”和“下面”于是只有声音快慢轻重上的区分，而视觉上茫然无别；即使称“全麦面包”，好像麦也成了添加剂似的——“麦面”两个字即使联在一起也回不到一个完整的，也就是全的“麵”字了；至于位于“麥”上的“來”字，原本是象形小麦的那层含义，如《诗经·周颂·思文》中“贻我來牟”（即送我小麦与大麦之意），如今更是少有人知。

这也难怪，本来表示麦子的“來”字，早在上古，就已经从名词抽象成为一个更普适的动作与情境。屈原在《离骚》说：“來吾导夫先路。”这或许得算是以数千年计的农作物竞争史中，麦子最重要的一次成功，稻米历来无法与之匹敌。从“來”这里来论，麦子不再仅仅是一种被动与被（部分地区）选择的主食，甚至还溢出了作为粮食的本体，而拥有更广泛的行动力。自此而来，一切由远而近的轨迹，在汉语的奥义中都沾带上了小麦色。最初，这个奇迹与天赐食粮的迷思（myth）有关，《说文解字》这样表述麦子：“天所来也”——天上不会再掉馅饼，可天下最初曾经掉落过麦子。最初的奇迹令人怀念，虽然缺乏细节，并且再也不能援以为常例。后来，只有当上天精神状态暂时恍惚错乱，譬如人类拥有了文字的时候，才会再次“天雨粟”——无法复现的天降神话才是麦子神圣性的根本所在。

但在文字符号的层面上，神圣性也在磨损："來"来得太频繁太平常，文字不得不分化，在"來"的下方接驳一个义符"夊"表示朝下的脚，落地之后，即扎根于泥土中，正式拥有物种之名，泯然于众多作物之中，不复有惊喜与赞叹，而只是令人瞩目、批量栽植，反复提起并且写下。而那个从博物的范畴里分蘖而出的"來"，却因为其腔调中渐渐由于多寡不均而形成倨傲。这使得道德家将他们的警惕心固化为一个贬义词"嗟来之食"，供人反复咀嚼而更加谦恭卑微。儒家特意编排了一则山东荒年时的简短寓言，施食者吃饱了麦子之后颐指气使："嗟，来食！"饿者严词拒绝，声称他就是因为不服从"来"才成为饥民，最终不食而死，成为饿殍。假如那时"来"还停留在象形之物的原地，始终是麦子的意思，冒犯尊严的意味就不会如许严厉，或许不会殃及性命。相比较而言，在同一个问题上，道家总是更虚无一些。庄子说过一个故事，子桑戶、孟子反、子琴张三位是好朋友，桑戶去世之后，两位莫逆之交鼓琴编曲、相和而歌："嗟来桑户乎！嗟来桑户乎！"这个反复咏叹的"嗟来"，虽然也与死亡有关，却没有实际的语义，只是发语词，不再是伪善的因果。从庄子的角度，那个"嗟，来食！"的句子或许可以翻译成"吃啊！（吃啊！）"，而不再是"喏，来吃！"。即使热情是空洞的（一下子不知道吃的是什么，是麦子，还是空头支票），却至少有一种乐观乃至欢乐正在洋溢。

嗟，来麦：接下来还是回到麦子上来吧。"来"究竟是不是来的意思，来还是不来，这样的语言哲学问题不宜在此深究。但麦子不然，即使被消耗，来年可以重新收获，只要土地还在，麦子可以再来，总有无穷无尽的新的具象。《新约 · 约翰福音》有一段话常为人引用：“一粒麦子不落在地里死了，仍旧是一粒。若死了，就结出许多籽粒来。”如果超越宗教意识，可以说，麦子有稳定的时间性，生生不息的传承有着更广谱的隐喻意味。正如诗人海子所谓，“健康的麦子 / 养我性命的麦子”，乃是教义与诗意的基本单位。即使那些很重要的东西被无情摧毁，即使文明成了废墟，麦子提示，一切可以重来，百废待兴从春天开始。

遥想一千年前，南宋诗人姜夔到了自胡马窥江去后已经再次成为芜城的扬州，曾写下过“过春风十里 / 尽荠麦青青”的《扬州慢》。这阕长短句，他的叔岳父、千岩老人萧德藻以为有《王风 · 黍离》之悲，可以单线逆行，追溯到《诗经》的年代。但要是从意象继承性方面来看，黍离并没有包含麦；《扬州慢》应当算是“黍离麦秀”这个成语背后两首齐名作品共同的裔孙：麦秀两个字指的是《麦秀之歌》，载于《史记 · 宋微子世家》，称是商纣王的叔父箕子在商亡之后见朝歌城已成废墟（即殷墟）时所发的感慨。《麦秀之歌》的前两句是“麦秀渐渐兮 / 禾黍油油”，它也因此得名，这与《诗经 · 王风 · 黍离》的开头“彼黍离离 / 彼稷之苗”，几乎是同一种颜色动容的悲鸣，但箕子首先强调的是麦子，而非其他物种。从品质上说，东周大夫在西周都城遗址上所咏叹的《黍离》无疑更为出色，但由于其作者佚名阙位，就不复有《麦秀》中箕、麦之间名义上的微妙意味了：箕是收麦之后扬去糠麸的工具。在更现实而普泛的场景中，《麦秀之歌》于是存在一个寓言层面：箕与麦从历史悠远处下降而来成为日常的关系；而继续来到诗篇里，又因曾经的收获、如今的闲置，而别具无穷的怅然意味。

这也意味着，麦子值得细分出不同形态，包括麦子的生长、麦子的成熟甚至更多。须知，荣衰固然在无常间流转，而在形态上，麦子却有有无（锋）芒的区分。只有做更细致的分辨，麦才不仅仅是废墟上兴叹的标志物，不只是一粒麦子和同一种麦子，而有对麦子的期待以及受麦子的恩惠种种，参差各态，累积成垛。再进一步说，把麦子攒集起来这样的活计，再也不是一次低效而雷同之举，不局限于农活，而将更多的流程与事项囊括进来。这甚或也是三千年前后殷商时代，失去家园的箕子在兴叹之后，在工具及工具意义之外，所面临的处境与任务。

回到当下，在这个与麦子常有隔膜的时代，或许可以在纸上用“麦”字来进行一次类似的选择、收藏与标举。三十三个（三三）或者三十四个（三亖）含有“麥”的汉字就这样脱颖而出——颖是麦穗之芒的意思。把它们放在一起，就是把麦子与麦子放在一起。之所以是“三三”或者“三亖”，是因为这两个数字像收割后偃伏下来与地平线平行的麦子的麦芒。一定程度上，麦子算是个不可数名词——不可胜数，所以《麦：三亖》究竟有几个麦字并不可确指。更清晰可辨的是三条线索，依次相继，首尾相衔：麦子生长、麦子成熟、麦子收获，每一个序列陈设着11个含有麦子的汉字（包括一个“來”）。试图包罗关于麦子的——以及麦子之外的各方面，所以书中讨论到麦田里守望的猫“⿰麦苗”，麦子成熟时的花黄素含量“⿰麦黄”，麦子贮藏量之丰俭“⿰麦多、麨、麮”，等等。

基于上文所提及稳定的时间性，轮回与循环乃其题中之义，生长—成熟—收获三序列无非一个被选中的切片与断面，周而复始则是必然与必需的。另一方面，这 33 个或者 34 个麦字都不是新的，尽管大多数字始终陌生，但它们均早见于各种字书。换言之，我连一个新字形都没有生造。不过，所有汉字的音义都会在不同时代的风中摇曳生成新的麦浪，每个含麦的字也不会例外，即使这些偏狭、拗口、生硬与古怪的声响与意义都属于个人的念想（甚至妄想），但我愿意它们去体现再次生长的力量：荠麦青青、麦秀渐渐。

何况，古老的字形，具体到麦这里，另有一层确切的对应：这既是仰自然之鼻息又试图超脱于自然力控制自行其是的那些以往人类成果的展现，它们自过去累积、传承，又有所消散，最终蜷缩于古旧的字书，又是吾人的田园之思，从当下，我心悠悠，敻寥辽邈，飘忽于古早年代的梦想。对麦子的关注与运用，事实上，常有当代评论会归其为农业抒情与古典叙事，仿佛当工业化变形了口腹之欲的形式之后，“麵包”“麵条”悉数脱麦，麦子就再也赶不上“现代性”这趟了似的。但我以为，对食物的生产与消费虽然还在变着后现代的花样，但确实需要一次假借，脱胎换骨，作为欲望符号的旧字才可能得到更深思的意味。以“米”为例，因为幻化出了 metre 之米，遂闪身以标杆与度量进入现代世界。如果迟迟到现代才有“来”的引申与抽象，那“麦”也算是异曲同工了。但如前所述，“来”来得太早，太早熟；不过，麦绝不是食古不化之字，另一个鲜有人知的微小事实已经发生，现代的平衡已经悄然建立，这是因为，有了科技造物和西洋语文——microphone不远万里传声而来，被音译为麦克风，又简称“麦”。“麦”这个字遂在声响上开始有了与古典食物截然不相干的新义，在新的或者新新人类中口耳相传。所谓的“平衡”是恰如其分的，作物“麦”入口而化，服务于口腹的生存；而作用于震动，传达音波的“麦”则是一种出口的机器，捕捉的是人类的话语、情感与精神。两者方向相反，但又有追求节奏、表达持久的共识。类似的方法论，求同存异、二律背驰，也正是本书的起点和理想中的终点。因此，书中所说的不仅有麦子的“麦”，还有麦克风之“麦”。借用古典训诂，“克”原本并不是个称量单位（gramme），而既表示“克服”与战胜，也常是“能够”之意。所以，麦克风，既可以解说为为了追求更加精粹的品质，麦历来借风扬扬，克服了风的诱惑才是真麦子，风过也，留下来的才是好麦子，还可以阐发成麦能扬起风。麦，未来之风，新的风向所在。

▶“麦：三三”在“乡村考现学：修武的山川、作物、工艺和风度”展览现场

麥子生长
麥子成熟
麥子收获

拜拜，铁托！

㊣ 陈旻、约瑟夫·加利克斯

“拜拜，铁托！”是陈旻（中国）和约瑟夫·加利克斯（Joseph Gallix，法国）的双人影像创作计划《战地》的一个分支，从多重角度去审视并思考当代农业的现状。本作品聚焦于那些退出历史舞台的种子——今天在全球范围内，如其他很多农作物品种，小麦生产被数种杂交品种所垄断。标题中以南斯拉夫前领导人命名的“铁托”，就是1990年被法国农业部从官方合法种子目录中去除的一个小麦的品种，它不能在市面上流通，而是进入了私人的品种保存冷藏室中。也幸而还有这些“接管”，这些被政府有意放弃的宝藏才得以保存。

作者拍摄了部分法国某私人种子收藏，79种谷物样本以系列照片的统一方式，在相同的黑色背景和同等距离之下被拍摄，构成一系列谷物的标准“证件照”。

种植者

文 摄 邓佳韵

他们是农夫，是种植者，
是某片土地的守护者。
种植是他们的工作，也是
他们的生活，更是他们守护
各自生活哲学的基本方式。

2020年对于每一位个体来说，都是波动又复杂的一年，然而他们对生活的希望依然体现在种植这一漫长的、极需耐心的行为上。对我而言，这是一种简单且深刻的行为，不完全是出于地缘的传承，或是对于某种农耕历史文化的选择，而是他们在行动中所理解的生活、土地和自然本身，然后所选择的一种共生方式。在这里，我试图传达的，仅仅是这些种植者与他们种植行为之间建立起的那种信赖感。对种植的信任就是对自己所选择的生活的信任，是任何土地之间最天然的默契，也是人和自然之间最平凡的交流。在与他们朝夕相处的每一天里，我都能感受到他们的热情，而摄影就是对这种回声的倾听和记录。

杜春华，私人果园种植者，
主要种植蜜桃与核桃。

袁小全，水稻种植者。

张五香，私人果园经营者，主要种植蜜桃、核桃等。

赵锦旦，私人菜园经营者，
主要种植四季豆，也种植核桃。

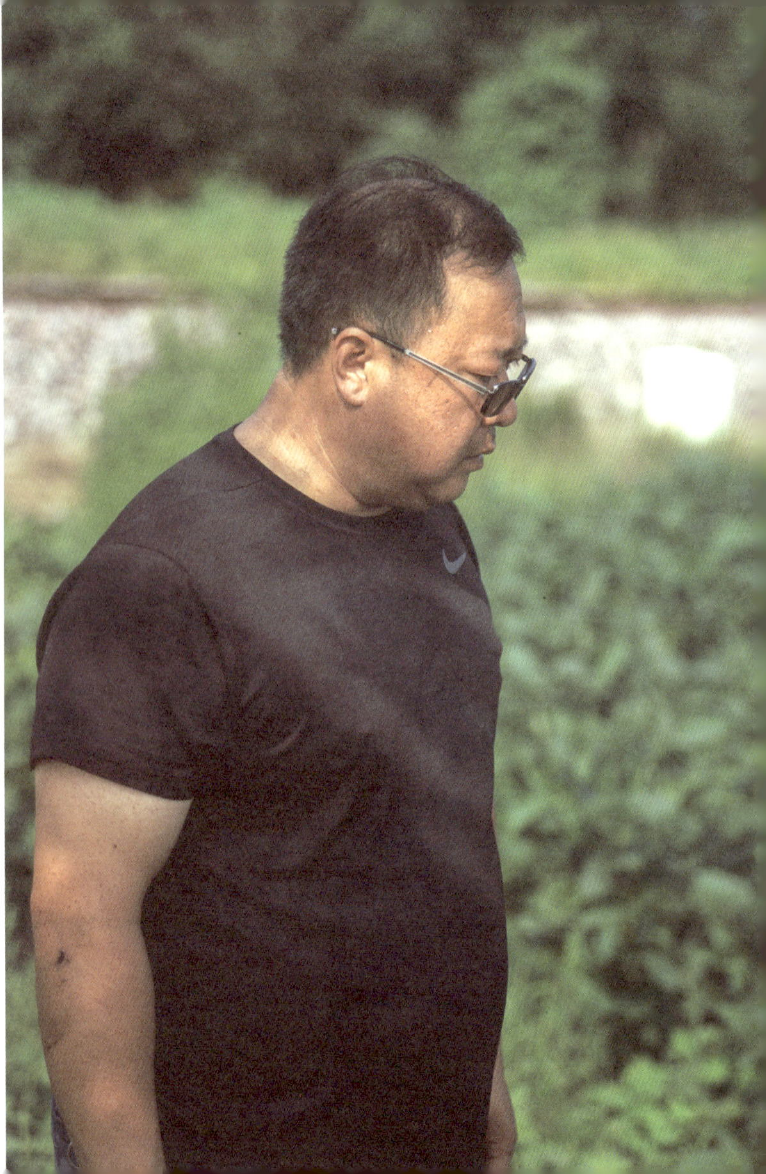

范小强，私人农场经营者，主要种植水稻和大豆。

孙庆红，私人农场经营者，主要种植果树，饲养家禽。

李国顺，李氏松花蛋第十三代传人。

4.4.2 怀药 Medicinal Herb

地方风物之四大怀药

㊍——相欣奕

土生土长是人对于地方性的最朴素的认识。风俗因地而异，出产也因地而异。所谓“一方风土养万民，是亦一方地土出方药也”。焦作辖区自古都是北方自然环境优越之地，有“小江南”的美称。农业经济发达，物产丰富，粮食、铁器、瓷器、煤、布、药材皆有所出，其中最负盛名的出产莫过于“四大怀药”。

焦作与怀药

明清时的怀庆府，即现今的焦作，古称山阳、怀州。山之南、水之北为“阳”，焦作正是位于太行山以南、黄河以北，为太行山与黄河所怀抱，因而在悠久的历史中始终以“怀”字命名。怀药之“怀”，正是怀庆之“怀”，而非淮河之“淮”。

稳定的政治中心往往也是经济、生产的中心。药材的出产也是如此。怀庆府位于太行山东南和黄河之北的夹角地带，北部有太行山遮挡寒流，境内河流提供了充足的水源，土地为水系冲积而成，以肥沃著称。此地农业经济发达，物产丰富，最为著名的出产即为“四大怀药”。

诸药所生，皆有境界。自唐始，药物以产地划分即显现。以《千金翼方》的“药出州土”篇为代表，按当时区划单位“道”划分药物的产地，特别强调“用药必依土地”。“四大怀药”即为古怀庆府源远流长的道地药材。

四大怀药：从治病到养生

四大怀药最早见于正史中的贡品是唐代的牛膝，宋代牛膝仍是主要贡品。元代用怀地黄酿酒进呈于皇帝，有独特的秘方，并需用当地山泉水。明代怀庆府土产则依次是竹、地黄、山药、牛膝、皂角等。清初雍正年间，"山药处处有之，南京者最大而美，蜀道尤良，入药以怀庆者为佳；地黄处处有之，河南怀庆者佳"，以此确立了怀山药、怀地黄道地药材的盛誉。河内县沁河以南地区，"地土肥美，栽种药材，虽工本较重，而所得资利，十倍五谷。其最著者地黄、山药、牛膝等物，获利更厚……四民耕读外，商贾居多，贩卖药材者，散处天下"。药用菊花种植历史也颇为久长，宋代即有入药的记载。怀菊花旧称"地薇蒿"，但其成名则相对晚些。作为根茎药材，地黄、山药、牛膝的生长都需要肥沃的土壤，气候不能过热过冷，不喜积水和过于干旱，怀庆府优越的地理环境得天独厚。

《神农本草经》中收载药物365种，根据养命、养性、治病三类功效将药物分为上、中、下三品。牛膝、山药、地黄、菊花四大怀药，兼具治病与养生之双重功效，皆可成为药食同源之典范。

山药：延年。《本草崇原》载，补虚羸，则可以长肌肉而强阴。阴强，则耳目聪明；气力益，则身体轻健；土气有余，则不饥而延年。既是食品，又是药品。

牛膝：耐老；不老。《本草三家合注》载，久服筋骨强健，血脉流通无滞，则轻身耐老。可在保健食品中应用。

菊花：《本草三家合注》所列，耐老延年。利于气，气充身自轻；利于血，血旺自耐老。气血皆利，其延年也必矣。既是食品，又是药品。

干地黄：《本草求原》中列明久服轻身不老。可在保健食品中应用。

四大怀药分论：治病养生兼具之上品药材

1 怀山药：山有灵药，缘于仙方，削数片玉，清白花香

怀山药又称白山药、怀参，可强身健体、延年益寿，再加上饱腹感强，在食物贫乏的古代尤受人喜爱，是古人餐桌上常见的吃食之一。韩愈有诗云：“僧还相访来，山药煮可掘。”《农政全书》载：“薯蓣为杂粮第一所在。”山药是块根作物，应择土层深厚、肥沃疏松、排水良好的两合土种植。怀山药产地正位于太行山东南的山前平原，气候温暖，日照充足，土层深厚，土质肥沃。

山药作为“四大怀药”之首，医家评价其“温补”“性平”，是“药食同源”的典范。铁棍山药为怀山药中的珍品，因为其红褐色泽、质地坚挺、身细体长，外形酷似铁棍而得名。明朝李时珍的《本草纲目》记载了山药野生和家种的药物功效作用：“薯蓣入药，野生者为胜，若供馔则家种者良。”《救荒本草》中山药与野山药各列一条，山药条云：“人家园圃种者肥大如手臂，味美。怀孟间产者入药最佳。”首次明确指出“怀孟间产者入药最佳”。

《本草新编》言：“山药，可君可臣，用之无不宜者也，多用受益，少用亦受益。”治诸虚百损，尤善止梦遗、健脾开胃、止泻生精。薯蓣丸、肾气丸、六味地黄丸中皆有山药。近代国医泰斗张锡纯擅长使用山药，惯用“一味薯蓣饮”的单方：生怀山药一味，四两切片，煮之两大碗代茶，徐徐温饮。治劳瘵发热，或喘或嗽，或自汗，或心中怔忡，或因小便不利，致大便滑泄，及一切阴分亏损之证。

作为可以在超市或菜市场买到的食材，山药有多种吃法，可咸可甜，可炖可炒。孩童都爱蓝莓山药，只需把山药洗净蒸熟去皮捣泥，浇上蓝莓果酱与蜂蜜，即可大快朵颐。山药炖排骨则老少皆宜，在自家厨房细火慢炖，喝起来熨帖补益又鲜香。至于山药炒木耳、拔丝山药、山药粥，就各取所好了。只是山药去皮后黏液中富含的蛋白质和薯蓣皂苷会刺激皮肤，导致手痒甚至红肿刺痛，需要多加小心。

2 怀地黄：六味地黄丸，一个古老的中医方剂

地黄乃引种而来，却一跃成为道地药材

怀地黄起初并不产于河南怀庆府，明代以后陆续引种。由于栽培技术成熟，且怀庆府的自然地理条件适合地黄的生长，所以地黄得到很好的发展，并最终成为“四大怀药”之一。

《本草蒙筌》称地黄“地产南北相殊，药力大小悬隔。江浙种者，受南方阳气，质虽光润力微；怀庆生者，多生深谷，禀北方纯阴，皮有疙瘩力大”。李时珍所列：“今人惟以怀庆地黄为上。”《植物名实图考》所载：“地黄旧时生咸阳、历城、金陵、同州。其为怀庆之产自明始，今则以一邑供天下矣。”明晚期记载，河南怀庆“田多山泉”，所产地黄“质大而味厚”。可见古代优质地黄产地几经变迁，但自明朝起，怀庆地黄的道地地位即已确立。

清代《药性蒙求》：“以怀庆（地黄）肥大而短，糯体，皮细，菊花心者佳。”菊花心即地黄横切面的形态特征，这是历代药商鉴定道地货的标志。怀地黄的质量判定主要是靠手摸、眼看、口尝等传统经验来鉴别。怀地黄优于其他产区的地黄，体现其道地性能的一个重要因素就是感官质量上佳。当今研究也证实了道地产区的自然条件与怀地黄上佳品质之间的相关性。

地黄之功效与方剂

“六味地黄丸”是一个古老的中医方剂，其中用到了四大怀药中的怀地黄与怀山药。

组成：熟地黄、山药、山茱萸、泽泻、牡丹皮、茯苓。

主治：肝肾阴虚，头晕目眩，耳聋耳鸣，腰膝酸软，遗精盗汗，骨蒸潮热，五心烦热，失血失音，消渴淋浊；妇女肾虚，血枯闭经；小儿囟开不合，五迟五软。

此方剂应用于治疗中风、噎嗝、虚劳、健忘、怔忡、惊悸、头痛、眩晕、腰痛、淋浊、产后以及遗精等十余种不同的疾病。组方独特，构思巧妙，疗效确定，深受关注与青睐。

可以吃，可以观赏，
还可以做染料

民间长期都有食用地黄的传统。在一千多年前，地黄产区的民众就把地黄"腌制成咸菜，泡酒、泡茶而食之"。现今仍然有切丝凉拌或煮粥而食的习惯。嫩地黄苗可以焯水后凉拌，鲜美可口，营养丰富，特别适宜妇女和老年人食用。因为地黄在早春开花，且花序花形优美，适宜于自然花境营造。

魏晋时期染黄色的主要原料，除了汉代已出现的栀子、黄栌、黄檗之外，还有地黄。《齐民要术》中记载了地黄染色的详细工艺，称为河东染御黄法。地黄根中有大量地黄酸色素，被用作黄色染料。将地黄根捣烂之后与灰汁混合，再经多次搅拌取其汁，即可用于织物染色。

书法家王献之有一幅谈及此药的尺牍，真迹未能传承至今，摹本却有数种传世，名为《新妇地黄汤帖》，匀称流利，柔韧兼具。

3　菊花：鸿雁来宾，菊有黄华

菊花是原产我国长江流域的野生种经过自然杂交和人类长期选择演化而来的。菊花不但是我国十大传统名花之一，也是重要的传统中药材，始载于《神农本草经》，被列为上品。《中华人民共和国药典》中列明菊花具有散风清热、平肝明目的功效，主要用于风热感冒、头痛眩晕、目赤肿痛、眼睛昏花等症状。我国药用菊花有着悠久的历史，滁菊、亳菊、怀菊、杭菊并称为我国四大药用名菊。

药用菊花、茶菊和食菊统称为实用菊花

药用菊花：药用菊具有清热明目、抗菌消炎、降血压、抗肿瘤等作用，对头痛眼花、风热感冒、高血压等疾病具有明显的疗效。明代李时珍《本草纲目》述："菊春生夏茂，秋华冬实。倍受四气，饱经风霜，叶枯不落，花槁不零。"对菊花药用功效的记载："治头目风热，风旋倒地，脑骨疼痛，身上一切游风令消散，利血脉，并无所忌。作枕明目，叶亦明目，生熟并可食。养目血，去翳膜，主肝气不足。"疏风清热多用黄菊，平肝明目多用白菊。

茶菊：是指经窨制后既可与茶叶混用，也可单独饮用的菊花品种，具有清香、甘甜的口感。《艺文类聚》卷八十一曾引述："其山有大菊谷，水从山下流，得菊花滋液，味甚甘美。谷中三十余家，不复穿井，皆饮此水，上寿百二三十，中寿百岁，下寿七八十，犹以为夭。"（据称引述自《风俗通》，无法考证）饮用菊花茶可以清暑生津、祛风、润喉、养目、解酒，适用于头昏脑涨、目赤肿痛、肝火旺盛以及高血压人群。

食菊：又称为真菊，可用来做汤、炒食或作为食物配料，常被归类为蔬菜。将菊花做成药膳食用，具有平肝明目、清风散热、抗肿瘤、降血压的药食同源功效。正如屈原诗中所言："朝饮木兰之坠露兮，夕餐秋菊之落英。"菊花茶、菊花酒、菊花药膳、菊花粥、菊花火锅、菊花糕、菊花啤酒皆为菊花之食法。

怀菊花：可药可茶

名列四大怀药的怀菊花，主要有以下三类：

怀大白菊：药用为主，怀菊花主流品种，主要用于加工药用菊花。

怀小白菊：多茶用，保健品用，主要用于加工珍珠菊，为温县怀菊花的一个独特品种。

怀小黄菊：多茶用，亦可做保健品用。

怀菊的产地、气候、土壤等环境条件等都会影响活性成分在植株内的合成与积累。此外，怀菊花生长不仅需要吸收必需的营养元素，还能选择性地吸收和富集某些人体所必需的微量元素，这些元素是发挥防病治病功效的重要物质基础。因此，道地产地决定了怀菊花的道地性。

4　怀牛膝：其茎有节，似牛膝，故以为名

《中华人民共和国药典》2020版一部中列明：逐瘀通经，补肝肾，强筋骨，利尿通淋，引血下行。用于经闭，痛经，腰膝酸痛，筋骨无力，淋证，水肿，头痛，眩晕，牙痛，口疮，吐血，衄血。

怀牛膝、川牛膝之辨

历代本草中所列牛膝多指怀牛膝。自唐以后，怀牛膝备受推崇。明清之后，开始有怀牛膝、川牛膝的区分。两种牛膝功效虽大致相同，但也有细微差别，须根据病情实际情况加以区别运用。

怀牛膝的道地产区在古怀庆府，现在的河南焦作，其道地药材的地位至少在唐宋之际已经确立。虽然山东、四川、江苏、福建等地也有出产，但均不及河南。对于牛膝的应用，则认为怀牛膝制炒能补肝肾，生用能去恶血。而今，怀牛膝仍作为优质道地药材在应用，其以补肝肾、强筋骨、逐瘀通经、引血下行之效广泛运用于临床。

怀牛膝的道地产地将收获的植物药材剪短芦头，去除须根，扎成把，倒置蘸冷水后用硫黄熏，取出后分等（头肥、二肥、平条、杂条），扎成把，修剪，晒干，将其按头朝外、尾朝里堆成圆垛，堆放20~30天，分等级装箱。加工后药材色泽好、平直、柔润而且易于贮藏。而其他产区采用直接晒干或直接晾干，加工出的药材色泽欠佳，弯曲，质地硬，易折断，质量远不及道地产区的产品。

药食同源怀牛膝

牛膝草具有薄荷一样的清爽香味。整棵牛膝草都可以泡茶，可以健胃，也可缓和支气管炎和伤风症状，适合感冒时饮用。新鲜的叶子切碎后可以凉拌，亦可在烹饪肉类、鱼类时提味去腥。

牛膝也常作为保健药膳的食材。牛膝丝瓜汤由丝瓜、牛膝、猪肉和鸡蛋烹制而成，具有补肝肾、利尿消肿、清热解毒、化痰的功效。杜仲牛膝乌鸡汤则适合天冷的时候消解腰痛和老寒腿的痛楚。

道地药材的挑战与机会

挑战：道地产区种植面积萎缩及制作工艺粗放

四大怀药之一的怀菊花，产地加工一般是等花大部分都开放后，收割地上部分，分成小把，倒挂在木架上阴干，然后剪下花朵。这导致怀菊花容易散瓣，产量低，当地药农不愿意种植，面积逐渐减小，影响力远不如杭菊、滁菊。2000年版《中华人民共和国药典》中，怀菊花已被删除，失去了其道地地位。

怀地黄传统加工工序烦琐，需要丰富的经验，多由老一辈药农来操作。因其属于常规中药材，经济价值有限，年轻一代的农民不愿生产，导致种植面积锐减。如果不改进其加工方法，也可能如怀菊花一般。

对于四大怀药而言，开展资源保育，提高栽培技术，加强对有效成分的检测，完善产品加工工艺，这些均是亟待破解的问题。

机会：道地产区道地性优势

除传统的道地产区外，新增许多非道地产区，加剧了中药材市场的竞争。道地产区凭借自身的优势，大多都迅速地发展壮大起来，其中精良科学的加工方法是一个重要原因。以怀牛膝为例，除了怀药道地产区外，还有山西、山东邻近黄河地区亦适合其生长。近年来这些地区也都在推广怀药的种植，产量有赶超道地产区的趋势。但怀牛膝道地产区凭借上佳的产品品质和精良的加工技术，在产业竞争中保持领先地位。

“道地药材”，是特定产区的名优正品药材的特称。道地产区的道地性正是药材的最大优势和金字招牌。随着健康意识的不断增强，人们对天然优质药物有了越来越高的需求，道地药材迎来崭新机遇。中药材的生产链长，可吸纳大量人员就业，附加值较高，带动效应明显。今时今日，药材的道地产区如何充分发挥道地性优势，直面挑战，保护好珍贵的道地药材资源，并引导其为地方带来多重效益，值得认真思考。

参考文献：

(1) 程民生．论中国古代河内地区经济的稳定发达：以焦作地区为中心 [J]. 中州学刊，2007(02): 168-171.

(2) 梁飞．道地药材考 [D]. 北京：北京中医药大学，2013.

(3) 程峰．简论怀商 [J]. 殷都学刊，2008(03): 62-68.

(4) 王太霞，李建军，李景原，等．不同产区地黄的比较研究 [J]. 河南农业科学，2005(10): 69-73.

(5) 温学森，杨世林，魏建和，等．地黄栽培历史及其品种考证 [J]. 中草药，2002(10): 84-87.

(6) 李卫民，邓中甲．探析地黄道地药材的历史变迁 [J]. 陕西中医，2009, 30(04): 473-474.

(7) 梁迎暖．怀菊品质影响因素的初步研究 [D]. 南京：南京农业大学，2007.

(8) 戴思兰，温小蕙．菊花的药食同源功效 [J]. 生命科学，2015, 27(08): 1083-1090.

(9) 李成，马新建．道地药材之怀牛膝、川牛膝的本草考证 [J]. 中医学报，2011, 26(11): 1336-1337.

(10) 杨俊杰．怀地黄不同产地加工方法比较研究 [D]. 武汉：华中农业大学，2006.

(11) 冯祎．怀山药 怀菊花 怀地黄 怀牛膝 [J]. 中国标准导报，2016(11): 50-55.

药·物

文/摄 罗斌

神农尝百草而得知物之天性，分其为各品各部，《本草纲目》中，草、木、虫、禽的形状、物性、产地皆有详说。《神农本草经》把“覃怀地”（怀川）所产的山药、地黄、牛膝、菊花都列为上品。根茎花卉、草木鱼虫渺小之躯自此以其特有物性对人竟产生了关乎性命的重要效用，这与中华医理中的“天人合一”“天人相应”似乎是一种暗合。

我自小体弱，中药于我可谓熟悉，然而却从未留意观察。如今，当我仔细端详这些个虫草时，这些司空见惯的物品却向我展示出前所未有的震撼。我以影像的方式展示我的所见，并重新认识和思考我所见到的和自以为了解的事物。

这组作品以湿版摄影工艺、透明玻璃为载体制作而成，湿版影像效果与肌理对传统文化中中药形象的呈现相得益彰。

山药

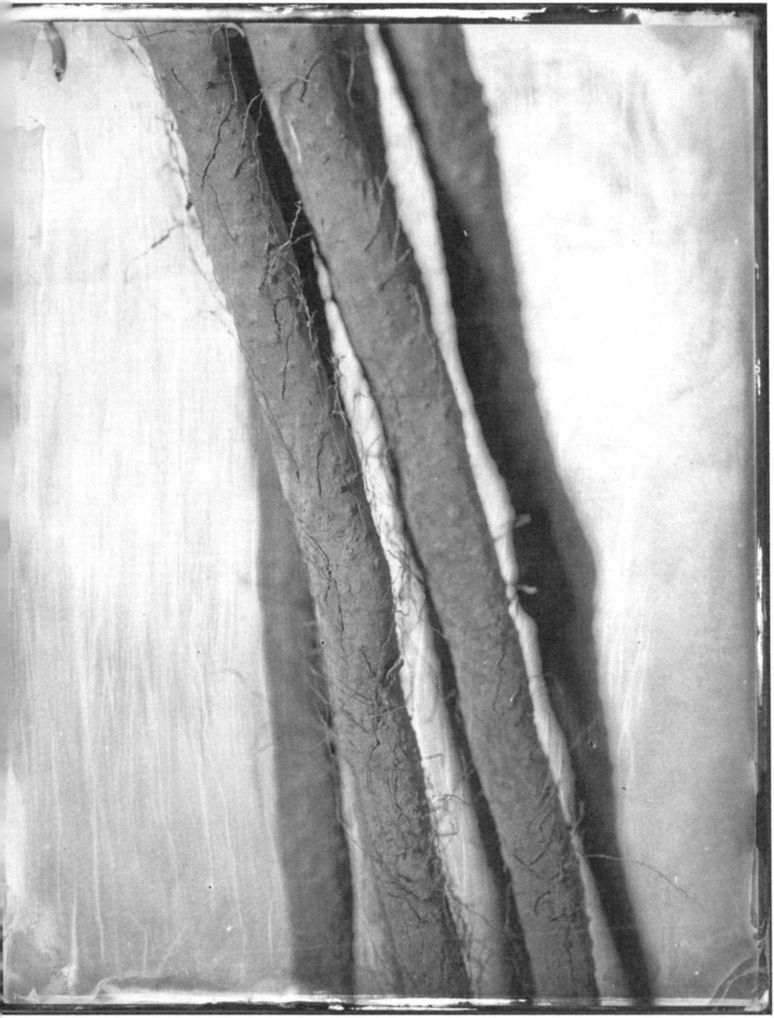

牛膝

菊花

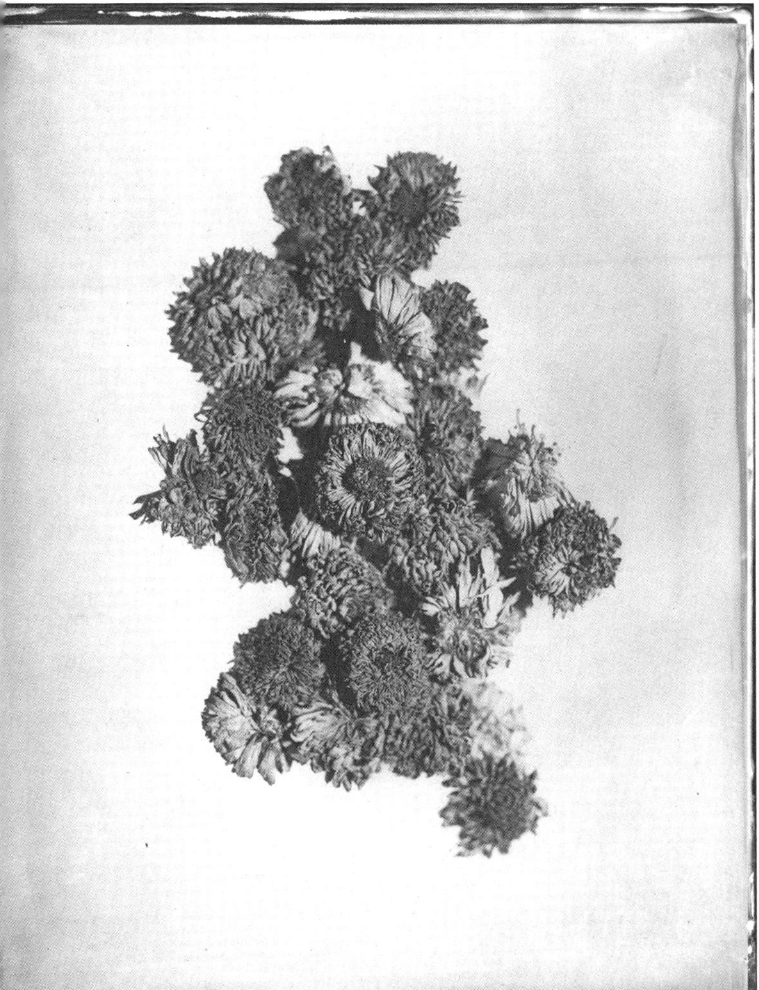

地黄

4.4.3
四季物产
Seasonal Product

修武四季的自然物产

作 冯芷茵 编 喻婷洁

修武县所在的河南省位于中国中东部，地处亚热带向暖温带过渡的地带，也是南北植物的交汇地带，植物种类相当丰富，有杉松榆槐等用于木材的树种，野菜野果植物，芳香油料和药用植物，也有板栗、山楂这类淀粉植物，及可用于编织的纤维植物。

当人们在不同的季节进入修武时，季节会拿出最新鲜的自然物产予以接待。我们必须调动所有感官，用嘴品尝，用眼睛看，用鼻子闻，双脚行过或置身其荫蔽下。它们是时间的切片，层叠交织地构成认识这片地域的另一维度。

榆树的果实榆钱，拿面一拌，
上锅蒸熟，就是香喷喷的
榆钱饭。

香椿芽，一道春季野菜，常用来炒蛋，或与豆腐凉拌。

(3~4 月）泡桐

白色或紫色的泡桐花开得密密麻麻，十分夺目，是春季沿途一景。

菊花苗、蒲公英和花椒苗都是当地常见的野菜，或裹面油炸，或凉拌。

楝，又称苦楝，开着碎而密的紫色的小花，如同云雾。

（4~6 月）刺槐

刺槐也叫洋槐，白色的花朵成串，用来蒸菜、油炸、炒蛋都很好吃。槐花蜜也由刺槐而来。

（5~6 月）桑葚

桑葚可食用，味甜多汁，是人们常食的水果之一。也可泡酒。常食桑葚可以明目，缓解眼睛疲劳干涩的症状。

（5~9 月）紫穗槐

紫穗槐虽也是『槐』，却和槐树很不相同，它开着穗状的花，颜色深紫，像一个个紫色的苞谷立在树梢上，花期时非常壮观。

山里和农村随处可见杏树、桃树，不少人家的院里就种着，春季开花，夏季挂果，坐在院里抬手就能摘到。

（6~8月）黄荆

河南盛产荆，盛夏时节这种开紫色小花的灌木无处不在。荆条韧性很好，可以编织篮筐。

（6~8 月）地黄

地黄是四大怀药之一，块茎可入药，新鲜的地黄还可以凉拌食用，口感非常清爽。

（6~10月）荆芥

荆芥的叶子可以食用，味道麻凉，和黄瓜一起凉拌，是当地一道常见的凉菜。

连翘在三四月份开花，它的果实是重要的中药材。

（7~11 月）薯蓣

薯蓣也叫山药，是四大怀药之一。除了入药和食用，山药汁也是本地餐馆的常见饮品。

（8~10 月）山楂

山楂又叫山里红，酸甜可口，可做糖葫芦，也可入药，是健脾开胃、消食化滞的良药。

(9月) 胡桃

胡桃又叫核桃，椭圆形，表面有不规则槽纹。核桃有破血祛瘀、润燥滑肠之功效。

（9~10月）柿

柿子形状较多，有球形、扁圆形等。柿树树形优美，果实似火。柿子可食用，可入药。柿饼具有涩肠、润肺、止血、和胃等功效。

（9~10月）山茱萸

山茱萸的果实是一种中药材，
有补血、健胃等疗效。

（10~11月）冰菊

冰菊是四大怀药之一，它的花期比一般秋菊更晚，天气挂冰时才开放。冰菊不仅能入药，也是茶饮。

黄精的根状茎也叫鸡头参，既是中药，也是一种食材，炒食味道清甜。

（10~12 月）丹参

丹参的根是一种中药材，颜色橙红，有活血化瘀等功效。

牛膝是四大怀药之一，它的根有活血、补肾等功效。

4.5
手工艺与民间艺术 Craft and Folk Art

4.5.1 瓷与陶 Porcelain and Pottery

修武被认为是我国陶瓷文化根源所在。修武县西村乡当阳峪村从唐代开始烧造瓷器，到北宋后期，造瓷工艺达到高峰。近十几年来，当阳峪村及周边地区接连发现了许多北宋时期的古窑址群，出土了大量陶瓷残片和器皿。在这些瓷器中，绞胎瓷是特殊之作。

绞胎瓷由两种（或多种）不同颜色的瓷泥制胎，瓷器的纹饰图案在表、里和横断面均线条分明，就似由内而外透出来的，故也称为“透花瓷”。这种工艺始于唐代，北宋时达到纯熟，而当阳峪窑因烧制的绞胎瓷品质最高、品种最全，被誉为“绞胎瓷之乡”，后经历“靖康之变”而逐渐失传。20世纪80年代，修武人柴战柱、孟凡斌等人开始尝试烧制绞胎瓷，经过三十多年的努力，他们先后恢复了绞胎瓷烧制技艺，之后工艺技术不断精进。2014年，修武县被中国工艺美术协会授予了“中国绞胎瓷之都”的称号，当阳峪绞胎瓷烧制技艺亦被列入第四批国家级非物质文化遗产代表性项目名录。（文 / 郭婧雅）

厚土生花

㊮ 顾青

我站在一块石碑前，碑刻的篆书文字是“德应侯百灵翁之庙记”。此碑立于北宋崇宁四年（1105 年），是中国现存记录古代窑业生产情况的三大窑神碑之一。“时惟当阳工巧，世利兹器，埏埴者百余家，资养者万余口”，上面记载的是属于当阳峪窑的黄金时代。当阳峪窑始烧于唐末五代，北宋后期和金代曾是它的鼎盛期，元代走向衰落，它是北方规模较大的民间窑厂。我所在的位置是河南省修武县西村乡当阳峪村。

长久以来，当阳峪窑淹没于历史尘埃中，1933 年瑞典人卡尔·贝克和英国人司瓦洛在当阳峪村无意间发现了散落的古窑址。跟随卡尔·贝克的发现，1940 年代日本古陶瓷学者小山富士夫来到河南焦作考察宋代古窑遗址，他被当阳峪深深吸引，撰写《北宋修武窑》一文，文中提及：“修武窑（作者注：焦作修武当阳峪窑）是被人遗忘的窑，在北宋没有像修武窑那样风格富有变化、纹样优秀、色彩丰富的窑。”故宫博物院的文史专家陈万里，古陶瓷专家叶喆民、冯先铭，先后于 1951 年和 1963 年前往修武做窑址调查，窑业遗址所蕴含的丰富信息渐次打开于世人眼前。

作为当阳峪窑最具特色的陶瓷种类之一，绞胎瓷于唐代工匠手中诞生，被誉为唐代陶瓷装饰手法的三大突破之一（另两项为唐三彩和湖南长沙窑的釉下彩绘工艺）。它最初作为观赏器和随葬器物出现，北宋时期逐渐

修武县当阳峪窑石碑拓片

应用于人们的日常生活中。通俗地理解，绞胎瓷是将两种或两种以上不同颜色的泥料相互糅合，形成两色或多色交替变化的纹理，其纹理表里一致。在修武人口里，绞胎瓷有一个更为民间喜庆的名字——“透花瓷”，它是从泥土里生出的花，是修武土生土长的“艺”。

陶瓷伴随着泥、水、火的协奏，从人类文明史中诞生的那刻起，就以强大的生命力、学习适应能力保持着与时代同步前行，模仿和借鉴其他工艺所长是它不断进行自我更新的重要动力。关于绞胎瓷的由来，尚没有确切的历史典籍记载，除了揣测古代陶工向西域琉璃器、犀皮漆器工艺学习外，我想也有理由大胆推测，它的雏形诞生于某次劳作过程，两种不同颜色的泥块无意相混，陶工们受陶瓷烧结后形成的趣味肌理启发，从而在不断尝试、摸索中诞生了绞胎这种技法。

大自然是陶工们重要的灵感源泉，绞胎瓷的纹理

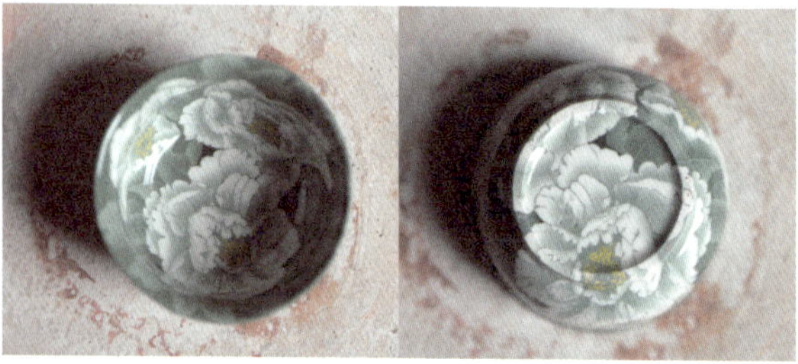

申邦武（修武），洛阳花系列

孟凡斌（修武），“一带一路和平鸽”

千变万化，主要分两类：一类是自然纹理，此类纹理在泥料的糅合过程中不加过多人为控制，通过拉坯或模具成型后，器物表面肌理变化自由，观之如山水云雾，有天成之趣；另一类则是规则有机的纹理，此类纹理通过不同颜色泥料的切割拼合而成，规整对称，排列有序，如鸟纹、编织纹、羽毛纹、麦穗纹等。

独特的纹理及色彩变化令绞胎瓷在陶瓷产品中脱

绞胎瓷横断面，可见线条和颜色分明

颖而出，其内外一致的肌理恰应了孟子所言的“君子本色，表里如一”，从而在器物审美中又生出一层儒家文化内修外治的精神性，受到文人士大夫阶层的青睐。由于瓷泥的膨胀系数、收缩率不尽相同，制作工序复杂，绞胎瓷极易开裂，存世器物中也极少见到大器。

曾于宋代盛极一时的绞胎瓷，跟随当阳峪制瓷工艺的衰败而消失，有学者认为其技艺淹没失传是由于金人南下导致的战乱和制陶工匠向南迁移所致，通过小山富士夫的发掘和向日本陶艺界的介绍，这项技艺在日本发展起来，日本人称其为“练上手”。东风西渐，跟随 20 世纪西方工作室陶艺运动，它的传播轨迹从日本流入西方，专注于绞胎瓷制作的国外陶艺家逐渐涌现，其中于中国陶艺圈耳熟能详的，在日本有松井康城和伊藤赤水、室伏英治、村田彩等，在西方有英国的艺术家 Dorothy Feibleman、Cody Hoyt，荷兰的 Henk Wolvers 等。

站在窑神碑前，禁不住要感慨，在绞胎瓷于 20 世纪重归人们视野，作为一门独具魅力的陶艺语言在日本和西方大放异彩的时候，作为其工艺发源地，我们在很长一段时间是“缺席”的。中国绞胎瓷复兴的曙光初露于 20 世纪 80 年代。1981 年，中央工艺美术学院梅健鹰教授投入到绞胎瓷复兴的事业中，之后张保军于 1986 年毕业于中央工艺美院后即开始潜心研究此项工艺，他们是中国当代绞胎艺术创作的先行者。

陶艺家洪张良近期绞胎作品

我所在的窑址边就是金谷轩瓷坊，相去数百米为孟家瓷坊。由柴战柱和孟凡斌这两位非遗传承人带领下的修武当地绞胎瓷瓷坊，发轫于2000年后，以复兴修武当地绞胎瓷事业为己任，在恢复绞胎传统工艺、创新图案表现和器物造型等方面均做出了长足的努力。而绞胎作为一项特征极为鲜明的陶艺语言，近些年也开始有各地陶作者们纷纷投入该领域的创作。国内知名陶艺教学机构乐天陶社，从2017年开始每年在其上海和景德镇分部开设绞胎课程；2019年南京艺术大学陶艺系在陆斌教授的带领下开设了绞胎课程，学生们做出初步尝试，课程结束以学院内小型群展的形式做出汇报总结。

绞胎技艺的复杂困难不容赘述，对每位执着于绞胎瓷创作的陶艺家，我想困难的不仅仅在于控制技法，而是在这种风格极为强烈的工艺面前获得自己的话语权，是在变形、开裂、薄度、体量、同质化等形与意的问题纠结里寻求突破，寻找答案。这才是绞胎从技上升为艺的核心，由向自然造化撷取灵感，到跳出技艺的限制，让它成为个人创作语言的载体。在如此个性彰显的工艺面前，要成一家之言。

国内首个专注探讨绞胎艺术的展览在修武举办，是一次对乡土的回归。本次展览里，我的策展线索围绕窑神碑展开，以碑拓拓片制作而成的茶挂是展览的题眼。专为展览打造的两间茶空间里，来自中国年轻一代创作群体的祝琛、子茵、康杨、韩青，他们将对绞胎的演绎化为茶道具：祝琛对 16 层泥的绞胎控制自如，于小茶盏里见海浪翻腾；子茵的细腻诗意在白瓷绞胎微妙的色度变化中展现；康杨在器物表面挥洒泼墨般展示绞釉效果；韩青以蒲公英的平凡致敬生命的微光。这些器物运用的是年轻的创作者们各自在摸索、提炼中的语言，其中已经能明显看出每个人的风格倾向与手法偏好。器物在可观赏的同时亦可用。绞胎重回生活，首先要让它能记录承载生活。

展览也展示了一组中外陶艺家的绞胎创作，以此我们可以管中窥豹，瞥见在当今陶艺领域绞胎艺术的发展。荷兰陶艺家 Henk Wolvers 在西方陶艺家的文化背景里，展现出东方哲思，他的作品与展厅墙面、地面上来自泾县的绞胎花砖有了视觉上的牵引呼应，让我们感受到这门工艺历久弥新的生命张力；求学、创作往返于京都、景德镇两地的洪张良，以绞胎枕为创作母题，他的创作是明快年轻的，是一种当下的叙事；博物学家、艺术家孟令用黑白两种泥，达成宁静与力量的对比；韩国陶艺家权真姬的绞胎作品提供给我们一种思路，关于构筑作品的空间体量，关于色彩和平衡。

如同行文谋篇布局，我将修武当地孟凡斌先生的传统绞胎风格器物放在展览的开篇，复兴必先寻回，对传统工艺、图案的梳理构建，帮助我们有一个良好的基础进行创造；申邦武先生的绞胎系列牡丹创作落于尾声，他经过多年探索将一体成型技术应用于绞胎瓷领域，属于盛唐洛阳的牡丹风华，在突破绞胎工艺技术局限下，如工笔晕染一般绽放于碗、盏、盘上。

我期待这朵初绽于唐代的花再次盛放，这花是属于修武的。

参考资料
(1) 焦作陶瓷史料专辑．焦作文史资料第十一辑．
(2) 修武当阳峪陶瓷．修武县政协文史资料第二十六辑．
(3) 卢华堂．焦作当阳峪窑古陶瓷标本．
(4) 于杨．北宋当阳峪绞胎瓷特色及制作工艺 [J] 中原文物，2011(6).
(5) 室伏英治．日本绞胎 25 种器形制作教程 [M]. 日本诚文堂新光社，2011.

陶艺家
群访

编 郭婧雅

康杨

2003年毕业于景德镇陶瓷学院，2004年就职于景德镇乐天陶社，2012年创立“康陶瓷艺术”，任设计总监。水墨系列陶瓷作品获“设计中国”优秀产品奖。

Q 请介绍一下这次参加展览的作品，以及这组作品所要表达的主题。

A “瓷墨诗意”系列陶艺作品，水墨笔触作为符号，其墨，焦、浓、重、淡、清，制造的痕迹感兼具力量和节奏、层次与变化，缀于器皿，充分考虑了器皿与空间的关系，使这一系列作品能更好地装饰和进入空间，且赋予其文人诗意的视觉与精神享受，体现了器皿与空间的默契关系。

Q 绞胎最吸引你的地方是什么？你如何利用绞胎工艺来诠释自己的创作想法？

A 水墨系列作品利用了绞釉的形式在瓷胎上作画，利用这样的形式来表现一种痕迹，使得作品有很强的辨识度，控制与放任之间，让材料变得有趣。

Q　如何平衡纹样的控制和制作过程中出现的“失控”？

A　面对失控，颜色质感材料间的交融，有序或无序的组合，无数种的可能，与材料的游戏乐此不疲，天生的惰性，更愿意自己做一半，上帝做另一半，偏爱更随机更偶发的样子。

Q　你认为你的作品表现出了什么样的个人特质？

A　如沉泥的岩石，如烟般飘散，如水在欢愉，加入一个我，变成做作的自然。

韩青

昆明理工大学建筑学系毕业，在云南省设计院工作 4 年。2014年到景德镇学习陶瓷制作。2016年参加“混雕塑”生活器皿展，2017 年参加了景致 VIEW/ 手作劳动节。

Q 请介绍一下这次参加展览的作品，以及这组作品所要表达的主题。

A 这次展览构思的是一个关于巨型蒲公英的系列，系列名字为“一朵巨型的蒲公英”。第一次在花店见到这朵巨型的蒲公英，由于长途的运输已经被挤压变形了，短短几个小时之间，看着它慢慢地舒展开的样子，感到了生命的惊喜和温柔的坚强。

Q 绞胎最吸引你的地方是什么？你如何利用绞胎工艺来诠释自己的创作想法？

A 绞胎就好像在用古老的织布机将不同颜色的线编织起来，形成图案。这是最吸引我的地方。

在我自己的创作中，首先是如何选择泥料，充分体现蒲公英轻柔的质感，然后用色剂调出它灰蒙蒙的色感，利用绞胎瓷的制作方式将它制作成器皿，再在素胎的器皿外侧刻出蒲公英的经线。高温烧制成瓷之后，用

金水勾勒出线条。最后的工艺是为了将蒲公英轻柔中坚强的精神体现出来。

Q 如何平衡纹样的控制和制作过程中出现的“失控”？

A 其实对我来说，并不会去特别在意“失控”，我尽可能地去拼凑图样，然后就让它顺其自然地发展了。

Q 你认为你的作品表现出了什么样的个人特质？

A 我的陶瓷器皿创作灵感都来源于生活中的每一次相遇，它像一本日记一样，记录着相遇时的所思所感。我相信世间万物皆有灵性，而我的工作就是通过陶瓷的方式去寻找那种瞬间的感觉。我并没有想要去定义它。

祝琛

毕业于景德镇陶瓷大学陶瓷装饰设计专业，获硕士学位，师从中国陶瓷艺术大师朱乐耕教授，主要研究陶艺创作、绞胎瓷创作。作品屡获全国性奖项，并多次被陶艺相关的期刊选用发表，作品《SPY》被中国陶瓷博物馆收藏。

Q　请介绍一下这次参加展览的作品，以及这组作品所要表达的主题。

A　这次展览作品多是从中国传统文化中摘取符号化的内容而进行的绞胎工艺创作，主要针对绞胎工艺的随机花纹变化万千、细如纤毫等特点来进行理解和尝试。

Q　绞胎最吸引你的地方是什么？你如何利用绞胎工艺来诠释自己的创作想法？

A　绞胎最吸引我的是它制作过程的未知性，以及具有其他陶瓷工艺所达不到的独特风格。它可以模仿大自然的鬼斧神工，亦可以达到极其规律精致，这是其他陶瓷装饰工艺不能兼顾的。我会利用绞胎的工艺特点来进行创作，使其充分体现绞胎独有的魅力和感觉。

祝琛，“银杏”系列

Q　如何平衡纹样的控制和制作过程中出现的"失控"？

A　控制绞胎纹样需要平时练习的量的积累，有时亦可利用有些纹样的缺点加以设计，制作过程需要扎实的基本功和对陶瓷原料烧成工艺等科学知识的研究。

Q　你认为你的作品表现出了什么样的个人特质？

A　这些年进行绞胎创作的不同阶段有不同的感悟，总体上锻炼了我的心性、耐心，倔强地面对困难、多次失败后依然充满信心的韧性。

子茵

毕业于广州美术学院陶瓷艺术设计专业，2015 年创立自己的陶艺工作室，作品曾多次参加广东省内举办的陶瓷艺术展。

Q　请介绍一下这次参加展览的作品，以及这组作品所要表达的主题。

A　这组作品是《听云》系列白瓷绞胎。在绞胎瓷的世界里，白瓷的微弱对比清寂无声，纹路的交织变化既是宇宙自然韵律的呈现，也是自己创作当下心性的流露。云，则本来没有声音。两者似乎都意在捕捉难以看见的东西、难以洞悉的深意。我想用这样的茶器调动人的细微感觉，把人带入没有纷扰的茶席，感受听见云声的宁静，留有空间给茶人在静思中内观、沉淀……

Q　绞胎最吸引你的地方是什么？你如何利用绞胎工艺来诠释自己的创作想法？

A　绞胎最吸引我的地方是其表里如一的一体性和透光性，这与我平时观察自然中某些特殊情境时产生的不由自主的心灵感动有关。例如一片透过阳光的叶子，我看到了它的脉络，这区别于以往我观看它的角度，它的色彩细节给了我惊喜。我想以泥巴的柔软性与创作当下的自

性流露进行糅合，呈现自然带给我的感动，其核心是法乎自然、规避人工的秩序。

Q　如何平衡纹样的控制和制作过程中出现的“失控”？

A　泥巴会有它自己的“性”，所以想要平衡，就要充分地了解它，顺它的“性”去创作。我会抱着好奇心去尝试，有时候失控之后的样子也是它的魅力之一……就是一种破的力量！

Q　你认为你的作品表现出了什么样的个人特质？

A　哈哈……委婉、含蓄且浪漫。

孟令

博物艺术家，曾作为数字艺术总监供职于多家全球著名的创意公司。其艺术作品涉及绘画、装置与植物艺术、陶艺、雕塑和视觉艺术等领域，被国内外自然历史博物馆及艺术馆展出与收藏。

Q　请介绍一下这次参加展览的作品，以及这组作品所要表达的主题。

A　这次以“信”为主题。信是传递信息的载体，是思想沟通的渠道。在启封之前，有的人忐忑，有的人期待；有时候是令人措手不及的消息，有时候是令人欣喜若狂的消息。以前的信以纸为媒介，纸张的质地、印刷的图案、邮票邮戳和不同的折叠信纸的方式、字体、书写的方式等等，关于“信”的很多特质都很有意思。但随着电子信息的普及，写信和使用信来传递信息的行为变得凤毛麟角，想必以后将完全从生活中消失，成为人类文明的又一个文化标本。

孟令，“信”

Q　绞胎最吸引你的地方是什么？你如何利用绞胎工艺来诠释自己的创作想法？

A　可能性很多，而且每一种方法都具有挑战性。我在研究后创造了自己的绞胎方法，这种不同的制作工艺会带来风格和感官上的新的体验。

Q　如何平衡纹样的控制和制作过程中出现的“失控”？

A　有一些“失控”是新思路乃至新方法获得的契机，这次的绞胎方法也是在偶然的机会下获得的灵感。

Q　你认为你的作品表现出了什么样的个人特质？

A　喜欢从自我审视出发，喜欢从情感的“故纸堆”里找线索，特别偏好细微的情绪波动带来的个人化的思考。

洪张良

2014 年毕业于伦敦 Farringtons School，2017 年于景德镇自学绞胎技法。其作品在中国景德镇、厦门，及瑞典、日本京都等地参加过群展，2019 年于上海举办个展。现就读于日本同志社大学。

Q　请介绍一下这次参加展览的作品，以及这组作品所要表达的主题。

A　对于那些无法回答的，我想用另一种途径去解答。绞胎或许是一条可行的路径，请你给我时间，等我完成一直到最后。

Q　绞胎最吸引你的地方是什么？你如何利用绞胎工艺来诠释自己的创作想法？

A　是同伴，也是敌人。它提供无尽的想象，却又被自身的漏洞所攻破。它是一份为自己提交的报告，作为研究这个世界的素材和资料。

Q　如何平衡纹样的控制和制作过程中出现的“失控”？

A　可预计的失控算不上是困扰，是制作过程中的一大乐趣。

Q　你认为你的作品表现出了什么样的个人特质?

A　白日梦式的,变质的和脆弱的。

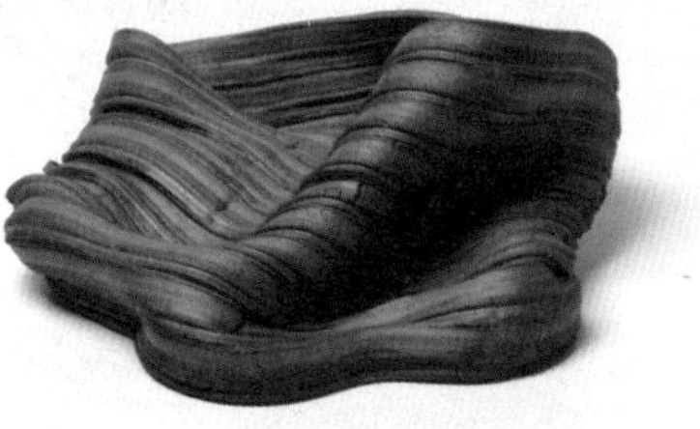

洪张良,“墨鱼宽面”

Henk Wolvers

1953年出生于荷兰，1994年被授予日本著名奖项伊奈设计奖（Inax Design Prize），其作品在全球多个地区展出，被多家博物馆和艺术馆收藏。

Q 请介绍一下这次参加展览的作品，以及这组作品所要表达的主题。

A 我的起点是陶瓷。我一直对这种材料的特质着迷，如它的白色、透明感、烧制后的形变等。我不想在我的作品中表达特别的信息，或者更准确地说，我不需要这么做，因为陶瓷最纯粹的美感足以说明一切，并让人们自由地感受到自己想要感受的东西，给他们带来基于自己的想象所得到的画面。我也不想讲很大的、内容丰富、意义深远的故事，那会削弱陶瓷本身的纯净。

Q 如何平衡纹样的控制和制作过程中出现的“失控”？

A 确实，绞胎图案中总是存在着一些“混乱”，但它们也存在于器形之中，我喜欢作品烧制后的形变给我带来的惊喜感，这种变化赋予瓷器灵魂。

Q 你认为你的作品表现出了什么样的个人特质?

A 我的作品就代表了关于我的一切特质,是我多年的累积,也是属于我独有的标签。

(翻译:喻婷洁)

权真姬

1978 年出生于韩国，2010 年获得硕士学位。曾在韩国举办过数场个展，屡获陶艺类大奖，作品也多次出现在全球多个城市的艺术展览中，并被韩国和中国的多家美术馆等机构收藏。2013 年，其作品获第二届中国高岭国际陶瓷艺术大赛金奖。

Q 请介绍一下这次参加展览的作品，以及这组作品所要表达的主题。

A 在创作中我不赋予作品什么特殊的意义或主题，这只是我反复行为的结果。我的作品主要以陶瓷的绞胎技法与泥片盘筑技法来完成。先制作绞胎厚泥板，再把它切成长条绞胎薄片，利用泥片盘筑技法慢慢画圆形成结构，拼接成圆锥形，在持续盘筑一定规格的泥片过程中，产生色面和空间，逐渐完成我的作品。拼接过程中堆积的诸多小台阶形成一个建筑学的空间结构，给人一种自由的秩序感。这里能看出我的作品受到了极简主义的影响。排除不必要的装饰，用反复的行为、有限的色彩、简单的造型来讲述我日常的故事。

Q　绞胎最吸引你的地方是什么？你如何利用绞胎工艺来诠释自己的创作想法？

A　绞胎技法中最吸引我的部分是不同颜色的泥合并在一起所产生的明确的界线线条和它的偶然性。早期的创作将焦点放在绞胎色面的表现上，但近期的创作注重视觉效果的极大化，将焦点放在强烈的多种色彩线条的重叠与交叉上。一定厚度的泥坯在窑火中自然变形的这种泥性的偶然性似乎和绞胎的偶然性效果一脉相通吧。

Q　如何平衡纹样的控制和制作过程中出现的“失控”？

A　利用目前所积累的各种实验资料和实践经验创作我的“线”与“色”。在窑火中自然歪曲规则的形态，追求偶然性与必然性。

Q　你认为你的作品表现出了什么样的个人特质？

A　给泥土这种自然材料添加设计元素，追求建筑学的空间结构之美、更加细腻多样化的颜色之美。为了完成一件作品，经常和时间赛跑。

（翻译：姜雪子）

4.5.2 听戏曲 Traditional Opera

修武怀梆是一个具有浓郁地域色彩的戏曲艺术剧种，它是在本地土梆土腔的基础上吸收诸多表演形式及音乐结构而生发的，但其具体生发时间则不可考。清代中后期，怀梆在修武逐渐兴盛，布及全县各地。怀梆戏班多于庙会、丧葬祭祀等民间礼俗中表演，成为乡俗礼仪下社区民众文化记忆与文化认同的标志。

早期怀梆脸谱的化妆不算复杂，最简洁的要算生角，旦角的化妆较生角细腻，而净行的脸谱则既夸张又富象征性，用色也很丰富，不同人物按其性格、身份，有专用式脸谱，久而久之便有了“红忠”“黑清”“白奸臣”的固定表达。焦作当地的民俗摄影师廉明自 2002 年起开始跟随当地怀梆剧团拍摄剧照，他将演员化妆前后的肖像照拼接在一起，上妆后的演员就如具有了第二人格，绘在脸上的那张脸谱，无须上台就已经在叙述故事。2004 年，廉明开始创作《忠烈救孤图》长卷。他以焦作温县三家庄怀梆剧团表演的《忠烈救孤》为蓝本，前后拍摄了十几组镜头，拼接于一起，以一幅摄影长卷完整呈现了整本剧目。《忠烈救孤》剧目改编自故事《赵氏孤儿》，焦作人相信，这一故事的发生地就在焦作温县的三家庄村。（文 / 郭婧雅）

怀梆戏脸谱

㊍ 廉明

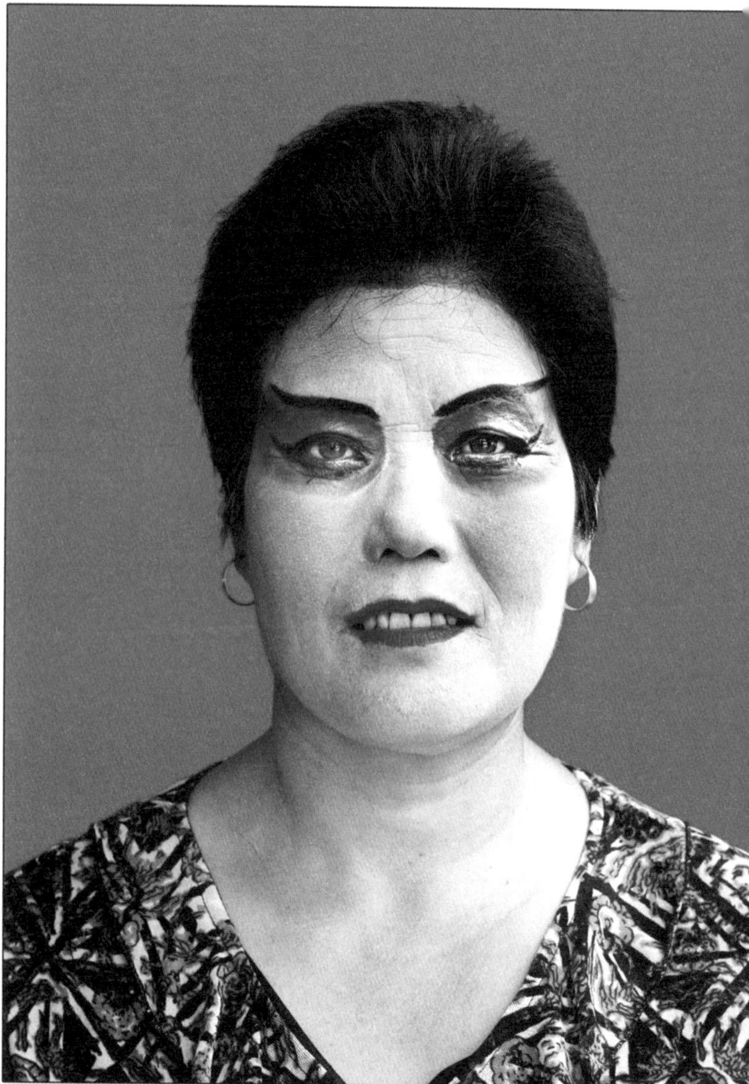

刀马旦　代表人物：穆桂英（《穆桂英挂帅》）

白脸（净角） 代表人物：潘仁美（《两狼山》）

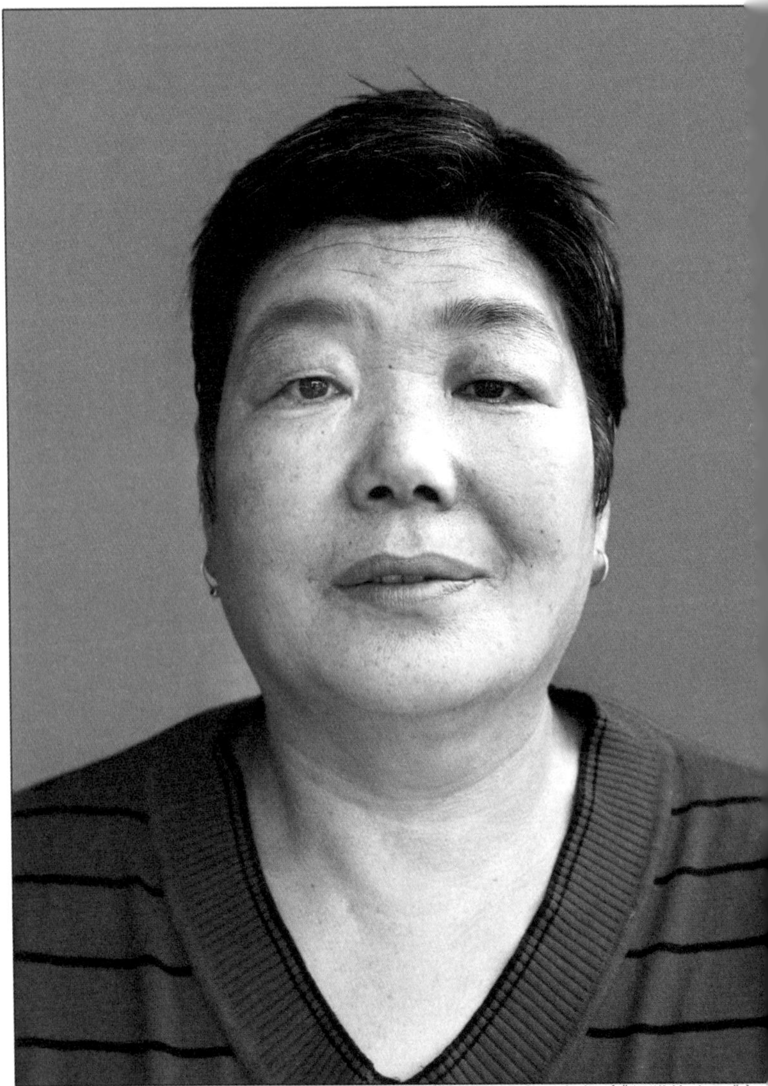

黑头（净角） 代表人物：包拯（《狸猫换太子》）

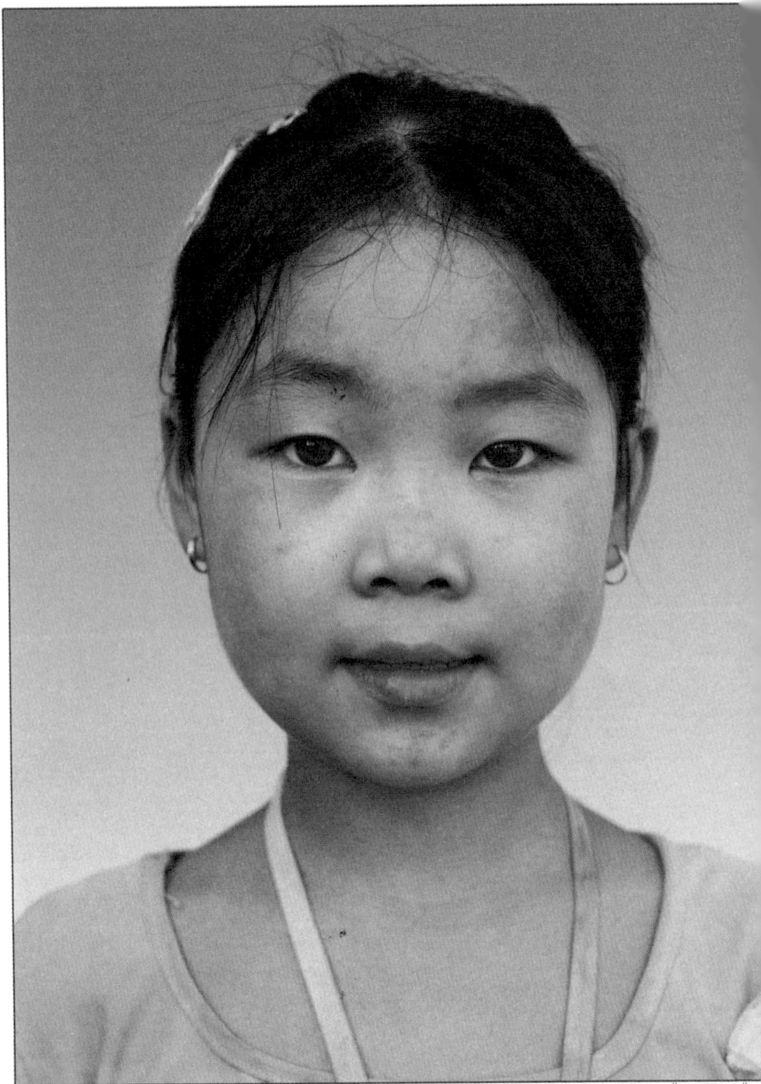

丫鬟旦　常见剧目:《西厢记》

大花脸（净角） 代表人物：秦琼（《秦琼卖马》）

二花脸（净角） 代表人物：程咬金（《程咬金招亲》）

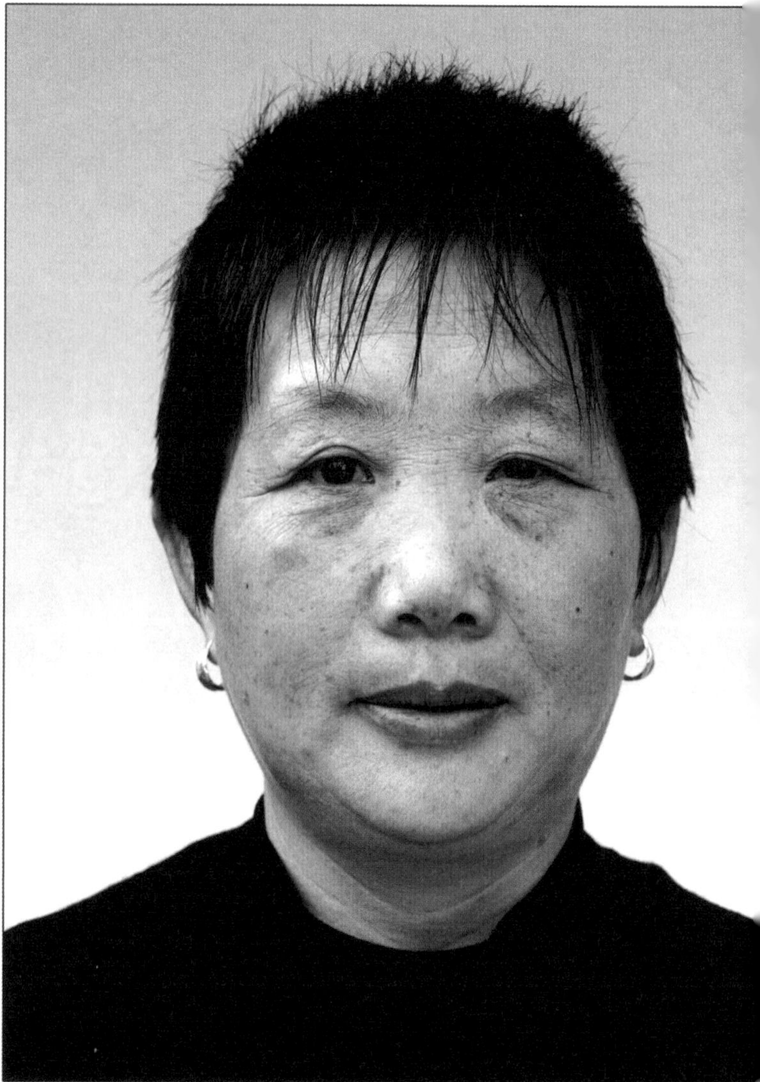

丑旦　代表人物：刘媒婆（《拾玉镯》）

胡子生（老生） 代表人物：刘墉（《刘墉下南京》）

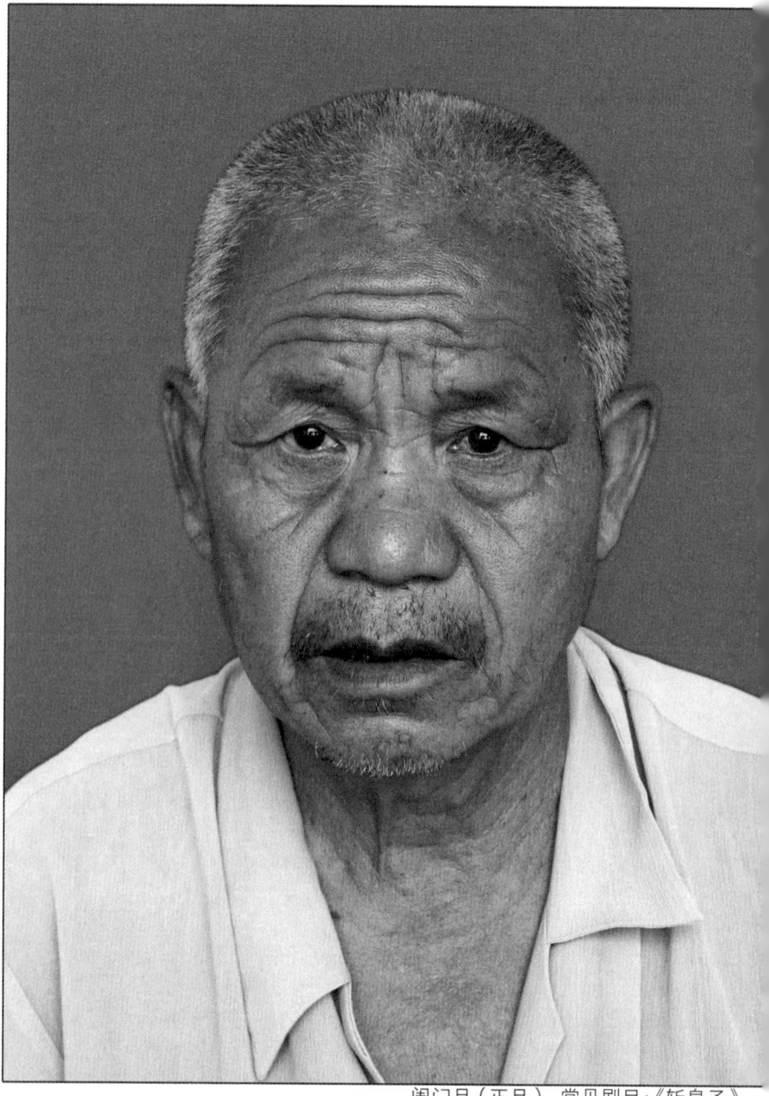

闺门旦（正旦） 常见剧目:《斩皇子》

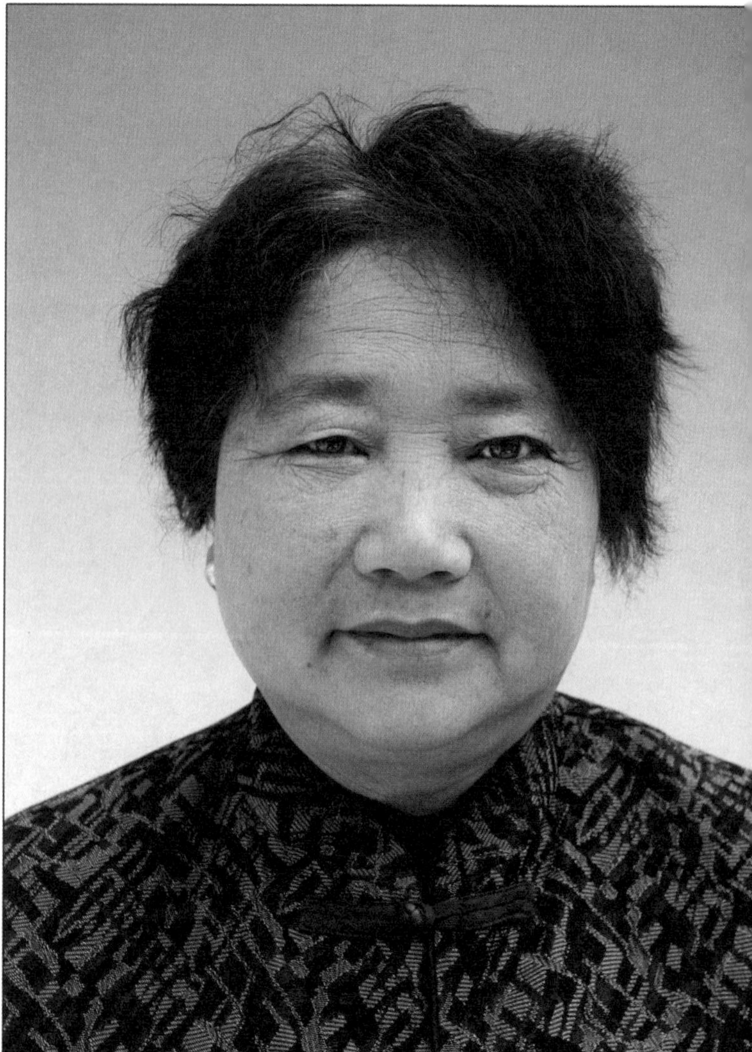

老旦　代表人物：杨夫人（《五女拜寿》）

青衣（正旦） 代表人物：王宝钏（《王宝钏》）

《忠烈救孤图》长卷

公孙杵臼与程婴为救赵氏孤儿，一人丧命，一人失子。二十年后，长大成人的『赵氏孤儿』赵武灭了奸臣屠岸贾，挽救了晋国命运。

『忠烈救孤图』的创作来源于国家级非物质文化遗产『怀梆』的传统剧目《赵氏孤儿》。该故事塑造了一群古代英雄义士的形象，他们为了保护忠良，伸张正义，不惜赴汤蹈火，舍己救人，演绎了一出气势宏伟、激昂悲壮的传奇。《赵氏孤儿》是几百年来在民间流传最广的优秀传统剧目之一。

公元前六百年、东周晋景公年间，奸臣屠岸贾迷惑荒淫无度的晋景公、杀了上卿赵盾全家三百多口后、又要搜杀赵家仅存的孤儿。

威震山河

忠烈救孤图

修武地方曲艺与民间艺术

编 郭婧雅

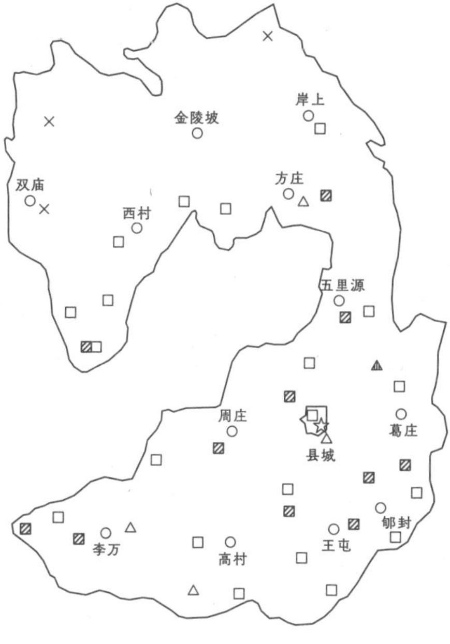

修武县剧种分布图

○ 乡镇　△ 二夹弦　☆ 京剧
□ 怀梆　▲ 曲剧
▨ 豫剧　× 上党梆子

参考资料

（1）　侯亮．修武县戏曲志．
（2）　刘文锴．文化修武

□怀梆

修武怀梆是一个具有浓郁地方色彩的戏曲艺术剧种。就修武本地来讲，这里历史久长的戏曲搬演语境及深厚的戏曲文化氛围，为怀梆的生成提供了基础，故修武怀梆是在本地土梆土腔的基础上吸收诸多表演形式及音乐结构而生发的，但其具体生发时间则不可考。清光绪九年（1883年）冬，孟县怀梆艺人牛三堂落户修武大东村，在村里传授技艺，村民张春来出面组织起规模较大、行当齐全的戏班。随后，里窑、外窑、西村等村相继组建戏班，修武怀梆逐渐兴盛，风靡一时，布及全县各地。但时至今日，修武怀梆面临着演员和观众的双重短缺，现存的为数不多的民间剧团多服务于修武县各自然村落，于庙会、许愿还愿、丧葬祭祀等民间礼俗中表演，成为乡俗礼仪下社区民众文化记忆与文化认同的标志。

☆京剧

京剧是流传于北京、河北、天津及全国大部分地区的一种戏曲剧种，关于其缘起，一般要追溯到清乾隆至道光年间的四大徽班进京。在修武当地，京剧也一度热闹风光。光绪十五年（1889年），修武城内南门的富家子弟李尧，因考秀才未中，就拿出家中部分钱财组织起京剧科班，收纳数名贫困幼童学戏，使京剧这一剧种在修武县有了立足之地。数年后，此班名声大振。1926年，县城成立乐天社，聘请河北籍艺人担任教师，排演了如《朱砂痣》《四郎探母》等京剧经典剧目。新中国成立后，修武一些村子相继组班演出京剧。目前，修武境内虽已没有班社演出京剧剧目，但在城内公园或城外乡野，仍可以听到戏迷们的吟唱。

▨ 豫 剧

豫剧，原名河南梆子，1950 年左右传到修武县。1950 年冬，北门村在村干部支持下组织起了业余剧团，导演还专门去开封学习，回来后加班排练，自制服装道具，在年关演出了《断桥》《藏舟》《闹书馆》三出豫剧折子戏，轰动县城内外。豫剧具有浓郁的地方色彩，好学易唱，剧目繁多，很受欢迎。1956 年，修武县委成立了修武县豫剧团。后期由于市场经济的冲击和群众欣赏口味的改变，县豫剧团自 1985 年以后收入一直欠佳，为此，他们经常以“山阳歌舞团”之名演出歌舞节目，曾到河北、山东、山西等地巡回演出。1995 年以后，县豫剧团大戏小戏都演，古装现代并重，既有歌舞，又有小品，还有迎合农村红白大事常用的“唢呐班”。

△ 二 夹 弦

二夹弦的起源尚无文字可考，据传居住在黄河边的两兄弟分家，哥哥分到鼓，弟弟分到锣，每到农闲“玩会”时，兄弟俩便合作演唱，因此也称“两家弦”。二夹弦主要流传于豫东、鲁西南、皖北等地区，在 20 世纪初传入修武。1920 年冬，原武县（今原阳县）的二夹弦艺人葛玉堂因生活所迫来修武传艺，南关、南霍和方庄均有村民来学艺。二夹弦剧目多叙述儿女情长、家庭伦理、悲欢离合等，较接近民众生活，但受限于唱腔过高，所以发展不大。目前，在修武的许多村子，已没有人再唱二夹弦。

▲曲 剧

曲剧是河南第二大剧种，原称曲子戏、河南曲子戏等，1950年才开始统一称为“曲剧”。曲剧诞生以来，从业人员达数千人之多，但一直到20世纪70年代才传播到修武。1974年，朱营村业余剧团聘请许昌的曲剧艺人任教授艺，当年年关时演出了现代曲剧《掩护》，轰动城乡。1985年，该团以《寇准背靴》参演“焦作市业余戏剧会演”，获得演出一等奖。但由于曲剧传入修武的时间较晚，至今修武县境内仅朱营村这一家曲剧团体，后继乏人。

×上 党 梆 子

上党梆子是山西省四大梆子之一，盛行于清乾隆中后期，到了清嘉庆、道光年间，班社林立，进入蓬勃发展时期。修武县一斗水村因紧邻山西，民众对此剧种有深刻印象。1954年，村里的戏曲爱好者组织起有三十余人参加的上党梆子戏班，逢年过节演出一些剧目。但到了1967年，戏班在“文革”中解散。该剧种现已后继无人，在修武当地不复存在。

花船

花船也称旱船。表演形式为3个表演者都穿着喜剧古装，分坐(实为站立)在插满花的布制船上，由老翁和丫鬟持桨划船，表演时3人穿梭跑动，停下来时只摇桨，开始唱词，并有乐队伴奏。

腰鼓

打腰鼓为新中国成立后新兴的文艺节目。表演者于腰际背一长圆形红鼓，双手持木槌击鼓，打出不同节奏。为增加表演气势，另有大鼓重击。

秧歌

扭秧歌为革命根据地的传统文艺节目，人数不限，表演者按乐器节奏扭动，时而变化队形。

推花车

推花车也叫小火车，一妇人坐(实为立)在一方形花车内，车后有两扶手，一老翁手握扶手作推车状，车两边少男少女各一人，手摇扇子扭动，一小丑担一软质杠子扭在车前，乐器伴奏，表演者扭动数周后停在原地扭唱，唱腔为民间小调。

背妆

一个大人身上背一铁架，架上立一儿童，上下固定为一体，称为“一妆”，表演者可据故事人物多少，决定妆数多少(一般不超过八妆)。妆上儿童扮作故事人物在上面表演，背妆人在下面走场套花，有乐队伴奏，只行走，不演唱。

张公背张婆

张公背张婆由一人上身扮张婆，下身扮张公，另做一张公假头和双肩，置张婆身前作背状，再做一张婆假下身，于张公身后，使其共成一体。无唱，只需乐器伴奏，表演者按节奏扭动，做些嬉戏动作，别有风趣。

高跷

踩高跷为传统节目。表演者双脚绑在两根高于50厘米的木棒上，以代替双脚行走、跳跃，有古装，也有时装。扑蝶节目最为精彩。

骑毛驴

骑毛驴表演者足踩高跷，用纸或布做一毛驴，固定在表演者身上，按乐器节奏跑动舞蹈。

霸王鞭

霸王鞭表演者人手一鞭，上系铜铃和花，伴随鼓点节奏敲击臂、腰、腿、脚等处，或与别人互击，使其发出有节奏的声响。人数不限，有歌有舞。

参考资料：《修武县县志》

4.6
出版 Publication

在与乡建实践有关的媒体报道中，乡建主体自身的媒体建设亦非常重要，左靖团队历时三年采编设计的《大南坡：共振村声》围绕对乡村建设具有直接作用的六个维度，对“大南坡计划”进行了全面细致的记录，参与计划的各方都在书中对各自的实践做了第一视角的陈述。《大南坡》杂志创刊号由陈奇主持的奇村团队策划采编，地方主体性更强，大南坡村民和当地乡村工作者的声音都通过这本杂志得到了传播。《绘见家乡》乡村美学读本通过对修武历史、风物与文化独特性的体察和开掘，以纸质课本为媒介，调动起当地学生的创作主体性，在互动中重新学习家乡文化，并达到以美育连接城乡的目的。《麦：三三》与《竹林七贤》单行本则是另一种形式的乡村考现，创作者从地方风物与历史中提取符号，加以艺术再现。而大南坡村民牛保红的文学尝试得以让更多人的视角回落到和土地紧密连接的人的身上，他们的坚持与热爱，令他们成为这片土地上平凡而珍贵的力量。

《南坡怀梆 2021》唱片的出品将怀梆戏这一地方传统戏曲以数据形式保存，让地方的意义与影响力振荡开来。而这件事的意义更远超当下，它能够让地方文化在未来得到延续，让世界重新认识修武。

上述的实体出版物连同所有以大南坡为题的影像作品在内，是乡建工作的“应有之义”，它会为地方发声，为乡建实践活动留痕，让所有来到大南坡的人和已在大南坡的人，所有围绕这片土地的建设的努力被看见、被听见、被记录、被传播。（文 / 郭婧雅）

《大南坡：共振村声》

《大南坡：共振村声》由左靖团队负责采编、撰写、编辑、设计，于 2024 年出版。该书从左靖所总结的艺术乡建四部曲“关系生产”“空间生产”“文化生产”“产品生产”，以及儿童美育和乡村业态等六大维度依次展开，细致记录了“大南坡计划”在河南修武县大南坡村历时三年的在地工作实践，内容涵盖了驱动地方振兴的各个有机部分，包括社区营造、建筑景观改造、展览和活动实践、产品创新、儿童美育、旅游业态发展等，不忘落于具有温度的普通人、物、事，揭开乡村日常生活的一面，引领读者开启对大南坡村的想象和感知能力。在大南坡村乃至修武县通过美学赋能，激活和变现本地文化和生态等地缘资源，承继换新之时，这样的记录像是一份时间证词，具有更为重要的意义。

《大南坡》杂志创刊号

《大南坡》杂志于 2020 年 9 月下旬出刊，由包括陈奇、王依妹、李耀在内的社区营造团队策划、采编，以在地实践为内容核心，以亲切与美感为调性，为当地留存一份纸质记录，以实物文创产品助益大南坡品牌。在完成驻村初期入户调研及《大南坡观察报告》，并与基层政府、村委会及村民建立初步联系的前提下，社区营造团队于 2020 年 3 月着手建立村民自组织，以环保、文艺、儿童教育等为切入点，持续陪伴、助力，排忧解难；增进了解、互动、信任。不断充实的工作，日渐丰富的村内外各方人情链接，为大南坡杂志提供了充足的内容。社区营造团队更邀约了当地村民、村内外的关注者、县乡政府负责人、村学校友等提供稿件，并撰写数篇诗作和长文，丰富杂志内容。可以说，《大南坡》杂志创刊号是一本真正反映大南坡村民生活和精神面貌的在地刊物。

《绘见家乡》修武县乡村美学读本

《绘见家乡》修武县乡村美学读本项目由北京当代艺术基金会联合河南省焦作市修武县教育体育局、左靖工作室共同发起，北京师范大学未来种子基金支持，河南中原农民出版社出版。七位创作者（王沁雪、施维纳、王明美、杨沫彤、卢晓夏、李鹏鹏、吴雪影）在项目初期完成了驻地、策划、编写，与设计师朱凌志，插画师冯芷茵、吕明溪、施维纳、王毅恒共同创作完成。七位初始团队成员通过在地调研、访谈、课堂介入、工作坊等方式，重新梳理与乡村美育相关的参与者之间的角色（如学校、老师、学生、美院支教学生、冰菊与绞胎瓷工厂、手艺人等），并尝试链接不同参与者之间新的社会关系。从自然生态环境、在地历史文化与日常生活智慧三个角度发掘潜藏在乡土文化中的吉光片羽，寻找潜在的城乡文化产业资源联动的可能，最终达到以美育连接城乡的目的。课本的社会实践希望通过激发与乡村美育相关的参与者们的主动的知识生产来重构乡村的场所精神，进而，由这些新的社会生产关系所产生的纸质课本载体能够成为孩子们自主创作、策展、收集自己独特生命体验与生活经验的媒介。它是“手账、设计日志、作品集、策展书、宝藏盒子”的集合，是一本处于对生命策展的“未完成”状态的课本。

《麦：三三》

《麦：三三》是由朱珐选字释义、厉致谦设计的“麦字书”。内容包括 34 个生僻麦字的设计，以及不同麦字所释出的含义上的细微差异。从“一二三”到本书所使用的“四”字的异体“亖”，既表示依次增加，亦意指该书为二位作者继《贵州·米八十八》《北京·糧米》《浙江·米三三》之后的第四本字书。由于生僻汉字通常不被现有的字体库包括在内，《麦：三三》中的汉字设计都是首次被纳入字体设计的视野。

《竹林七贤》（2020 年）单行本

刘庆元的《竹林七贤》（2020 年）系列创作由 25 幅木刻组成，每幅由三部分构成：图像、对话及其对应的典故说明。整个作品戏谑诗意。主角既非真实的历史人物，也不是完整的七贤概念，而是每个普通人身上不被察觉的“七贤”拓印。刘庆元亲身进驻大南坡村，在当地村民的一举一动和一颦一蹙之间，创造了属于他心目中的竹林七贤。

《在路上：一位货车司机行走的中国》

牛保红，大南坡村村民，认识的人都习惯喊他“牛二哥”。为了供小孩读书，牛二哥干起长途货运的营生，一干就是 30 年。他的足迹遍及 28 个省份，200 多万公里行程。路上奔波的孤独，让他开始拿起笔断断续续地记录书写。这些年来，他写下了二十多万字，起初发表于简书，后来专注于今日头条。他笔下曲折的行车经历、戈壁荒漠雪山的壮丽风光和危机四伏，吸引了数万粉丝的关注。本书将于不久后出版。

《南坡怀梆 2021》唱片

由左靖策划，丁路录音及后期制作，Modern-sky Worldmusic出品的《南坡怀梆2021》唱片，采用双 CD 形式，其中收录的选段包括《桃花庵》《穆桂英挂帅》《吴凤岭》《武家坡》《樊梨花征西》《辕门斩子》等，献声出演的村民有赵荣花、牛炳富、赵成香、康二红、刘亭香、赵小香、徐秀芳、康麦香、王丑妮、王树芹等。《南坡怀梆 2021》随唱片还附《竹林七贤》册页，由艺术家刘庆元以木刻为介质进行创作。

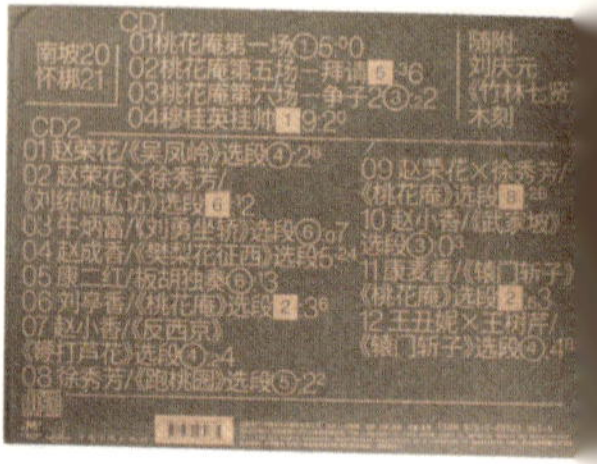

唱片封影木刻：刘庆元
唱片设计：马仕睿
价格：130 元 / 套

2020 年 1 月，当村干部申新平敲响家里尘封已久的大鼓时，在尘土飞扬中，陈奇和她的小伙伴们看见“有什么东西被唤醒了”。同年 4 月，大南坡的村民们围聚在村里，开始了断演四十年之后的第一次排练。在完全小学，在老供销社，在赵氏祠堂，一个月的排练后，5 月 23 日，大南坡艺术团迎来了四十年归来的首场演出：重启 · 大南坡｜芳华再现。戏曲在乡村公共文化生活中的作用已经被人淡忘了。记得 2011 年的碧山丰年庆，从婺源来的傩戏、祁门来的目连戏、安庆来的黄梅戏，在黟县县城座无虚席的影剧院里演出两天，村民们流连忘返。那一刻，我似乎看到了一丝光亮。光亮中，隐现出未来的某个方向。2020 年底的一天，我突然想，为什么不能给村里的怀梆戏做一套唱片呢？于是，我跟阿飞说，跟庆元说。他们回答：好啊。2021 年 3 月，丁路和张鑫到大南坡，开始录音和录像。陈奇在电话里告诉我，剧团的人很焦虑，做唱片可是一件大事，怕唱不好。我说，不怕，唱片就是为自己做的，正常发挥就好。消息泄露。7 月的一天，张晓舟给我电

话，表示 Modernsky Worldmusic 厂牌可以出这套唱片。于是，我们开始了紧张的立项、选曲、后期、设计、制作，并开始张罗 2021 年 10 月的“南坡秋兴”。多年之前，在浙南一个乡村祠堂的墙壁上，我看到了四个不起眼的毛笔字。如果有人问，我们这些年来在乡村工作的目的，也许这四个字是一个答案。后来，我把它刻在碧山工销社戏台的板壁上。今年，又把它复制到大南坡的戏台上。共振村声。（文 / 左靖）

从这张《南坡怀梆 2021》开始，Modernsky Worldmusic 厂牌开启了一个新的方向，一个新的唱片系列：以村、寨、乡为单位，以田野录音和人类学视野，去进行调研、录制、出版。而过去这个厂牌更侧重的，是民族民间音乐的出类拔萃的巨匠，进录音室录制，追求高精尖；现在，它下沉到更根源、更日常的乡野，关注偏小的地域、族群中的某个群体或个人的带有仪式性的音乐活动。这也正是左靖提出的——共振村声。在 2020 年的“南坡秋兴”，我在大南坡村观赏了大南坡怀梆剧社村民，以及河南坠子大师郭永章的表演。传统戏曲在当代的旺盛生命力依旧令人震撼，这不是什么“活化石”，而是活生生的人，是中国人一以贯之、一气传承的不死的精魂。假如说“竹林七贤”代表了传统士大夫的精神世界，在怀梆戏这样的戏曲中，则蕴含了中国百姓的灵魂密码。2021 年的“南坡秋兴”，我策划一个当代音乐家与大南坡村民的音乐和艺术合作计划，主题是“从大地出发”。大南坡怀梆剧社再次登台，并且出版了这张唱片。这不是什么“文化遗产”，而是“文化生产”。（文 / 张晓舟）

《大南坡社区营造记》

●时长 / 45min30s ●编导 / 张鑫 ●年份 / 2020 ●材质 / 彩色有声 HD 影片●尺寸 / 1920X1080 pixels ●版权 / © 左靖工作室

《南坡怀梆唱片录制现场》

●时长 /13min02s ●编导 / 张鑫 ●年份 / 2020 ●材质 / 彩色有声 HD 影片●尺寸 / 1920X1080 pixels ●版权 / © 左靖工作室

《土地与歌：郭永章的河南坠子》

●时长 / 10min49s ●编导 / 张鑫 ●年份 / 2020 ●材质 / 彩色有声 HD 影片●尺寸 / 1920X1080 pixels ●版权 / © 左靖工作室

《口述历史：大南坡村的怀梆剧团》

●时长 / 5min37s ●编导 / 张鑫 ●年份 / 2021 ●材质 / 彩色有声 HD 影片●尺寸 / 1920X1080 pixels ●版权 / © 左靖工作室

《回乡记》三首

●词 / 锺永丰●曲 / 小河●演唱 / 小河●时长 / 15min20s ●编导 / 张鑫●年份 / 2022 ●材质 / 彩色有声 HD 影片●尺寸 / 3840×2160 pixels ●版权 / ©《中国这么美》摄制组 & 左靖工作室

《河南大南坡：五条人“最野”乡村音乐会》

●时长 / 58min30s ●摄制 /《中国这么美》摄制组●年份 / 2021 ●材质 / 彩色有声 HD 影片●尺寸 / 3840×2160 pixels ●版权 / ©《中国这么美》摄制组

《安徽大学老师，20 年在质疑中坚持一件事：让中国乡镇散发高级气质》

●时长 / 6min29s ●摄制 / 一条摄制组●年份 / 2020 ●材质 / 彩色有声 HD 影片●尺寸 / 1920×1080 pixels ●版权 / © 一条

《宝水》

太行山深处的宝水村正在由传统型乡村转变为以文旅为特色的新型乡村，人到中年的地青萍提前退休后从象城来到宝水村帮朋友经营民宿。她怀着复杂的情感深度参与村庄的具体事务，以鲜明的主观在场性见证着新时代背景下乡村丰富而深刻的嬗变，自身的沉疴也被逐渐治愈，终于在宝水村落地生根。

这部长篇是“七零后”代表作家乔叶的新作，生动地呈现了中国乡村正在发生的巨变。乔叶是修武县人，她以大南坡村和一斗水村为蓝本，创造出了“宝水”这个既虚且实的小小村落，而村子里那些平朴的人们，发散和衍生出诸多清新鲜活的故事，大量丰饶微妙的隐秘在其中暗潮涌动，如同涓涓细流终成江河。

2023 年 8 月，《宝水》获得第十一届茅盾文学奖。

作者：乔叶

出版社：北京十月文艺出版社

2022 年 11 月出版

4.7
南坡秋兴 2020—2021 GSS Autumn Gathering

“南坡秋兴”是推动以大南坡村为代表的修武美学经济及文化创意发展而筹划的线下综合主题活动。由于活动举办时，北方时值深秋，遂以“秋兴”为题，感秋而寄兴。

第一届“南坡秋兴”于2020年10月在大南坡村举行。为期两天的民谣音乐会、舞蹈剧场和电影放映，以及“南坡讲堂”和乡村儿童艺术教育启动仪式，为大南坡的首次对外亮相赢得了广泛关注。第二届“南坡秋兴”在2021年同期举行，以“共振村声”为主题，延续了“秋兴”这一综合性活动的文化、音乐与庆典属性，包含了秋兴音乐会、互动演出、论坛、《南坡怀梆2021》唱片首发和电影放映等内容。随着大南坡影响力的提升，“南坡秋兴”成为在乡村实践主题性的文化与艺术活动的重要参考。

“南坡秋兴”，让我们一起在场

编 郭婧雅 摄 张鑫、朱锐

南坡秋兴 2020

● 2020 年 10 月 30 日至 31 日，由左靖工作室、方所乡村文化和奇村共同策划的“南坡秋兴 2020”在大南坡村拉开帷幕。

● 10 月 30 日，大南坡艺术中心举办了开幕活动，开幕展“乡村考现学”的参展艺术家、摄影师、建筑师、设计师和本地村民一起，分享他们对于修武山川风物的感知，从本地营造出发，探讨修武及大南坡的自然、历史与文化保护之路。方所乡村文化 · 大南坡也在这一天举办了开幕仪式，这是方所文化在中国乡村的首次亮相，它将成为发掘与展示乡土文化的窗口，同时成为连接村民、游客、文化创意工作者的纽带。同一天，碧山工销社（焦作店）正式营业，除销售焦作地区的地方物产与长效设计产品外，五条人士多店的唯一线下专柜也随之首次面世。

●随着方所乡村文化 · 大南坡、大南坡艺术中心以及碧山工销社（焦作店）

的正式开幕，修武县这座位于太行山南麓的千年古县，以更加自信和精彩的方式，出现在来自全国各地的艺术家、设计师、学者、乡建实践者与文化访客的面前，本地及周边地区的村民、城市居民亦闻讯赶来，一睹盛会。

●“南坡秋兴 2020”系列活动还包括在 10 月 30 日晚所举办的“民谣音乐会与环境表演”。演出者包括李带菓、老丹、张玮玮、郭龙、小河、韦曼与大南坡村民程喜梅等。31 日晚，在放映了电影《掬水月在手》后，河南坠子大师郭永章带来了难得一见的演出，大南坡小学的孩子们表演了儿童剧和舞蹈，本地的大南坡怀梆剧社也上台进行了豫剧和怀梆戏的表演。

●作为“南坡秋兴”活动的重要组成部分，在为期两天的“南坡讲堂”中，参与“大南坡计划”的不同团队给大家带来了密集的知识分享，分享他们在大南坡展开空间生产和文化生产过程中的经验和得失，以及对于“地方营造”和“县域美学”的独特理解与实践。

DANANPO VILLAGE,
COUNTY, HENAN,
GSS

大南坡
GREAT SOUTH SLOPE
OCTOBER 30-31
2020十月
中国河南修武县
西村乡大南坡村
DANANPO VILLAGE, XICUN TOWNSHIP, XIUWU
COUNTY, HENAN, CHINA
GSS

南坡秋兴 2021：共振村声

●在延续“秋兴”这一概念的前提下，“南坡秋兴2021”以“共振村声”为主题，体现了在国家乡村振兴发展战略的引领下，社会各界协力振兴乡村的信心和决心。“南坡秋兴 2021”于2021年10月20日至21日举办，包含了为期两天的秋兴音乐会、互动演出、论坛、唱片首发和电影放映等丰富的内容。在音乐表演部分，小河的演出《森林里的一棵树》，五条人的音乐现场《曹操你别怕》和巫娜的古琴会《广聆散》是其中的亮点。

●在互动与知识分享部分，则包括了两场“南坡讲堂”与“从大地出发”的论坛活动，“你的歌，我来画”互动展览，以及由大南坡怀梆剧社和大南坡小学的学生们出演的节目。同时，大南坡还迎来了 Localand 本地食馆、老村小馆等一系列机构与场所的建成和开幕。

● 2006年，乐评人张晓舟在深圳和广州策划了一个民谣音乐节，命名为“重返大地”，时隔15年，受左靖的邀请，张晓舟为大南坡策划了“南坡秋兴 2021”的音乐行动，并将之命名为“从大地出发”。重返和出发，是同一条道路。重返是为了认清来路，出发是为了创造未知的未来。除了音乐行动，“南坡秋兴 2021”还举办了“从大地出发”公众论坛，以做交流和研讨。

●“共振村声”的标语如今高挂在大南坡的戏台上。不仅仅是城市的人们要来共振村声，而且“村声”的共振也将波及城市。大南坡怀梆剧社在“南坡秋兴 2021”出版了自己的唱片，乡村的土特产也包含了文化特产，这是乡村的文化生产、文化输出。

●十年前，五条人在碧山写下一首经典的《城市找猪》，歌中唱道：“农村已科学地长出了城市……城市又艺术地长出了农村。”五条人的作品罕见地联结和团结了城市和农村，这支来自广东海边县城的摇滚乐队北上中原，他们在大南坡与怀梆剧社相遇，从《灞陵桥》到《曹操你别怕》，从北到南，从古到今，从戏里到戏外，从艺术到人生。

●在“南坡秋兴 2020”，刘庆元以大南坡村民为模特，为竹林七贤造像。而“南坡秋兴 2021”，巫娜在修武这个竹林七贤故地，也把嵇康的古琴绝品《广陵散》化为为众人所作的《广聆散》。而小河手里的中阮，本就承自竹林七贤之阮咸，中阮即所谓“阮咸琵琶”。士大夫高雅文化与乡野文化的区隔，在这些艺术家手里一一化解。

●小河近年发起收集古老童谣的寻谣计划，在“南坡秋兴 2021”，他也与大南坡儿童一起合作了他创作的寻谣曲《森林里的一棵树》。由五条人捐赠音响设备和乐器的大南坡音乐教室也在此时开课，迎来了第一批老师：小河和五条人。而在广州美院的刘庆元和刘亚兰的指导下，大南坡的小朋友画了很多小河和五条人的歌，他们举办了一个名为“你的歌，我来画”的画展。这是乡村美育的细水长流。

●小河与台湾著名民谣词人锺永丰正在合作一张名为《回乡记》的专辑，在“南坡秋兴 2021”现场，小河首度献演了其中个别曲目。也是在15年前那次“重返大地”音乐节上，小河曾说：民谣不是流行，而是流传。

●青年女导演黄骥融合影像与儿童教育，带领大南坡的孩子们去发现自己家乡的风土人情。在分工及协作中，让孩子们将“看见”的地域文化通过影像传播给其他人。在“南坡秋兴 2021”活动中，由孩子们拍摄的影片在大南坡艺术中心广场举行了放映活动。

●此外，“南坡秋兴 2021”活动还包括《一直游到海水变蓝》电影放映和映后分享，大南坡小学学生的街舞表演，以及由陈长春、绪宪亮、岳付飞、崔灿灿、宋群、梁井宇、孟凡浩、小嶋伸也、陈奇、杜娟、夏雨清等乡建实践者进行知识分享的南坡讲堂。

策展人
者
MARTIN AUDIO

设计
研究

YAMAHA
KB-309

FROM THE LAND
主持Compere

片首发

唱片首
2021
OCT.

五条人土乡

70th Berlinale Special
58th New York Film Festival
2020 Official Selection
BUSAN International Film Festival
2021 SOUNDER VOICES, COMMUNITY RISES
电影放映：
一直游到海水变蓝
Film Screening:
Swimming Out Till the Sea Turns Blue
映后交流：
梁鸿，主演，作家
王亦梁，主演之一，学生
吴琦，《单读》主编

孩子们自己的

影名：大南坡的工艺品
月：10月21日
间：下午13:10～14:10
村艺术广场

迴乡记
芦墟山
参考《碧山》杂志，左靖主编
曲词 小河，锺永丰
一村
何以能回神
金木水火土
识文明之心
为桥
聚落翻身俏
迢迢路漫长
乡歌且谣
MARTIN AUDIO
LONDON
MOOER
MARTIN AUD
LONDON

从戏曲到美育，大南坡村声不断

文 徐于凡

© 摄影：朱锐

去年的这个时候，河南修武的大南坡村刚办完“南坡秋兴2021：共振村声”艺术节，表演嘉宾之一五条人乐队在村中结束《中国这么美》第九集的拍摄，里面有他们走访本村的怀梆剧社，并与后者的互动演出。舞台上，大南坡怀梆剧社演员披挂上阵，双生、双旦粉墨登场，表演过程中文武兼备，用经典唱本，唱出村民的心声。

“去年唱了一段《杨家将》，这最能代表大南坡。”剧社社长赵小景说。自古以来大南坡为国献身者辈出，杨门忠烈的故事可告慰那段历史。许多年轻人曾响应时代召唤，走出大南坡成为无名的英雄，在村子里平静的日常深处，在悠悠的戏曲声里，英雄情结渗入了这里的土地。谁也想不到，首届“南坡秋兴 2020”上的表演是大南坡怀梆在沉寂四十年之久以后，第一次正式登台亮相。这个舞台诞生于自 2019 年底开始的乡建计划——由当地政府和乡建工作者联合在一起实践的计划，从“共振村声”出发，三年里，为大南坡村建起更多村民活动的空间。

三年当中，从怀梆，到美育，大南坡的一片热土酝酿着绵延不断的村声，吸引着远方的旅人，吸引着归乡的游子。

◀ 在“南坡秋兴 2020”期间，创作黑板报的大南坡完全小学学生

从山海来，边走边唱

大南坡坐落在山谷中，旁边就是云台山景区，这里的空气湿润，植被茂密，经过了这三年的修葺，许多农舍小院恢复了原先古朴灵秀的模样。“我家是邯郸的，本来离河南就不远，一说起北方就容易觉得村里灰扑扑的那个印象，但大南坡让我想起南方。”小河告诉我们。

从 2018 年起，音乐人小河开启了他的寻谣计划，一开始在北京，后来在全国各地的乡村搜集民谣、童谣。2021 年 10 月，他受邀来到大南坡，在这里与孩子们一起演唱了《森林里的一棵树》。除此之外，他还带来一个重要的节目，与诗人、作词人锺永丰合作的《回乡记》——一张全新的关于大陆乡建和百工复兴的专辑——其中三首新歌的首演。“乡村复振，迢迢路漫长，崎岖无退，回乡歌且谣”（锺永丰词）。他带上不离身的中阮，在焕然一新的大南坡登上了“南坡秋兴”的舞台。

在演出现场，怀梆戏铿锵有力的节奏被小河敏感的耳朵捕捉，他邀请怀梆剧社的乐手吴老师和张老师同台演出。唱的是锺永丰填词的《南方有酒丹麹酿》——一首改编自浙江地区的“蚕歌”。操持板鼓的老艺人们，一边和着曲，一边紧张、兴奋地敲打着乐器，场面上的气氛达到了高潮。“我听过豫剧，但从没听过怀梆戏，在村里他们用本地方言唱的，很独特，很有力量。”小河说。

时间回到2020年4月的一天，一段《桃花庵》宛如一只迎春的百灵鸟，从大南坡清晨绯色的云霞间飞过。“九尽春回杏花开，鸿雁儿飞去紫燕来。”这一句应的正是大南坡新生活的到来。那天早上八点，怀梆剧社开始了第一次排练，这是阔别四十年之后，大南坡怀梆初试啼声。当年5月23日，大南坡怀梆剧社在村里举办“重启·大南坡|芳华再现”演出。两小时内唱罢《桃花庵》《搜杜府》等经典选段，全村沸腾起来，喝彩声如阵阵巨浪，点亮了村庄里的夜晚。自2019年大南坡乡建开展以来，怀梆剧社接连两届“南坡秋兴”登台，与音乐人小河、五条人携手演出，更是将怀梆戏传至大江南北。一个小小村庄的声音让很多人记住了大南坡。乡建、怀梆戏，成为河南修武的一张新名片。

在修武县的大南坡村，怀梆戏成了村民的共同记忆，念念不忘的历史。对于怀梆戏，国家级非物质文化遗产代表性项目名录里这样描述，其前身是由围桌说唱祈雨演变而来的海神戏，形成于明洪武、永乐年间。原怀庆府居民多由山西洪洞一带迁来，故海神戏保持着山西戏剧的表演形式，与当地的风俗习惯和方言土语相结合，逐步形成了与山西中路梆子接近而又具有怀庆府一带特色的声腔剧种，剧目、唱腔、念白、音乐等方面都带有浓厚的地方色彩。

“下地劳动的时候也会唱，在地里唱，走路时就想唱着走。”从十几岁开始，赵小景与怀梆戏结下了不解之缘，如今，她亲力亲为组织起大南坡所有喜欢怀梆戏的村民，组建了一个十几二十人的怀梆剧社。赵小景专攻小生，在她的描述里，怀梆戏就是大南坡的流行音乐，不像那些知名的地方戏那么讲究行头，甚至不比河南豫剧精巧。但她又说：“念白、唱腔、身段，这些都得过关才能登台啊，做得不到位是不行的。”从剧社成立到今天，赵小景的时间完全被对怀梆戏的热情所占据。为了让所有喜欢怀梆戏的村民能充分体会怀梆戏的美妙，她去外地邀请老师来村里给团员们上课，请村中健在的老艺人亲身示范。

“老人们还在，怀梆戏丢不了，虽然现在很难，每个人都得刻苦练习，整体来说还是做下来了。”剧社成员大多是四五十岁以上的中老年人，有一些是赵小景描述的“外来的媳妇”，如何让所有的成员都学到戏里最有本地风味的方言唱腔，如何协调大伙的排练时间，成为赵小景现在每天一睁眼就琢磨的事。在大南坡如今的模样中，如怀梆戏一般有滋有味的腔调见于村中的细部。村中心有座奶奶庙，每逢一些特殊的节气，奶奶庙香烟袅袅，古意盎然。那门前常常坐着一排老太太，又或是一排老爷爷，去到村里常常能看到老爷爷拉着二胡、吹着笛子，为村民合唱团伴奏。现在，怀梆剧社

上完妆的大南坡怀梆剧社演员 ▶

恢复排练，又连续两年登台唱大戏，村里哼着小曲的人就更多了。牛爷爷院子，名为“未见南山”的民宿已打理清净准备迎客，古典而大气的庭院、返璞归真的石头盆景，无不记录着大南坡的悠悠岁月。

2021“南坡秋兴”之后，许多游客都期待着赶上今年的“南坡秋兴”，加上前段时间云台山景区免票，大南坡村也迎来了一拨又一拨客人。“我们现在等不了，必须要集中排练了。”疫情管控下，协调大家的排练时间更为艰难。今年的“南坡秋兴”也因疫情推迟。但是赵小景觉得，还是大家集中在一起排练效果更好，“戏曲班子也要来一起练，才有那个感觉，不然怎么登台？”几十年的努力到了现在，这是大南坡怀梆剧社对舞台的崇敬和尊重，更多的是她们不可分割的日常生活。

大南坡计划在筹划实施的过程中，经历了疫情与洪水，但是乡建并未因此而停摆。左靖工作室驻村的工作人员刘亚兰仍然能看到，怀梆剧社的阿姨带着收音机练习怀梆唱段。“阿姨跟着收音机学唱，经常要去村子对面的山坡上吊嗓。”过去这几年，为生活奔波在外成为货车司机的青壮年格外忙碌，多数回不了村子，把车停在路边，在大货车上和衣而卧。村里的老人、孩子与妇女犹如在一座紧密然而温馨的小岛上。这里有工销社、书店、民宿、老村小馆，还有剧社的剧场。在赵小景带着团员们凑出两三个小时集中排练时，村里的孩子们也在一旁玩耍。“年轻人可能不会马上喜欢怀梆戏，他们现在玩的东西很多，但是怀梆戏的魅力是一直在的。”有了舞台，有了坚持，以戏曲共振村声，也许会在新一代人的心里播下一粒火种。“不管什么时候办秋兴，都要带来精彩的演出。”

活化与新生

怀梆剧社社长赵小景现在的这份热情，是被大南坡乡建点燃的。大南坡目前由 4 个自然村组成，共 245 户 960 人。20 世纪 70~80 年代，村子依靠开采小煤矿，曾经富甲一方。后来煤矿关停，加上采煤造成的环境污染，人口流失，大南坡一度没落为省级深度贫困村。早在 2016 年，修武县政府就开始推行以“县域美学”为纲领的精准扶贫和乡村振兴项目。2019 年底，国内知名的策展人、乡建学者左靖应清华大学罗德胤老师的邀请，第一次来到修武县，参与筹备中国乡村复兴论坛的工作。

大南坡村是从修武县的十几个村落中挑选出来的。“坦率地说，是村子里大量废弃的公共建筑吸引了我。”左靖从过往的项目中总结的思路，是以文化、艺术和设计的角度参与乡村建设，而大南坡一定数量的公共建筑为上述想法提供了很好的条件。最终，左靖接受了修武县的委托，当时的县委书记郭鹏邀请左靖和他的团队对大南坡原有的公共建筑进行重新规划，并植入相关文化内容。为此，县里文旅部门专门成立了平台公司，即美尚公司，协助团队将工作成果落地。

“我的计划很幸运基本上不打折扣地呈现出来了，我也向平台公司的小伙伴们表达由衷的敬意。”2020 年初，左靖的合作伙伴陈奇带领社区营造团队驻扎在大南坡村，他们跟村民做朋友，入户调查，收集村民诉求，组织村民捡垃圾，开展乡村环保和零废弃的教育等，为后续的工作打下了扎实的群众基础。

在调研期间，左靖想起自己在浙南的村庄里发现的“共振村声”四个大字，这四个字被镌刻在戏台的板壁上，也贯穿着大南坡村的振兴。在左靖团队的调研中，怀梆戏是一个浸满了地方记忆的戏种，在它漫长的传唱历史中，村民们的文化生活得到了来自美的支撑。“在摩登天空旗下的 Modernsky Worldmusic 厂牌发行《南坡怀梆 2021》唱片，是去年我做的最有意义的事情之一，这也是大家共同努力的结果。”左靖这样总结。大南坡怀梆剧社恢复演出并不容易，演员都是年龄偏大的村民，有的还身患疾病，排练和演出并没有费用，压力最大的就是赵小景。

她生于 20 世纪 40 年代，早在十几岁的时候，她就爱上了怀梆戏。赵小景的青年时代和如今的年轻人相差无几，村里的工作填满了她的生活，而怀梆戏好像只是业余的“小爱好”无足挂齿。唯有热爱可抵岁月漫长，无足挂齿的“小爱好”在怀梆戏沉寂的几十年中始终没有离开她的内心。没有怀梆戏，失去关于地方的记忆，人在故乡或他乡也都一样，像丢了魂，丢失了对自我存在的感知。如今剧场就在家门前，舞台就等着大伙儿上场，还有出唱片的机会，赵小景“急了”。“剧团的人很焦虑，说做唱片可是一件大事，怕唱不好。”2021年3月，左靖与音乐策划人涂飞和艺术家刘庆元商量，要为怀梆剧社录唱片，原摩登天空艺术总监张晓舟也表示愿意促成此事。因此，怀梆剧社成员几乎是每天抽出时间排练，练唱功，练身段，赵小景张罗着所有人，按照一场标准演出的规模准备。

“我说，不怕，唱片就是为自己做的，正常发挥就好。”左靖这样安慰大家，同时拉着朋友们进入到紧张的立项、选曲、后期、设计、制作过程里，唱片在“南坡秋兴 2021：共振村声”活动上首发。目前，这套唱片在大南坡的碧山工销社、深圳旧天堂书店，及摩登天空的网店可以买到，曲目基本都是由怀梆剧社自己选定。“我特别感谢左老师，他们还在帮助怀梆戏申报，之前都不知道有这么一个重要的事情。”赵小景说的申报，是申报市非物质文化遗产，希望让怀梆剧社得到市、

▲ 给村民送《南坡怀梆 2021》唱片

▼ 给村民制作的怀梆戏唱词本

县两级文化部门的重视，从而得到在宣传上、经费上的支持。陈奇团队的李耀一直跟踪怀梆剧社的排练和演出，帮忙拍摄了大量的照片，申遗的资料也是左靖工作室和李耀一起帮忙准备，至于申遗的视频，是由另一位摄影师张鑫拍摄的。

新的希望，慢慢地生长在大南坡。由总策划左靖牵头、支持乡建的力量似乎是“外来人”，但使人注意到大南坡之美的，恰恰是这群人。他们以村民动员、建筑改造、景观提升和活动组织为媒介，将大南坡的声音传递到远方。左靖在谈起大南坡乡建的时候提到了很多人，他们有的是学者、官员，有的是艺术家、音乐人、建筑设计师，有的是来为大南坡建设添砖加瓦的管理人员、品牌方，有的是电影导演、艺术系研究生、乡村工作调研团队。大南坡的空间载体为实现大家对乡村振兴的构想提供了绝佳的基础，在村里大人和孩子们经常扎堆的地方，一座老屋被改建成了老村小馆。呈弧度的外立面全由落地窗拼接，帷幔颜色淡雅、材料柔软，与大南坡朴素而甜美的村居氛围融为一体。

戏曲重生、民艺复兴、建筑活化，2019 年底开启大南坡计划之后，外出打工的青年陆陆续续返乡，大南坡的碧山工销社就有一名员工，在外工作十几年，如今回到大南坡，既有一份收入，也能在家照顾老人和孩子。2021 年，大南坡“牛爷爷院子”开业，民宿生意火爆，牛爷爷在外打工的儿子儿媳也回村帮忙。除此之外，方所书店、老村小馆、小竹林民宿等为当地年轻人提供了不少的工作机会。

乡村振兴的浪潮来到了家门口，这种感受像一种强大的引力，大南坡村目前的运营负责人郭家稳在2020年8月毅然回到了老家河南。“我小时候就是在村里长大，父母都是农民，以前是往外走，现在只想回来，觉得挺好。”他负责运营维护大南坡各种业态的店面，一人担任书店、民宿、酒馆的店长。不同于从前在大城市打拼的经历，回到乡村里，让郭家稳感受到了踏实、真诚。“我现在最快乐的事情，就是兼任了大南坡方所书店的店长，可以自由自在地看书，可以帮助协调店铺里的工作。”

长效设计，将村声播向未来

截至目前，大南坡村已经有多个文化IP落成，包括方所乡村文化、碧山工销社、左靖工作室、北京当代艺术基金会和广州美术学院的美育课程、五条人士多店专柜、隐居乡里民宿等。据公开报道，2021年的“十一”黄金周，大南坡迎来了7240名游客，在国庆节当天，全村实现旅游综合收入6.6万元。专程从远方来感受大南坡的城市游客，特别是从焦作、郑州来到大南坡作周末、短途周边游的人们，让当地经济与文化交流逐渐升温。怀梆剧社也有了办演出证的想法，期待未来有机会去附近村子巡演，能有一份收入来维持排练和演出。

乡村工作是一个慢慢生长的过程。从 2019 年底大南坡乡建启动，到现在不到三年时间里，村民们的积极性、参与感都在提升，民间手工艺和地方戏曲的复兴，让大南坡在“长效设计”的轨道上发生着积极的变化。左靖从过往乡建工作的经验中总结道，“长效设计”强调挖掘和活化地方手工艺传统，振兴当地产业。历史上，焦作地区是陶瓷工艺的重要发源地之一，左靖团队的一部分工作是挖掘梳理诞生于唐代修武的绞胎瓷工艺，特别邀请了场域建筑为绞胎瓷单元的展览专门新建了一个茶室展厅。

“对民间工艺的收集、整理和出版，以及探索一种当代设计跟民间工艺相结合的展览，或者是产品的研发，都是最初碧山乡建的一个延续，只不过大南坡给了我更大的发挥空间。”左靖团队从安徽、贵州、云南和浙江等地多年的实践中总结出了一套更适宜的工作方法，包括“服务社区、地域印记和城乡联结”三项工作原则和“关系生产、空间生产、文化生产和产品生产”四个工作步骤。这套方法有序引导和组织着此次大南坡乡建更具综合性和跨界性的“长效设计”实践，美学实践、儿童美育、地方营造、建筑和景观改造、展览和出版实践，以及产品与空间创新等一一在大南坡扎根。

© 摄影：李耀

不仅有怀梆戏，有陶瓷工艺，团队里还有长期驻村的年轻人，将现代的美学教育引入，以美育课堂的形式与村子里的小朋友们加深交流，并用影像持续记录。“刚到村子的时候，我记得小朋友们都在村中心的一块地上玩沙子之类的，现在我们会一起出去玩或者写写画画。”最早在 2020 年，刘亚兰在广州美术学院读研究生还未毕业时，在刘庆元老师的支持下和同学开展了一年多的美育实践，毕业之后加入左靖工作室，与工作室成员张鑫一起驻村，继续美育实践工作。“大朋友”刘亚兰早已和孩子们打成一片，平时她常常走到村子对面的一个小山坡的林地里散心，从那里可以看到大南坡的全貌。她也会带着孩子们到这里野炊，认识植物或者写生。“孩子们喜欢去书店，方所里的绘本都快翻烂了。”在刘亚兰这样的“大朋友”和学校老师的陪伴下，大南坡小学五十多个孩子也逐步成长，用绘画表达，在游戏中释放，还在“南坡秋兴 2021：共振村声”活动期间完成了“你的歌，我来画”画展。

更多年轻人返乡，返乡有事做，这是导演黄骥在 2021 年第一次来到大南坡村所看到的，也是大南坡经过几年时间形成的新景象。“村庄和村庄里的人，常常成为被拍摄、被凝视的对象，我将创作的工具交给孩子们，文字思维向影像思维转变是这个时代的特征，他们学会用影像去观察大南坡的变化，并从中感受到自我的存在。”黄骥从 2017 年开始

AR
INCE 19

从事影像训练营，她从村庄走出，成名后又走过了许多村庄，在大南坡如今的氛围里，影像创作得以借助于乡村美育的土壤，让大南坡的孩子们获得与更广大世界交流的可能性。自从去年“南坡秋兴”之后，因为疫情，大南坡的在地工作时断时续。《大南坡：共振村声》一书正在筹备当中，怀梆剧社仍然在为即将举办的第三届“南坡秋兴”积极排练。“没有过不去的坎。”面对疫情管控和资金缺口，左靖不免为大南坡下一阶段的发展担忧，但同时仍怀抱信心。不平凡的三年乡建，经过众人拾柴奠定了坚实的基础，大南坡村声响亮未减，一个富有希望的未来仍在徐徐展开。

（本文原载于 Life and Arts 集锦报道，发布于 2022 年 12 月。原文标题为《路易威登可持续之旅：传统戏曲如何振兴乡村？》。编辑：黄依琳）

当五条人遇见大南坡：镜头记录下的诚实

㊦ 凌敏

2021年秋，五条人乐队受左靖和张晓舟之邀参加“南坡秋兴2021：共振村声”活动，和他们一起到来的还有《中国这么美》纪录片摄制组。在大南坡的两天时间里，五条人乐队成员学习武术，和大南坡怀梆剧社演员交流，在牛爷爷院子里烤火聊天，和小朋友一起自由创作。

在10月20日下午的“从大地出发”单元论坛上，五条人的仁科与茂涛和“南坡秋兴”两位策划人左靖、张晓舟及其他嘉宾共同谈论了乡村、创作与行动。当天夜里的音乐会上，他们与怀梆剧社的演出做了一次古今呼应，并接着献唱了《阮厝阿嫂爱唱歌》《雨来淋秀才》等代表作。这些作品或根植于乡土大地，并经过五条人式的创造转化，或展示了大时代城乡变迁的史诗般图景。那个晚上，他们足足唱了十四首歌，大南坡的空气中充满了热烈。

《中国这么美》是腾讯视频联合海峡卫视、东南卫视，由《早餐中国》团队打造的纪录片。由五条人、痛仰乐队、张尕怂、莫西子诗、康姆士等独立音乐人、乐队及创作者去往中国的九个城镇与乡村，观察并体验在地生活。五条人乐队的大南坡之旅是《中国这么美》的最后一篇。如命中注定般，北方大地的沉稳与南方海港的音乐，在大南坡的土地上，在一个有星星的夜晚，相遇、发酵，又再次沉淀。

◀ 五条人乐队的茂涛和大南坡完全小学学生

只是去一个从来没去过的故乡，唱歌吗

在看《中国这么美》之前，内心实在是存疑的。联想片子标题与主题，当“音乐”遇见“在地”，尤其是乡村，不确定它是否只是一个把拍摄场地挪到乡村的《乐队的夏天》。毕竟在自然山川之间记录音乐实在是一种讨巧的做法，但那样的“乡村”只是另一种城市物产的“背景”罢了。

带着问题打开第一集，最初的想法抹除大半。和乐队本身相比，生活在当地的人和他们的故事实在是生动可爱、富有层次，或许因为他们待在自己天然隶属的场域，也或许是因为我天然地对乡村存在感情和好奇。但那时依旧不太明白的是，看似节目有努力将乐队和乡村“撮合在一起”，但他们还是用各自的语言，说各自的话。山河很美，美得不真实。乡村的生活很真实，真实得只能和自己相处，真实得有点寂寞。

10月亲历了五条人乐队的大南坡之行，大概也知道这次有拍摄团队跟随记录，所以在活动现场能感受到一个大团队的“阵势”，却不知道他们以什么样的视角记录下了什么。直到看到片子开头，导演王圣志在高铁上跟五条人说，他先前没看过他们的资料，对他们不了解，一下子放下心来，因为我对五条人的音乐也不够了解，看起来它不妨碍我从镜头的视角，再感受一遍。

短暂的交集，除了热闹还会带来什么

我在 2020 年杭州的草莓音乐看过五条人的现场演出，那时他们已经因为《乐队的夏天》火遍全国上下。准确地说，他们是因为是他们自己，而受到那么多人的喜欢。节目是一个契机，镜头也是，它只会照出本就存在的东西。这次去大南坡算是为了近距离看看乡村，也顺便近距离看看仁科、阿茂和小河。

一个小时的片子，真实展现了我在两个月前看到过的一切：满树柿子、满地玉米、经过修葺的公共空间、售卖本地物产的工销社、两场把寒冷的北方夜晚变得不那么寒冷的演出，还有许许多多眼熟又可爱的当地人。当然也有一些我错过的部分，比如五条人、小河与孩子们的音乐课堂，孩子们在歌声中作画的场景，五条人和牛爷爷用餐时的交谈，还有他们与怀梆剧社的交流和磨合。

镜头的画面绝对真实吗？被摄像机簇拥的交互，又会有多"走心"？曾在讲述纪录片的书《生活而已》中看到这样的解释："哪怕受访者面对着镜头撒谎，被记录下的那一瞬间也是真实的。我们不能指望被摄者当作镜头完全不存在，但那也不妨碍镜头记录真实。"仁科在刚到大南坡时也说，他早就习惯了镜头的存在。

那两天或许是大南坡在一年里最热闹的日子(除了春节之外),在这一两年里,因为这个乡村建设的项目,许多年轻人回到家乡,拥有了新的、不必离家太远的事业或工作。也有许多周边城市的年轻人奔着看看五条人或小河的目的而来,加上左靖老师邀请来的文化界人士与乡村工作者,大南坡可能迎来了它最富生机的时刻之一。

唱歌的人,是否能听见乡村的声音

音乐人来到乡村,不过就是换了个地点唱歌。这是我最开始对这个节目难以提起兴趣的原因,但五条人与大南坡的互动还是随着节目的推进慢慢转变了我的设想。说起来奇妙,真诚就像是空气,你看不见它的存在,但当你深切地被它包围时,就会意识到它的渗透和力量。比如我感觉到了五条人对乡村的体认和同理心,但如果问我要明确的证据,我找不到,又觉得到处都是证据。

在大南坡时,音乐主角除了五条人和小河,就要数当地怀梆剧社的演员们和孩子们。在大南坡的两天里,演员们盛装登场、配合拍摄,带着或许有的一点点不自信,一次次登上舞台。戏装的衣箱一封就是四十年,村里再没有需要他们登台的场景,直到一张属于他们的唱片终于要发行了。

五条人乐队在"南坡秋兴 2021"音乐会上演出 ▶

HOHNER

外来的“客人们”围着演员们要签名，他们在祠堂门口排练时，五条人就作为观众在旁边听。仁科会因为老人们的经历而联想到自己的经历。五条人在牛爷爷家吃饭时，也不是“我们唱首歌给你听吧”，而是“我们想听你唱一段”。

他们不再是盛景的陪衬，他们就是盛景。

这符合我对外来人与乡村交集发生形式的理想设想。音乐人缺少舞台吗？大概率是不缺的，一年大半时间都在各个城市演出的乐队，他们需要的其实是停歇与补充。如果“回到大地”又变成了一场光秃秃的表演，那既是以“正确之名”对音乐人的又一次消耗，也是对乡村本身养分与魅力的无知。一年大半时间都在为真实生活而忙碌的当地村民，他们需要的才是被看见与被听见。

仁科把到访大南坡的经历形容为“今天的故乡”。“故乡”两个字基于在地的感性，“今天”则展露他对“时效性”的清醒。他知道能做的有限，交集短暂，也知道喧嚣后有很多关注会散去，但这未阻挡他在美好的可能中多加一笔，真诚的一笔。他或许悲观，但这种悲观生长在真实里，能带来的改变可能才更加积极。

是“真实”更美，还是“美”更美

老实说，作为“南坡秋兴”的亲历者，看到大南坡村的第一眼并不是“美”，就像左靖老师在采访里表达的那样，大南坡在中国的那么多村庄之中，实在是很普通的一个。但正因为普通，才给在地的实践者带来考验，也才印证乡村工作的确有发挥它的作用。

乡村的“美”就像糖水的“甜”一样，实在是不需要确证的事。就像很多不明就里的人会感叹，老了就去乡下，找一块地，种田盖房子，这样的生活多安逸。过分美化的影像正在催生和加剧这样的愿望（也可以说是臆想），但这恰恰和许多真实生活在乡村的人的愿望是反过来的。乡村不是为城里人的臆想而存在的，它真实地生长着，也真实地遇到了困境。张晓舟说：“中国这么美，我就怕你们把乡村拍得太美了。”

乡村正面临的是什么呢？是老宅的空心，是青年人的出走，是交通的不便，是教育的匮乏，是记忆的被忘却，是传统的被封存，是生活的苦涩在时刻美化、回避的长焦镜头中一次次被消解，但那苦涩本身，并未得到消解。

左靖在大南坡村做乡建，加之先前的其他经历，对这一切应该最有发言权。但他似乎时时克制，很少表露情绪，甚至看起来有些严肃。他只埋头做事，聚拢更多的人来到乡村。

来看它的美吗？更多的，应该是来看它的真实。而这集片子剪辑得也像画面里那些欲言又止的中年男人一样，含蓄而克制。在片中，音乐不是煽情的帮凶，只是一艘艘帮助“真实”抵达“真实”的船。

更好的乡村一定不是在相信它已经足够好的人手上建成的。警惕“美”可能才是另一种清醒。

无可否认的是，大多数的“我们”，还是只能因为“他们”而关注“他们”。

左靖和五条人是十多年的老朋友了。

十多年前，五条人还没有像今天一样，走到哪里都会被认出来，但那时他们已经关注乡村、行走在乡村，并在自己的作品里演绎他们感受到的在地的真实。所以当他们来到大南坡，被要签名的观众围得水泄不通时，老朋友左靖略带严肃地提醒他们，别忘了我们这次的目的是“向大地出发”。

仁科是幽默的，幽默中又带着挥之不去的忧伤。在看书的他还没成为一道风景之前，书就是他的伙伴，可现在大家都会用调侃的语气强调：“仁科真的是读书人来着。”他的语言和表情不羁而洒脱，却也意味深长地直面演出和生活的矛盾，他说：“你只能用空虚去刺那个满足，用满足来抵抗空虚。”

十多年后，左靖还在做乡建，五条人也还在用音乐唱生活。他们依然是相知的朋友，好像一切都未曾改变那样。当然变化也已经发生了，许多人因为五条人而关注大南坡，又因为大南坡、因为乡建而重新理解五条人。

在片中他们也知晓这样的变化，并接受了那个新的角色和意义。他们没有因为时代的浪潮卷到他们这里就转变了方向，而且更重要的是，他们的作品从来都是真实地扎根于土地，才会在村庄的中心唱响时，得到真切诚恳的注目与快乐。

但那又何妨

如果说“到来”和“关注”是一场注定的交换，那当它在对的事件发生时，已经预示了结果的美好。

就像你可能是因为五条人而打开那集纪录片，但你看到的除了音乐人的才华，还有催生这一切的真实的土地。看到的是一个鲜活又熟悉的河南乡村，看到它可以更鲜活更美好的许多可能，看到围绕它生发的诸多故事，当然，你也会看到五条人面对乡村和土地的真实和谦逊。你可以看到质朴的情感随着音乐流动，看到舞台的光点落在孩子们盈满笑意的眼睛里面。

哪怕我们会因为“到底还是要因为音乐人而关注乡村”而遗憾，却也无妨因“但毕竟还是没遗漏这珍贵”而感到欣

▲ 茂涛（左）与大南坡武术队教练周慧（右）交流武术

慰和欣喜。就像钱理群先生曾说的："我们需要农村，农村需要我们。"承认这种"互相需要"并不是让人难为情的事。毕竟最让人难过的不是关注乡村的人并非纯粹只想关注乡村，而是无论什么样的理由都再也唤不起"城里人"对乡村的好奇。

它依然是可贵的征兆。

（本文原载于澎湃新闻·艺术评论，发表于2022年1月。原文标题为《艺术与乡建 | 当五条人遇见大南坡：镜头会记录下的诚实》。责任编辑：李梅）

来到大南坡：与乡建的初次相见

文 摄 凌敏

▲“南坡秋兴 2021”音乐会演出现场

放下惯性、听从好奇、打开误解

坐在咖啡馆打字，桌上的书是2013年7月出版的《碧山》杂志书，主题是“去国还乡”。一个月前，我也是像今天那样，随手从书架上把它拿出来，带在包里，上了地铁。

书是大学时买的，那时对乡建还没有概念，只觉得艺术进入乡村听起来既浪漫又理想。但其实过了许多年，才发现当时根本没把书看进去，一切都停留在想象里。不曾想，在地铁上翻到钱理群先生《我们需要农村，农村需要我们》一篇时触发了许多类似的感受，和想要更靠近乡建真相的念头。

钱先生的讲话浓缩了过去一个世纪的“下乡”发展史，他引用鲁迅先生所说的“无穷的远方，无数的人们，都和我有关”，鼓励青年人走出狭窄的内心，去拥有一种“低调的、理性的理想主义”，同时也以过来人的姿态温和地安慰青年人，道阻且长，但孤独不孤。

> 知识分子到农村去，最容易发生的是两种倾向：或是以救世主的姿态，包打天下，把农民当作“救济”“施恩”的对象，这是一种英雄主义、贵族主义的态度；或者将农民理想化，将农村小生产的生产方式和生活方式美化，把自己置于被改造者的地位，这都是对知识分

子与农民的真实关系的扭曲。而现在提出“朋友”的概念，即是强调知识分子与农民都具有各自独立的价值，应该相互补充，相互支持。胡风说得很好，“那种只要‘优美’的人民，而不要带着精神奴役创伤的人民”的“理想”固然“纯粹”而“美好”，却不过是心造的幻影，在现实面前，是一定要碰壁的。知识分子与农民要真正成为“朋友”，必然有一个相互认识、磨合的过程。

——钱理群《我们需要农村，农村需要我们——中国知识分子“到农村去”运动的历史回顾与现实思考》

买那本书时候的我刚开始接触撰稿，之后的几年里陆续采访了一些领域内的设计师、建筑师、工艺者和艺术家。但逐渐地，这种以单次采访为“全程”的写作模式开始让人陷入惯性，也开始对这一切创作和交互发生的源头更为好奇。

2021 年 4 月，基于对“源头”的好奇，我联系音乐人小河，参与了将近一个月的陆上寻谣。那是我第一次真正意义上踏足北方的乡村。

9 月初，随小河的寻谣计划团队去到古伦村，一个叫作“通道县”的侗族少数民族自治县中的村落。经过四五天时间的、对当地歌谣尤其是童谣的寻访与收集，以及两天的田野录音，我们用音乐拉近彼此，也用行动换取了村民们的信任与帮助，和村庄还有那里的人们缔结了超过歌曲本身的联结。

记得在采集歌谣部分结束后的那一天，我和小河花大半天的时间整理四天来找到的歌谣。休息间歇我问他如何看待艺术介入乡村这件事，我们真的能保证只给这里带来好的影响而不是打扰吗？

小河意味深长地说，不要说“好的事”，仅仅是做一件“不坏的事”，都没有那么容易。从外来者踏进乡村开始，很多改变就已经在悄然发生，我们的存在、我们的衣着、工作和表达方式，都可能成为某种牵动变化的因素，保持警惕是必要的，但总不能因为害怕些微的负面因素，就放弃了积极改变的可能。

在那几天的寻谣过程里，我的内心也有两种声音在对抗。

一种声音告诉我，我们在与乡村的真实交互里丰满和修复了自己，找到一些本就属于这里的歌，记录下珍贵且不可复现的时刻；另一种声音则在冰冷地审视一切，提醒我们能做的改变有限，当我们像云朵一样被这个乡村温柔地接纳之后，又会如风一般转眼离开。

这样的交互，太短暂了。

而艺术介入乡村的最坏结果，或许还不是“淡忘”和“匆匆”。如孙云帆在书中描述的一部分到黄山写生的年轻人那样：“这些城里来的孩子像一些捕蝶者，来到这小村中，欲将其灵气采撷成画布上的几张作业，全然不在意是否在这

演出结束回到音乐教室的小河 ▶

过程中碰伤了花花草草，甚至对他们奉命捕捉的蝴蝶也并没有多少兴趣。”

很长一段时间里，我几乎认定乡村就是那样易碎的蝴蝶，因此对各种形式的“介入”也心怀警惕。因此在刚刚经历古伦村的寻谣之后，又读到钱先生的文章，才发觉文中所描述的20世纪青年人的困惑，依然是今天的我们的困惑。而他的讲话像是在轻拍着充满困惑的年轻人，不要被盲目信仰的“意义”裹挟，要知晓乡村工作困难重重，但也鼓励我们不要因为恐惧就止步不前，他说“我们需要农村，农村也需要我们”。

在那一瞬间受到鼓舞，果断萌生去到大南坡，近距离看看新时代乡建的念头。

别问答案，到现场去

用少有的麻利排好行程，在活动开始的前一天抵达河南修武。做好核酸后，在酒店餐厅找了个角落开始写稿，扭头一看老易居然在门口。他也蛮惊讶于我在，走进来，我们聊起天。基于对项目各方参与者的了解，我大概能预计到最后的呈现和各方评价都不会差。但我也担心一味地在讲一个看似天然正确的行动如何“好”的同时，它还“不够好”的部分会自动被掩盖和忽略。

他笑着听我说完，在晚饭后回酒店的路上告诉我，你要放下自己的“判断”去感受事件本身，不要早下结论，不然后面遇到的所有情况都会被套进你的预设里，你会觉得“果然验证了之前的猜测”。

活动分两天，白天主要是乡建各领域代表的讲座分享，发掘在地的文化和工艺展览、小朋友的画展等，傍晚到晚上则多为音乐演出。不少附近城市的观众是为看五条人、小河还有巫娜的演出来的大南坡。

活动的第一天睡过了头，打车进了村。外来车辆只能停在村口，从村口往大南坡艺术中心走，恰好能看到真实的乡村。10月底的北方已经很冷，加上阴雨天气，一公里多的路显得格外长。金属材质的 DA NAN PO 装置在雨天更显冰冷，沿路的房屋也显得有些萧寂，柿子树上结了沉甸甸的果。

走了好长一会，到达工销社。在门口遇到老易，我们在位置上等待活动开始。风有点冷，掖了掖衣服，舞台上的一位位讲者倒是精神抖擞。一部分人准备了文案精美的讲稿、优美的宣传短片，上台侃侃而谈，另一部分人则有些紧张，生怕自己发挥不好。

但乡村这个场域的特别之处就在于，有时偶然和慌张比精致和精确更打动人。

午饭休息时间认识了一位新朋友。经交流发现，他来大南坡的原因和我类似。我有一点“不怀好意”地问他，觉得上午的讲座怎么样，并毫不遮掩地分享对乡村真实状况和预期中纯粹性的落差，包括对资本进入乡村的疑惑。

这位新朋友告诉我，基于他这些年对乡建的了解，这些都在合理范畴内。产业能带来工作机会，这正是乡村需要的。大家立场不同，因此介入的方式不同，如果只有过分理想的人，或者期求这件事绝对纯粹，根本寸步难行。

饭后散步溜达到村里的祠堂，一些参与活动帮忙的村民正在吃饭。他们身后的祠堂门头对称庄重，贴着一副对联：祖法振子孙大业，宗功启百代文明。在菜青虫装置旁边站着的时候，两个小朋友开心地走过来，递给我一张票，说请你明天中午来这里看我们拍的电影。

下午场是音乐人、艺术家们的“对谈时间”，大家谦让地往外推话筒。回想起来，唯一记得的是小河说，今天天冷，让我们说一些温暖的话；是阿茂问左靖老师，可不可以把乡建带到他的家乡去；是左靖老师说起某一年五条人在碧山，一群人整夜喝酒唱歌后，还不忘从架子上带走一本书。

他用这个事件来佐证：“仁科真的是读书人来着。”

祖德振千秌大業
宗功啟百代文明

被重新诠释的“介入”

在连线台湾诗人锺永丰的时候，左靖老师提到由锺永丰所发起的台湾美浓黄蝶祭是作为艺术介入乡村、彰显青年态度的重要案例，他说那是在提乡建时常常会被忽略的一个项目，却对他产生了很大的影响。

老实说第一次读《去国还乡》这本书时，写黄蝶祭的那篇文章也是模模糊糊看过去的，这两天重新读，才发现美浓黄蝶祭从设立、调整、一步步转变、真正从艺术介入和试图影响乡村的姿态，发展到抱着学习心态谦逊地转向乡村和大地，几乎浓缩了乡村工作者工作方式转变的整个过程。而如果缺乏深切的经历和体悟，就不会意识到这些经验有多难得。

> 在 2009 年至 2012 年这四年中，我观察到很有意思的转变是，前两年以旗美社大所规划的稻草工作坊，试图将“稻秆”脱离农村生活中的日常性，以艺术的方式将稻秆转变为创作素材，稻秆不再是运用在农事上的材料，而幻化成一只只蝴蝶、一道道帘幕，甚至是一座小森林，也企图用艺术作品将黄蝶翠谷自平时户外踏青的场所转变为黄蝶祭祭典举办的神圣场域。
>
> 而到了后两年，则企图让艺术更加融入日常生活，让原是生活的场所变成艺术展演的场域。

正在上妆的赵成香老人 ▶

但这四年来，共同的做法皆是将艺术的创作权和权势权交还给普罗大众，艺术家驻村让艺术家也成为住民，而不是外来的指挥长官。艺术不再是机构、艺术家独享的特权，让艺术回归生活，如同作物从土地里生长出来。

——刘逸姿《作为社会的一面镜——美浓黄蝶祭的时代脉络》

这也呼应了我对乡村的认知过程。

从迷恋乡村的细节，理想化田园牧歌的生活方式，到认知土地和在土地上生活的人，去除毫无根基的揣测、多余的同情，或者并不够理智的羡慕眼光，努力试着从他们本身的视角去判断，这里拥有什么，这里需要什么，以及自己是不是能做什么。

而另一件很开心的事是，我的确在大南坡看见了大南坡自己。

在展厅里可以阅读到属于这里的小麦的故事，在影像作品里可以看见扮上怀梆妆面的本地人，在咖啡厅可以喝到本地的土蜂蜜水，在工销社能买到这里的村民手工钩编的物件，在刘庆元的木刻作品里能看见村民的面孔，在孩子们的画展上可以看到他们发自内心的快乐和表达，那些都是不受约束、自然生长的部分。

傍晚，我和老易又到了祠堂，靠近门口的地方摆着一张窄长桌子，上面摊放着各色油彩，即将上演怀梆戏的村民正对着镜子化妆。

见我们拿着相机一脸好奇，阿姨开心地把帽子戴好，还指着旁边的一位阿姨热情地向我们介绍，拍这位，这是他们的团长。

回到广场的座位上时，看到有媒体朋友买了南坡怀梆的唱片，拿着唱片请一位位剧团的村民签名。巫娜老师的学生们也坐在一旁，捧着花等待演出开始。

在这个夜晚，少有地，在一个完全敞开的场域中听古琴，属于乡村的真实声响：人群交谈声、风声，以及带着城市痕迹的无人机工作声融汇其中，有时入神，有时又会出神，像在魏晋的竹林和真实的村落来回穿梭。

古琴演出结束后，在路灯匮乏的民宿门口踩上一块未干的水泥地，在上头留下两只脚印。

一场忘记时间的狂欢

第二天一早，提前打车到了村里。一样，出租车停在村口，走路进去。

路边一群村民正在挖土，大概是要种什么东西。和前一天的阴雨不同，次日的阳光慷慨得很，连缀满果子的柿子树都显得比昨天开心一些。

拍拍房屋、拍拍树，走走停停。路过的村民对我笑，而我基于前一天的熟悉，也更敢和他们打招呼、问他们问题。一位爷爷坐在他家屋门口，背后的土房子很漂亮，他告诉我，是他弟弟盖的。再往里走，一位推着婴儿车的奶奶路过，她跟我打招呼，说我记得你的呀，我们昨天见过。而我因为脸盲居然没认出来。

路边还有一棵六百五十五岁的国槐，许多古朴的老屋，和更多陌生但又有一点点熟悉的村里的人。或许是因为村里的构成太过简单，让我们这样的"外来人"格外显眼，所以只要一天时间，就足够他们记住我们了。

到达后，在方所书店的咖啡吧台边坐着，门外对面的舞台上，五条人乐队正在台上试音。屋外阳光很好，因为大巴十一点才进村，所以人还不多，一边喝本地的蜂蜜水一边码字。没一会看到阿茂进来点了一杯咖啡，服务生说前面单子有点多要等一下，他说好。

接近中午的时候又碰到了老易。我让他帮忙看会东西，出去散步的时候走到牛爷爷对面那户人家，一位短发的奶奶坐在一堆玉米中间，她正在把棒子上残余的玉米粒剥下来，可以喂喂猪。

暖和的天气里，万物闪着光。坐在小板凳上剥玉米，顺带和老易有一搭没一搭跟吴奶奶聊天。虽然北方方言跟普通

◀ 在广场上等待彩排的大南坡怀梆剧社演员

话差距没那么大，但沟通下来多少还是有点障碍。很多时候她说一个词我只能回答“听不懂”，或问她能不能用其他表达来解释一下。我甚至像携带了寻谣“病毒”一样脱口问她，还记不记得什么小时候听过的老童谣。她摆摆手说不会唱歌。记得之前在村里时，我们就是一边帮着本地爷爷奶奶劳动，一边问他们歌谣的。我还顺带问，这几天村里的“节日”对她来说有什么影响。她说只知道是开大会，比平时热闹一点。

老易不爱剥玉米，聊一会儿就吃饭去了。等他吃完饭出来又看到我，我给他展示刚刚剥的一小盆玉米粒，得意满满。他倒笑我是城里孩子才偶尔劳动了一次，就自我感动得不行。虽不愿承认，但他的判断不乏道理。可转念想想，能有人陪着说会话，关心她的家人和日常，对于晚辈很少在身边的奶奶来说，或多或少也是值得开心的事吧。

中午休息时间，在方所户外的平台上看见一个齐耳短发的小女孩正在逗一只小狸花。旁边她的爸爸问她要不要把带来的香肠给小猫吃，她就拿着小香肠，分成一点一点喂它。

下午场分享会上，明月村的“奇村长”在上台前动情地流了眼泪。她分享了驻村过程中与这里产生的羁绊，让我们对大南坡的认识从前期建立的建筑、规划、结构这些概念，具体到了真实的人。结束后老易跟我说，乡村建设既需要左靖老师这样理性宏观的人，也需要她这样柔软感性的人。联想到小河在西安站寻谣分享会的前一天跟我们说的，真诚很重要，有的人拿着话筒站在台上一句话没说，哽咽了，但所有人都知道他（她）想说什么。

天黑之后，演出如期开始。

没注意看台上，却被台下孩子们的状态打动：光影在整个场域中自如地流转，化好妆、穿上戏服的怀梆演员们静坐着等待上台，仿佛属于另一个时空的雕塑。孩子们的手在玩弄老师的长发，光落在他们身上，又很快滑走。留意到镜头时，小朋友们会很开心地跟镜头对话，满眼清澈。

视线随着镜头来回切换，小河的歌声弥漫其中。舞台周围除了孩子，从附近赶来的年轻人、远道而来的客人们，还有一些年纪比较大的本地村民。在听小河唱歌的时候，站在前面的一位奶奶转过头冲我笑，我才发现她就是白天剥玉米的吴奶奶。

小河的部分结束后进到音乐教室休息，本地食馆的店长端过来两碗面，三步并作两步走进门。进到屋子才知道，原来大家都还没吃晚饭。这时候，屋外的现场也随着五条人乐队的上场而逐渐升温。小河在台下，有观众来问能不能合照，还有观众跟小河说："知道你要来，我去搜你的歌，听下来感觉你跟网上好不一样。我在网上听你的歌觉得很激烈，可现实里很温柔。"

▲“南坡秋兴 2021”音乐会演出现场

▲"南坡秋兴 2021"音乐会演出现场

▲“南坡秋兴 2021”音乐会演出现场

台下许多人的眼睛都亮晶晶的，我猜不单是因为灯光的缘故。

最后一首歌，小河要上台和五条人合奏。刚吃好面的他又背起琴走出门。他们在台上开心热闹地玩起来，台下，甚至整个开敞的空地，都被声音带来的独特场域包裹着，忘记了时间。

在一整个夜晚的狂欢过后，他们拥抱彼此、谢幕、收拾乐器和现场。我趁着等车的时间问小河问题，记得他提到，音乐是润滑剂，可以消除人与人相处初期的“干涩”，所以寻谣借由音乐打开的，其实是人与人交集的可能。他说你是亲历者肯定知道，寻谣对成年人来说，歌谣本身的意义其实是比较靠后的，更可贵的是人的连接，只有对小孩子，才首先是歌。

我故意说反话：“哦，是吗？我不知道。”——我当然知道。

诚实地说，我也怀疑过，将短暂的音乐演出带进乡村，除乐手本身的话题之外，究竟能影响这里多少。一夜狂欢后，还能留下什么呢？但当我真实地感觉到那个由诸多感官构成的场域中美妙的氛围，看着孩子们随着音乐起舞玩闹，老人们露出久违的笑意，村子里的人们因为这样一个美妙的理由聚在这个开敞的“乡村客厅”，村外的来客们也借由这个节日将视线转回土地、重新从中获得养分和快乐时，才更确信，那和我参与寻谣时所感受到的最重要又最抽象的那个部分一样，是没有形状，但极其真实、珍贵的。

它们都在讲述着同一件事，那就是：到来即是意义，到来即是生机。而快乐，是最诚实的值得的证明。

那天晚上回到酒店，已经是半夜十二点了。到达后发现门卡刷不进去，大堂又没有值班的人。原本想着在大堂凑合坐一夜，但最后还是打车到乐手们住的酒店，在山上（其实就是房屋所在的一个土坡）和大家烤火、喝啤酒、吃泡面、听他们聊天。临近清晨时睡下，接近中午起床，简单收拾后联系了下午去火车站的车。离开前去餐厅吃饭，点了一份饺子，原本还想再点些什么，餐厅的姐姐说一个人的话一份饺子就够了，点太多吃不完。吃饺子的时候，脑海中回放了两天来的一切：波折、意外、故事，短暂却跌宕起伏。

可以料想，我们的到来大概率是超过村庄平日负载能力、给村里添了麻烦的，但同时还能感受到这里的热情、真诚、发自内心欢迎的姿态，以及虽然会有各种突发状况但都会尽力体谅每个人、在第一时间帮忙解决的“招待”之心。走之前发消息给左靖老师，提到前一晚的情况，他说这次安排多有不周，希望谅解。但经历这几天的我，恰恰感受到，这正是乡村真实的样貌，借由它，我更看到“不易”是乡村工作的常态。这也是乡村工作者在任何时代都需要面临的平衡与考验，因为所有的“意料之外”指向的是一个分外真切的现实——我们正处在变化之中。

在变化之中的乡村，我们会经历它的尴尬期，也需要直视它的有限，就像刚剪的刘海慢慢长长，总会有不上不下、挡眼睛又不太好打理的那段时间，像未干燥的水泥地、未长高的树、未打磨平滑的砖，有待时间的浇灌。但“未完成”，不也代表着它正在生长吗？哪怕乡建到来、艺术到来，也从不意味着“答案”的到来。乡村工作者所能带来的，或许只是还想要激起改变的笃定和热情，而非放之四海而皆准、需要根据具体时空进行调整的工作方法。是沉下心挖掘土地本身魅力的耐心，随着时间慢慢生发的召唤返乡的引力，把故事还给故事、把土地还给土地，在整理过往的基础上探寻未来，在尊重既有的前提下发散未知，把一块粗粝的石头慢慢雕琢出它真实的、与世上的所有村庄都不同的样貌——也是它原本的样貌。那么，就把剩余的交给时间吧。

把生长还给生长，待已知萌发未知，任由这片土地上的每颗种子，开出它自己的花。祝福大南坡。

4.8

视觉 Graphic Design

看见大南坡村 ㊂马仕睿

© 摄影：朱锐

我是土生土长的城市人，当我第一次来到大南坡的时候，最先看到的是类似上图的风光。我当时心里就想：真绿啊。

于是，我将第一个为大南坡进行的设计设定为绿色的基调。字体扁长、图形横断层叠，是希望呼应云台山的岩层风貌。

© 摄影：朱锐

© 摄影：宋崇飞

村里总有高挑的柿子树，结出的果，犹如荧光色的鲜艳印刷品，这是让我特别有印象的第二个场景。

于是，在南坡秋兴的设计中我就加入了尽量纯美的橙色。特别是在第二年的秋兴活动中，我希望这些海报也可以像柿子一样，点缀在原本的风景中。

从我的角度去看，农村里出现的建筑、树木和人都有着很强的“生长”的特点。这和在城市中的感觉很不一样。在城里，到处都是边界。建筑有红线、街区有隔离墩、小区有围墙……在城市中发生的大部分事物，都在有形或无形的边界中，仿佛都是有规划的吧。

而农村中的风光不同，也有边界，但是这些边界都是以“沿着”“顺着”“靠着”的姿态出现。看似漫无目的，但又都丝丝入扣。

于是我也想尝试让平面设计呈现出生长的感觉。像那些用石头垒的墙，横七竖八，每每不同，但终于还是形成一个完整的平面。

© 摄影：朱锐

又比如您手中的这本关于大南坡的书，我特意挑选了其中的第四章，将这章每一部分的文章设定为各自不同的格式。所有的正文字体大小都不尽相同，标题、栏位等也都在不停变换。在我看来，这就像是村中的景象：放眼望去，林林总总；仔细定睛，又看到各不相同的纷乱细节。

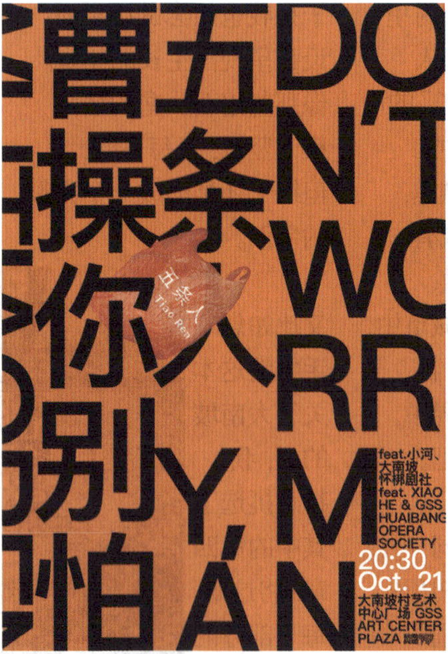

feat.小河、
大南坡
怀梆剧社
feat. XIAO
HE & GSS
HUAIBANG
OPERA
SOCIETY
20:30
Oct. 21
大南坡村艺术
中心广场 GSS
ART CENTER
PLAZA

18:00
Oct. 20
THE M
LTITUD

START 从大地出发
14:00-16:00,
21st Oct,
2021
主持Compere
左靖ZUOJING
讲者Speakers

START 从大地出发
2021
主持Compere
左靖ZUOJING
讲者Speakers
NGXIAOZHOU,钟永丰ZHON
GYONGFENG

START 从大地出发
2021
主持Compere
左靖ZUOJING
讲者Speakers
刘庆元LIUQINGYUAN,茂涛M
NGXIAOZHOU,钟永丰ZHON
GYONGFENG

森
林河
里
的
一棵树
A
TR
EE
in the
FO
19:00
Oct. 21
大南坡村艺术
中心广场 GSS
ART CENTER
PLAZA
feat.五条人&大南坡儿童
feat. WUTIAOREN &
DANANPO CHILDREN

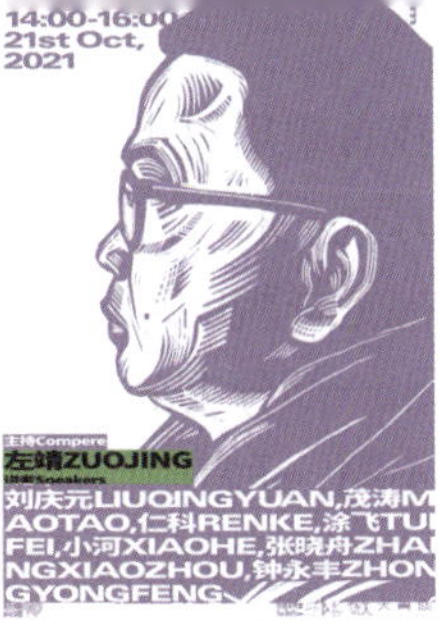
21st Oct,
2021
主持Compere
左靖ZUOJING
讲者Speakers
刘庆元LIUQINGYUAN,茂涛M
AOTAO,仁科RENKE,涂飞TU
FEI,小河XIAOHE,张晓舟ZHA
NGXIAOZHOU,钟永丰ZHON
GYONGFENG

START从大地出发
FROM THE LAN
14:00-16:00,
21st Oct,
2021
主持Compere
左靖ZUOJING
讲者Speakers
刘庆元LIUQINGYUAN,茂涛M
AOTAO,仁科RENKE,涂飞TU
FEI,小河XIAOHE,张晓舟ZHA
NGXIAOZHOU,钟永丰ZHON
GYONGFENG

ROM THE LAND
st Oct,
Compere
靖ZUOJING
Speakers
庆元LIUQINGYUAN,茂涛M
OTAO,仁科RENKE,涂飞TU
小河XIAOHE,张晓舟ZHA
XIAOZHOU,钟永丰ZHON
YONGFENG

START从大地出发
FROM THE
14:00-16:0
21st Oc
2021
主持Compere
左靖ZUOJING
讲者Speakers
刘庆元LIUQINGYUAN,茂涛M
AOTAO,仁科RENKE,涂飞TU
FEI,小河XIAOHE,张晓舟ZHA
NG
钟永丰ZHON
GYONGFENG

START从大地出发
FROM THE LAND
14:00-16:00,
21st Oct,
2021
主持Compere
左靖ZUOJING
讲者Speakers
刘庆元LIUQINGYUAN,茂涛M
AOTAO,仁科RENKE,涂飞TU
FEI,小河XIAOHE,张晓舟ZHA
NGXIAOZHOU,

我希望用这种设计的方式，来分享我对乡村的视觉样貌的理解。这可能和一部分书的固有印象不同。通常，大家都认为书的内文应该是尽可能地安静和平和的。特别是一本书的页面，从头到尾应该是统一的重复。如果书籍的内页充满变化，那是不是就成了杂志？

其实我也非常理解这种感觉，并且我相信这恰恰从一定程度上投映了乡村与城市的视觉区别。

首先，杂志和书籍的区别本质上并非页面活跃度的区别，而是在于“连续性”。杂志是通过连续、持续地出版，从而去发掘相关的拥有同频调性的受众群体。书更像是一个个独立的单元体，但它更加包罗万象。随着印刷工业的发展、各种新的充满生命力的文化现象的发生，书籍的内容和样式基本上已经可以结合内容，自由地变化。

当我们用一本书去探讨乡村的时候，我更加希望这本书呈现出庞杂和自由堆叠的样貌，让阅读者有可能在潜意识上接收到一些乡野的信号。可以想象，如果翻看一本干净、整齐，从头到尾统一的重复的书，可能会少了传统意义上的所谓“野趣”，而野趣往往在乡间。这可能可以解释，为什么在本书“文化生产”的这个部分，您看到了这许多的变化和“不规则”的内页设计。

除此之外，在所有设计中，我坚持使用我最熟悉的矢量的设计元素，仍然保持现代主义的颜色和思路，刻意地避免去迎合乡土元素容易让人联想到的粗糙和温暖的感受，比如，边缘粗糙的字体，有着明显真实笔触的插图，等等。

同时，我在设计的方法上完全放弃了常有的经营布置（可复制的网格等），而是任由信息和图形自由地纠缠生长。

我在大南坡看到过很多生活的痕迹，无一不是给人顺手取材、因料就形的感觉和启发。所以在我看来，用我自己原本的造型习惯是必要的，而非商业项目流程中，习惯性地在竞品圈内找reference（参照），然后因为设计对象去变化自己的设计语言，比如，因为乡村，就要“手作”感。

我希望通过观察从农村发现和学习，然后将之归纳为一种可以属于自己的设计方法，再参与到当代的乡建工作中。

当然，现代设计在农村的环境中到底会起到什么样的作用，之后又会得到当地人怎样的评价，我想很快时间就能带来答案。

产品生产 5.

Goods Production

●利用本地物质条件和文化资源，设计生产出可供销售的农业与文化产品，为当地产生经济效益，反哺各项在地工作。产品生产还可提升消费者对民间工艺的认知，加深外界对乡土世界的理解。产品生产与文化生产关系密切，从某种角度来看，它是后者得以持续的条件。

●大南坡的产品生产包括为当地主要农产品，如修武特产冰菊茶、松花蛋、山药面等，从视觉、包装上进行设计更新，并以部分特产为原料制作具有当地风味的精酿啤酒。同时，研发团队还从修武地域文化与农耕文化中提炼符号，设计开发了一系列的文创产品。

●从实际操作层面上来说，产品生产是四大生产中难度最大的。原因是，空间生产和文化生产的成立条件，在于事前约定的投入；

而产品生产需要得到市场的认可，且形成一定量的消费，方能具备文化渗透力。

大南坡的产品生产

(1)

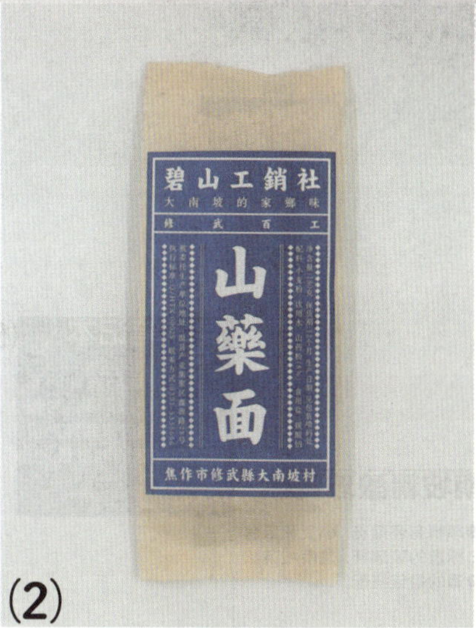

(2)

(1)

冰菊茶

●由修武冰菊基地生产的有机冰菊茶，只需要1朵就可以泡出清雅的味道。

(2)

山药面

●山药是修武四大怀药之一，山药面由山药加小麦粉和鸡蛋等制成，是一种滋补药膳，具有补气调理的功效。

(3)

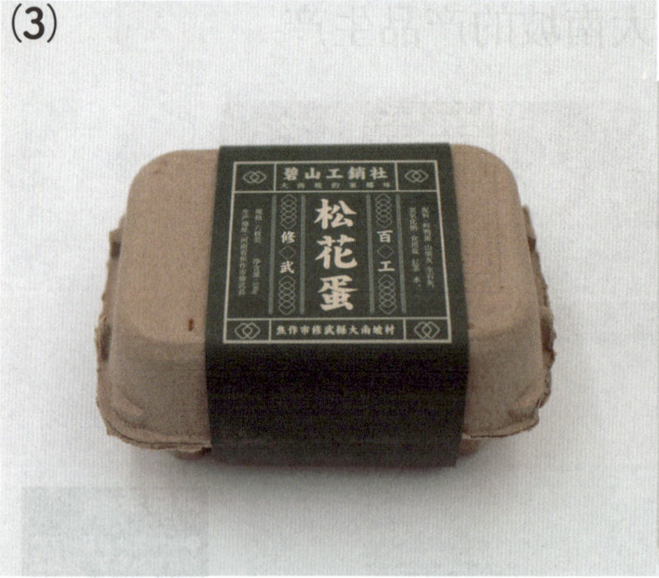

(3) 松花蛋

●松花蛋是修武由来已久的名特产，当地水质使得鸭子下的蛋个大、味鲜。松花蛋不含铅，并且都有白色松花纹样和柔软的溏心。

南坡精酿玻璃杯

●印制有怀菊花、小麦和云台山标志的玻璃杯，是南坡精酿啤酒的最佳搭配。

(4)

麦字笔记本 (5)

●由联邦走马设计的麦字笔记本，以“麦”为偏旁成字，对应修武作为传统麦作地区的地方意义。

(4)

(5)

(6)

(6)

南坡精酿啤酒

●以进口麦芽和酒花为原料制作的精酿啤酒，加入修武当地的特产冰菊、山药和小麦。味道清爽，层次丰富。

(7)

麦字徽章、云台徽章

●由方未来工作室设计的珐琅徽章，图案有代表修武特色的麦字、怀菊花、小麦和云台山。

(7)

Zero Waste 手织布系列

(8)

●由修武县郇封镇村民制作的手织布围裙和挎包，朴素且实用。它是“公平贸易”标签产品，在生产过程中以生产者的利益为优先，同时坚持“零浪费裁剪”，即百分百利用原材料，绝不丢弃浪费。

乡村考现帆布包

●帆布包以厚织麻棉布制作，延承修武“乡村考现学”展览的各个版块，分别印有修武、工艺、山川、风度、作物等字样。

(9)

(8)

(9)

(10)

(10)

节气亚麻印花手巾

●以版画艺术家刘庆元创作的木刻二十四节气名字为图案，印制亚麻手巾，质朴有趣。

乡村考现——传统农具手册、T恤

●以版画艺术家刘庆元为修武创作的一系列木刻版画农具作为图案印制的T恤。其中部分农具今已不再使用，先人们的智慧仅存于图像中了。

(11)

(11)

碧山工銷社
云台
冰菊茶
碧山工銷社
山藥面
冰菊
88元/盒
山药面
12元/小袋
大南坡
南坡
風物酥
开业价
98元/盒
柿子
山楂
杏子
苹果

儿童美育　　6.

Aesthetic Education

●美育并非一般意义上的艺文知识培训，而是关乎精神健康、独立人格、感知力与同理心的存在。良性的美育氛围能够保障我们生命质量的充实度，塑成更为人性化的社会环境。对乡村美育实践来说，需要充分考虑儿童作为主体的独立思考与判断，在充分调研的基础上，挖掘地方文化脉络及风物特色，将“在地性”融入美育课程的设计之中。

●2020年10月，北京当代艺术基金会(BCAF)、左靖工作室和广州美术学院跨媒体艺术学院刘庆元工作室共同发起了大南坡儿童美育计划。在近3年里，该计划得到了地方政府、高校、社会组织、基金会、捐赠方、音乐人、艺术家等各方的支持与帮助，在大南坡完全小学先后开展了“四季美术课”、“你的歌，我来画”展览、“孩子们的电影节”影像训练营、街舞训练营、《绘见家乡》（与河南省修武县教育体育局共同编著）县域美学读本等丰富多彩的美育实践内容。通过这些美育实践，孩子们不仅更加了解家乡自然风物之美，还逐步建立了自信心，认识到“我可以创造”的力量。

●大南坡完全小学的刘晓江校长和各科老师们也在美育实践活动中获得了启发与成长，在校内自发成立了美育工作室，带领学生们开展了如诗歌、草木染、儿童绘本等丰富多彩的美育实践活动。

●乡村的重生不仅是设施的更新，更是人的更新、生活的更新、教育的更新。美育不仅是艺术教育，更是一种生命教育。（文／方凌霄）

对日常与儿童的关注

2021年大南坡的四季美术课之实践者自述

文 图 刘亚兰

大南坡完全小学（以下简称为“大南坡小学”）地处河南省焦作市修武县西村乡大南坡村，这所学校设有幼儿园和小学。2021年大南坡小学有一到六年级学生共48人。幼儿园人数常有变动，在此不做统计。大南坡小学在此之前没有美术、体育、音乐课。体育课由数学老师负责，常常是被占用的状态。因此，孩子们在这所乡村小学里主要是上语文、数学、英语课。得益于左靖老师在大南坡的项目展开，左老师联合北京当代艺术基金会和广州美术学院跨媒体艺术学院刘庆元工作室共同发起了大南坡美育计划中的美术课板块。大南坡小学的家长大多都很年轻，他们曾经也在大南坡小学读过书，只不过那时的学校还在有两棵老皂角树的旧址。

我是广州美术学院实验艺术专业的学生，2020年11月，我的导师刘庆元老师带着我和曾宇航同学一同来到大南坡，之后他先行离开，并交代我们多留一天，看看能在村

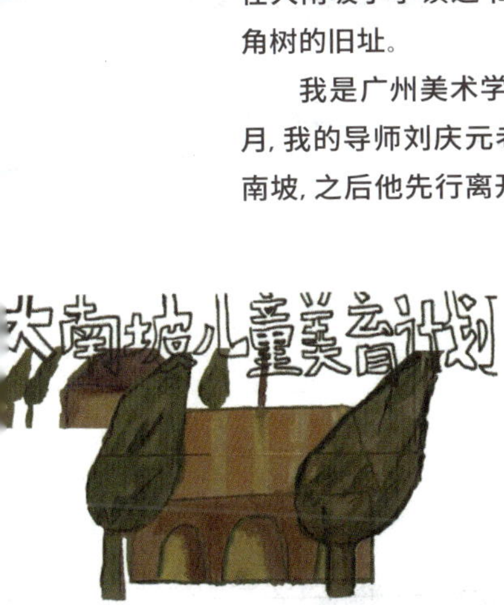

里做些什么艺术计划。众人离去的村子略显冷清，我在村里逛了许久，看见老人孩子们热情地与我打招呼，广场上在众人努力下被逐渐恢复的老大队部，一棵桐树安静地长在大水坑旁，祠堂门口两棵被风吹歪的柏树在夕阳下熠熠生辉，昔日村庄繁荣的美好又渐渐显现出来。那么，这个村庄在此时应该不需要一件单纯意义上的艺术作品，无论是装置还是绘画。三天的时间不足以让我了解大南坡，产生真正的联结一定是要在地生活与工作，于是我就在心里做了决定：一定要再回到这里，给村里孩子们上美术课。

与宇航一拍即合后，我们一起设计课程计划并与老师讨论，反复修改后得到了左靖老师与胡斐老师的一致同意。我也在这个项目中延伸出了我的毕业作品。2021 年，是大南坡美育计划的第一年，我们做的是一个以春夏秋冬四个季节为时间节点、每个季度为期一个月的课程计划。课程将在周一到周五的某两个下午开展，镶嵌进大南坡孩子们的日常作息中，周末的空闲时间我们会见机行事开展一些游戏或活动，丰富孩子们的周末生活。2021 年春天，大南坡的美术课实验开始了。

春季课：
关系的建立

春季课程以“大南坡的日常”为线索，用认识自己、观察生活的方式展开。我们通过5次“因地制宜”的课程，让孩子们在大南坡村的自然条件之下，学会利用视觉图像作为表达方式，使用身体运动的语言、劳动以及对日常生活敏锐细微的观察进行自我表达，激发孩子们对图像与文学的兴趣，鼓励他们用艺术来表达自我的日常状态。

第1课：影子你好！

●首先我们在光线较暗的室内用手电筒或蜡烛演示物理的光影，作为这堂课的导入和第一次见面问候彼此的方式。孩子们可以自由寻找想要描绘的地面、墙面，两人为一组，在阳光下照着对方的影子，迅速用手中的炭条或者画笔捕捉影子，并加入自己的想象，描绘出表情与五官。●这节课的目的是训练孩子们快速观察和捕捉描绘的能力。描绘的过程也考验孩子们的耐心和定力，让他们在游戏氛围中感受动静变化。

第2课：给春天拍照

●游走于村庄各处的孩子们，手中的画笔就是他们的快门，大地是他们的画布，这堂课从第1课认识自己与观察他人，延伸到对所居住的村子的日常之物进行仔细的选择、观察、放大观察、纸面再现，唤醒孩子们对生活中细微之美的关注与随时随地的表达习惯。●最后孩子们在东小庄树林、学校旁的小麦地一带找到了自己想要描绘的植物，这些植物他们有些认识，有些需要上网查询或者

▲ 孩子们看到比自己还大的影子

▲ 春季美术课的大南坡植物画

回家问家人，不管是哪种方式都是他们进行观察、问询、查找的好办法。当他们看到一棵路边不起眼的蒲公英、地黄花、豌豆苗、小麦……认真地描绘在纸面上时，我想他们一定会在将来对童年的某个下午记忆犹新。

第3课：搭房子

●在搭房子课的前一个周末，我们和孩子们约好，去学校旁边的草地上尝试搭一座房子。住在孟泉村的康博洋和康涵玥小朋友也走了3公里路来到大南坡村加入实验。他们对自己动手搭房子显现出极大的热情。我们在村里四处寻找一些树干、干草、松枝、绳子，很快就用收集来的材料搭好了第一个小棚子。康涵玥和康博洋小心翼翼地拾起草地上掉落的松针，给小房子铺上一层薄薄的"地毯"。●搭房子训练的是孩子们的动手与协作能力，鼓励他们发挥好奇心去体验从无到有的过程，并学会装扮一个空间，使之更加接近自己的想象。从选择到收集材料、判断什么木头可以用来承重，到怎么装饰美观，都是生活经验的累积。这个过程是为了建立孩子们与同伴协作时的责任感，及对未知事物探索的热情。●磨石头是同学们在户外课堂上自发的行为。他们在草地旁边发现了一种材质较软的石头，便开始利用石头塑造自己心中的物品，如狮子、小鱼、苹果，等等，抽象的石头造型让他们十分满意，他们郑重其事地把磨好的石头带回家当作礼物送给家人。

第4课：门帘的故事

●有一次给四至六年级的学生上课，我们想要将影子画在墙上，这时天突然下起雨来，不得已我们只能将孩子带回教室，临时给他们定了一个主题，在布上画出自己心中的全家福。有一些孩子很快画出自家房子、院子、麦地、大树和家人。我观察到大南坡村每家每户都在使用门帘，为何我们不能在门帘上绣上同学们画的全家福呢？最后这个大门帘也成了大南坡村民们集体生活场景的一个写

▲ 孩子在搭建自己的房子

© 摄影：徐薇

▲ 孩子们集体创作的大门帘

照与缩影。●我们并没有教他们，但他们很自然地画下自己最想要表达的真实生活的一部分。将全家福缝在门帘上就变成再自然不过的另一堂课了。而我们决定做一块更大的“布”，一块可以让我们共同穿在身上的游戏布，穿上后我们就变成一只巨大的、充满勇气的彩色蝴蝶，在村里自由自在地奔跑和游走。我记得彩色蝴蝶布刚刚做好的那个晚上，我们和孩子们穿上它在村里奔跑起来，跑在前排的赵玉峰、康城霖等男孩们装神弄鬼地发出各种叫声，我和女孩们跟在后面吓得哇哇大叫，那个夜晚疯狂而快乐地结束了。

第5课：讲故事的一天

●某个周末我们一起在村里玩游戏：捉迷藏和丢手绢等。我们要做的是把游戏画下来，为写故事、画连环画的课做准备工作。在课堂上，同学们先写下一个小的故事，再将故事画成一个连环画。小时候我们总会听见大人给我们讲的神话寓言童话故事，也有一些令人印象深刻的真实故事，但写故事的机会却很少。这堂课想先通过写的方式来让孩子们确定自己想表达的内容，再根据自己写的故事去画一些确定的事物，在有一定的“确定”之后一定会延伸出一些“不确定”，这个过程会让同学们更明确自己的表达，并可以将这样的表达延续到真实生活里，这样我们就可以向大家分享自己的故事了。整个过程作为本季度的最后一次课，刻意有别于让孩子们随意涂鸦，因为从思考到描写、从讲述到绘画，整个过程可以在一定程度上锻炼孩子们的表达能力与逻辑思维。

▼ 郊游野餐

夏季课：
洪水影响下的
村庄

很遗憾，原定于 2021 年暑假的夏季课程，因为河南洪灾的原因被耽误了。

2021 年 7 月河南省陆陆续续发生多起强降水，多地陷于洪灾，鉴于受灾情况严重，村里的工作人员只得与我们联系取消夏季课程。据村中老人口述，还没见过这么大的洪水，村里的社区营造中心、展厅、书店等公共区域的建筑物都被洪水不同程度地淹没了。村民连夜抗洪抢险。民宅中有几处土夯房的墙壁被冲塌，村民被临时安排到小学的教室避难。小学教学楼和教工宿舍楼的一楼也都进水，小学的围墙被部分冲塌。新大队部的部分房屋也未能幸免。电线杆倒塌导致村中断水断电数日。大部分房子都渗水严重。

大南坡村原本是一个气候干旱的村庄，房屋修建方式与南方的村庄多有不同，在防水防潮上要求低，加上有些房屋年久失修，损失惨重。灾后，当地政府和北京当代艺术基金会的合作伙伴 MUJI 无印良品一起来援助，无印良品出

◀ 夏季发洪水

资帮助小学更换了教学楼屋顶。村民们也齐心协力，让村庄以最快的速度恢复正常生活。

夏季课原本是孩子们期盼的，计划内容：

第 1 课：一起上戏台！

第 2 课：寻找花书包

第 3 课：看不见的河流

第 4 课：幕布上的绘画

这些课程只能容后再调整、增补了。其中第 3 课恰恰是源起于大南坡的严重缺水、干旱，村中的孩子们很少看到河流，大桥下的河床已多年没有水流过，露出一颗颗大石头。我们本希望孩子们重新认识干旱的河流，没有想到竟然发生了洪灾，令人唏嘘。

秋季课：
我与儿童互相
熟悉的过程

2021 年 9 月 17 日，我再次来到大南坡村。秋季依旧雨水连绵，大南坡小学教职工宿舍的墙壁严重发霉，无法居住，后来，是左靖老师把我们安排进了民宿居住。

课程继续进行。与孩子们再次见面，彼此都已经熟悉，在这个秋天，我们将更加深入地彼此了解。

第 1 课：墙上的音乐

●这节课的主题是设计墙壁的绘画，孩子们开始接触更多的材料和媒介，而村里有很多整洁而空白的水泥墙可以作为实验的场所。●参与墙壁的设计，是让孩子们从纸面绘

▲ 墙上的音乐，上课时看投影

画到立面实体墙壁绘画的一次转换，也是从二维到三维空间的体验性尝试。我们会先在现场量好墙壁尺寸，再到纸面进行转换。孩子们建成 2~5 人的小组，按组在纸面上完成壁画的设计图。●绘画前，我要求他们对于主题和为什么要这样画进行小组讨论，让孩子们在讨论中建立新的思考角度、练习语言表达。不同于不假思索地直接画，在讨论过程中孩子们会进行思考、预想、假设、争辩、妥协、否定、尝试、争取、实施等一系列行动，以至最终呈现的作品有所不同。●然而在实际过程中，孩子们的行为往往会推翻预设。有个 5 岁小朋友的笔画十分稚嫩，但每一笔都不一样、却又十分统一。这样的痕迹会随着年龄的增长逐渐消失，他留下的每一笔都是珍贵的。

第2课：你的歌，我来画

●这是一次配合10月南坡秋兴活动的命题创作。音乐人张晓舟策划了活动中与音乐相关的内容，他希望孩子们听到一些日常生活之外的歌谣，并听歌画画，如小河与五条人的歌。●这很可能是一次失败的尝试。因为孩子们在听歌的过程中，容易受限于歌词内容，也会听着听着就不再关注音乐，重新回到自己的世界里，再次自由地画画，是专注力受外界环境与自身条件干扰的体现，音乐在绘画时变得不重要。●但我记得很清楚，赵允升同学会去思考和琢磨歌词里的内容。那天，我们听的是五条人的《世界里的理想》，允升摇头晃脑地与我讨论像艺术家那样生活是怎么样的生活，为什么要像猴子一样咿咿呀呀乱喊乱叫。这样不严肃的对话很有趣，我们一边听歌，一边像好朋友一样聊天。●我还记得王艺可同学在画小河的《森林里的一棵树》时，听着听着就不自觉地会跟唱了，她沉浸在音乐的世界里，认真地画下了那个下午她心中的森林和小松鼠。这样的尝试在那个周末完全是随机发生的，我们筹划着去上一节课，但又像平常一样，从老村一路奔跑到美术教室，在那个充满阳光的教室里，和音乐还有绘画待在一起一个下午，直到天黑了，爸爸妈妈叫大家回去吃饭……

◀▼ 小河、仁科在“你的歌，我来画”儿童画展开幕现场，摄影：《中国那么美》节目组，2021年10月

▲ 在方所展厅里，快乐的美术课

▲ 孩子们在方所书店门口上美术课

第3课：大南坡快乐屋

●这是一个愉快而有所限制的游戏，课程的地点首先是在教室、书店、周末的广场，最后又在方所书店的白盒子展厅空间。在进入白盒子前，孩子们会用彩色不干胶纸剪或撕出不同形状，可以随意撕不规则的形状，也可以剪一些具象图案，总之制造各种形状的过程是累积素材的过程，这些纸就像彩色的马赛克瓷片一样。●有一次在广场上，我们一边晒太阳一边撕纸，孩子们在漫长的撕纸过程中无比兴奋和充满期待。游客和村民也好奇地加入，待准备好足够多的彩色纸片后，小朋友们就会分批次进入展厅，自由地在墙壁上贴纸。即兴的，没有任何限制。比如二年级的康雨彤虽然年纪尚小、个子不高，但她却一直努力地想在墙壁上从低一直往高贴，够不着的地方蹦起来够，再高就想办法搭椅子，或寻求帮助。最后康雨彤把贴纸贴到了墙壁最高的地方。康博洋同学爬到高高的脚手架上，他问我：“老师你知道我贴的是什么吗？是我们三个。”我想康博洋说的是他和另外两个同学的友谊。❶小朋友们都说，很喜欢贴纸这个课，我问为什么喜欢，他们说因为贴纸很简单又快乐，最后贴出来像一个很快乐的屋子，以后回家也可以贴！于是我们给方所白盒子展厅的这个作品取名叫：大南坡快乐屋。我们贴啊贴啊，贴出一个快乐屋！

第4课：展厅的探索

●这回我们让孩子们参与展览布展。展厅从无到有，孩子们也知道了重视自己的绘画，不乱扔自己的作品。当看到作品在一个新的、陌生的空间得以呈现时，他们又会从中体会到一些新的东西。●孩子们提议将自家的植物和椅子也拿来装饰展厅，于是我们就有了很多小盆栽和家里用的椅子。椅子和植物是他们最习以为常的生活用品，生活物件得以被放大和看见，而它们的不同也犹如每个孩子一样是不同的个体。这个被看见的过程，是一次村中文化的展演。●最后孩子们在白墙上用水粉颜料真实地写下自己上美术课的感受。我很高兴小朋友们都写的是很喜欢上美术课，就像我读小学时一样，每天盼望着每周一节的美术课和音乐课快快到来！

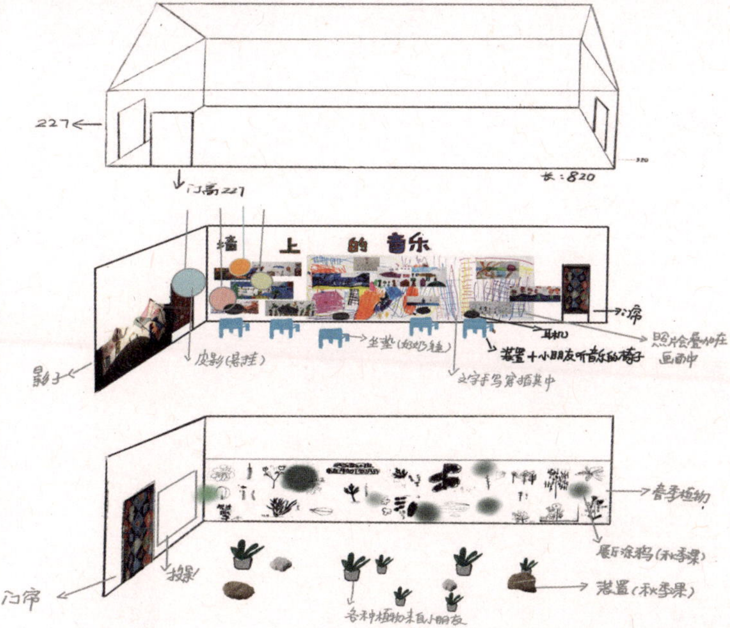

▲ 展厅策划草图

▶ 孩子们在展厅布展

冬季课：
快要结束的
一年实践

秋季课期间，气温逐渐变低，北方的秋天不同于广州，这里变化明显，山上树叶变黄了，柿子越来越红，雨水减少，温度虽低但阳光倒是明媚。之后，冬季课开始了。

第1课：一起做皮影

●首先，孩子们按小组写好故事本。我们用塑料片制作带关节的皮影。皮影课耗时较长，由于每周每年级都只有一个下午可以上美术课，缺少连贯性，所以皮影从制作到表演都需要更长的时间。我们尝试了让皮影在光的照射下产生变化，光的强弱、照射的距离使皮影在墙面上变大变小，孩子们看到这些变化时，会更加明白自己在做什么，会投入更多的专注力和时间。

第2课：玩泥巴

●我们在地里挖泥巴，然后揉泥，再用泥做出自己心仪的物品。这节课因为太冷，材料获取也需要小朋友出一些力气，因而没有达到很理想的效果。且在过于自由的环境下，大孩子与小孩子容易发生冲突。●但下次在天气更加暖和的时候，我想再与孩子们尝试一次泥巴课。

◀▲ 展厅一角

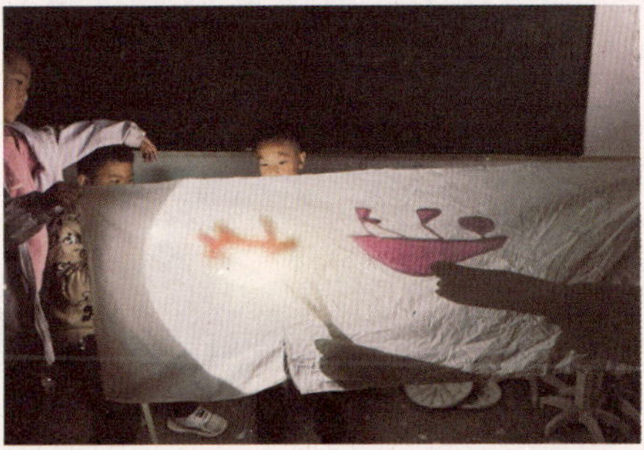

▶ 皮影课

第3课：周末的小摊

●在周末人多的时候出摊的提议，来自于三年级的王艺可同学。她曾告诉我，她特别希望爸爸妈妈能在家里开一个餐馆，但爸妈都有各自的工作，无法实现她的梦想，她就想有一个自己的小摊。我和她妈妈听了之后非常支持她，于是帮着她一起出谋划策。●一周后，小摊就在村里的广场试营业了，我们售卖小朋友们的画和一些自带的小玩具，也接受现场绘制肖像。不一会儿，小摊就吸引了很多孩子们也来摆摊，他们甚至因为争抢地方而发生争执，但冷静后又彼此道歉言和。摆摊吸引了很多游客和村民，孩子们的小摊儿成了村中人流聚集的地方。其中，小小村民赵俊凯并不在大南坡小学上学，但4岁的他总是很积极地参与我们的玩耍或美术课，无论是画肖像、摆摊还是捏泥巴，他都好奇又期待。

▼ 冬季课，广场的小摊儿，王艺可售卖自己画的肖像

▲ 冬季最后一课，壁画

第4课：即兴壁画

●其实这堂课源于大南坡小学校长刘晓江的一次要求。●由于国家大力推进旱厕改水厕，校门口十几年的旱厕被拆除后，教学楼旁盖起了新厕所，学校里便多了很多墙壁，校长希望我们能与小朋友们在墙壁上画一些壁画。●我们挑了一面靠职工宿舍的内围墙作为实验场所。这是一次即兴的、没有预设的、直接的墙壁画，当然也是基于我对孩子们的了解。一共二十多米宽的墙壁，我按照年级将他们分配在不同的位置，他们就毫不含糊地勇敢下笔了。这次即兴壁画创作，与秋季课在纸上设计壁画稿形成了一个反差和对比，我想，孩子们用不完的力气与热情也在墙壁上被释放。在与校长、老师合力之下，我们顺利完成了校园里的第一处壁画。

2021 冬季课，即兴壁画 ▲▶

儿童的

乡村日常

乡村生活比较简单，孩子们的一天是上学、课后辅导、放学、回家吃饭。我观察他们，发现大部分孩子几乎很少和家长产生交流，家长也不太过问他们一天的生活情况。回到家后他们还是与电子设备在一起，刷抖音是很多孩子喜欢做的事。与一些孩子聊天的时候，他们会与我谈起今天学校发生了什么、老师怎么上课、哪些同学之间发生了矛盾，甚至会有学生模仿每个老师上课的模样，孩子们一起哈哈大笑。

斯坦纳在《童年的王国》一书中说："身为教师，最重要的就是你应该全然专注地观察人类和人类生命之本质，你的教学计划是什么不重要，重要的是你是一个怎么样的人。"

《童年的王国》中所提及的教师的权威，是教师相较于儿童而言，对自己行为的负责、对真理的确信和敬畏、对生命的爱意与保护。因此，教师的权威，在于因心底这份确信、敬畏和爱而显示的庄严，因而教师能够不怒而威。明白了教师的权威，也才有建立教师之权威的路径。

在 2021 年的南坡秋兴活动中，孩子们参与了布展、唱歌等活动，在这些活动中，人们看到了大南坡儿童积极、生动、可爱的一面，也对他们大方、开朗、勇于表达的性格留下了深刻印象。但只有深入其中才知道，对于像大南坡这样幸运的村庄而言，家庭教育、学校教育都有诸多问题，更何况是中国一些更加偏远穷困的山里的孩子，乡村的孩子们现在正处于一个急需我们关注的时刻，这些活动的开展无疑是孩子们在成长过程中非常重要且愉快的记忆与经验。而这样的经验和实践将对孩子们、对我，产生不可磨灭的痕迹。

新一年度的四季美术课

2022 年 9 月至 2023 年 1 月 → 秋季课、冬季课

2023 年 3 月至 2023 年 9 月 → 春季课、夏季课

秋季课：

1. 秋！我家的果子
2. 村庄观察员
3. 我的房间
4. 人类的朋友，你好！

冬季课：

1. 我为家人画肖像
2. 壁画课
3. 冬天的火把纸窑
4. 寒冷的天，我们许愿望吧

春季课：

1. 我在春天种什么？
2. 自画像
3. 旧衣服！花书包
4. 写给爸爸妈妈的信

夏季课：

1. 老师您好！
2. 水枪绘画挑战！
3. 奶奶的面团课
4. 我长大了吗？

大南坡的四季美术课将在 2022 ~2023 年继续展开，新的课程将注重季节的时令性，从衣、食 、住、行和风物变化为线索展开新的探索。我们将带着孩子们睁开眼睛、跑起来、跳起来，在熟悉的环境中发现新的种子，播种在大南坡村。

▲ 2021 年秋季课，展厅的探索

驻村，美育 2023大南坡春季美术课纪实

文 张鑫

大南坡村有一位叫康家新的一年级小朋友，瘦瘦的，稍微内向，但每次我们在学校里遇见他，他都会主动跑上来问：“亚兰老师，这周我们还上美术课吗？”

大南坡的春天到了，冬天的萧瑟终于被绿色包裹，勃勃的生机从土地里往外涌出。小麦、核桃树、槐树、蒲公英、地黄、连翘……都来响应春天的号召，应开尽开。

随着槐树冒出第一个芽头，大南坡小学的春季美育课也开始了。一切重启，绿色果然能带来希望。美育课老师刘亚兰迫不及待地从学校领出一支队伍，他们走进树林，说要在这春天里找花。

▼ 河南省修武县西村乡大南坡村 / 春夏秋冬

© 摄影：朱锐 / 三金

春天

找花

小鸟在树上发出不同音调的声音，小朋友们一路叽叽喳喳，打闹声前后起伏，队伍前进的速度忽快忽慢。到了大南坡村东小庄的大槐树下，刘亚兰老师把大家聚集起来，介绍这次课程的目的，给每位同学分配任务，说完后，小朋友就原地散开了，像一粒粒种子撒在了春天的土地上。

他们结伴寻觅着，春天毫无防备地接纳着，他们陆续找到了自己喜爱的那一朵野花。

“老师，这是什么花？”

“油菜花。”

“老师，这个呢？”

“连翘。”

“老师，这个叫什么？”

“桃花啊！”

“老师老师，这个叫什么？”

“老师查一下，它是车前草。”

“大家知道花叫什么名字之后，要认真观察它的形状、颜色、气味，然后画出来，听到了吗？”

“听到啦！”小朋友此起彼伏地回应。

老槐树下、油菜花上、梨花旁……都是这堂课的现场，小朋友们坐在石墩上，或单膝跪在桃树下，或窝在草地里，他们用自己的方式和春天对话。阳光让这里的花白得内敛，绿得鲜嫩，红得羞涩。远处的山，近处的树，树下有一支笔和一张纸，摩擦出了一朵笨拙可爱的花。

© 摄影：三金

✦ 大南坡完全小学三四年级同学 / 春天找花

旱厕

改造

大南坡小学里有一面墙，墙上斑斑点点，附着了很多碱性物体。这里曾经是学校的旱厕。新的厕所盖好后，它就被闲置了，屋顶被拆除，保留了一部分墙体，留存学校厕所变迁的历史。但这面墙与远处的石头山、近处的村落风景格格不入。校长与美育老师刘亚兰商量，想发动学生为它做点什么。

校长雷厉风行，找来工人对墙面进行修补，在和刘亚兰老师商量后，又选用了亮黄色的油漆刷墙做底色，与学校下方的大南坡艺术字母装置的颜色相近，形成一种呼应。

基础工程完工后，小小艺术家们开始登场。他们一人领着一个颜料盒，自己选颜色，画自己想画的内容，老师不进行过多干涉，只做出适当的指导与建议。自主权回归创作者，他们在蓝天白云下天马行空。虽然大南坡刚刚进入 4 月，但室外的阳光已经有了几分燥热，这分燥热也烘托了现场小朋友们热火朝天的创作场景。

大南坡小学的学生全部参与了这次的墙绘创作。刘亚兰老师按年级安排任务，五六年级负责墙面高处的区域，三四年级负责中部的区域，一二年级则负责底部区域。不同年级的学生，同年级的不同学生，画的内容、风格各不相同，这是自由发挥的结果，但他们作品整体反映出的童真浪漫、幼稚有趣，又形成了巧妙的和谐，细节处表现出的拙更是可爱与坦诚。

终于完工了，校长和其他老师都来参观这面墙。校长说：“同学们把之前学校最丑的地方变成了现在最美的地

© 摄影：三金

▲ 大南坡完全小学全体师生 / 旱厕改造

方。”因为这面墙，全体师生在这里拍了一张大合影，还手牵手转着圈玩了几把游戏。笑声传到了这面墙上，折返了回来，在学校的空地上盘旋。

双手

做陶

玩泥巴是很多人儿时做过的、喜爱的事情之一。真心羡慕大南坡小学的学生们现在能在课堂上玩泥巴，尽情地用双手捏着、搓着泥土，不用担心把衣服弄脏了回家要挨骂。

刘亚兰老师教小朋友们用盘条的方式做一个小花盆，然后搭一个土窑烧成陶器，在里面埋下种子，最后长成绿色的植物。小朋友们干劲十足，也很兴奋，小手纷纷搓着泥条。

“老师，我的泥条断了，怎么办？”

“加点水，重新再捏一下，多捏几下，再搓条，粗细要均匀。大家不要着急，要有耐心哦。”

“老师，我的泥条可以吗？”

“可以。但这一块太粗了，再搓一下。”

“老师，要搓多少根泥条啊？”

“看你想做多高的花盆，想做高一点的就要多搓几根哦！”

泥条搓好后，开始做花盆底部，再盘条。小朋友们的眼神很投入，小心翼翼地将泥条一条一条往上盘。做出的器型千奇百怪，童趣侧漏。

“同学们，大家不需要都和我做一样的，你们可以做属于你自己独一无二的，不用刻意模仿老师的。”“你们自己认真做的就是最好的。”

在学校老师的帮助下，小朋友们成功地搭好了一个土窑。谁也不知道这个土窑搭得好不好，只有试试才知道。于是，老师带着高年级的学生们装窑、封顶、点火，上午九点左右开始烧窑。大伙儿轮流值班，添柴控温，虽达不到

© 摄影：三金

★ 大南坡完全小学全体师生 / 双手做陶

职业制陶人的水平，但也乐此不疲，充满期待。下午四点半，校长宣布开窑，让学生们在放学之前，看看自己做的作品最终的样子。

开窑时，一张张稚嫩的面孔充满期待，他们关心自己做的作品。

“那是我的，老师。”

“我的没有裂开，太好了！”

“老师，我的破了！”

“没关系，我们还可以再烧，这次可以积累经验，好不好？”

“好！”

然后，小朋友们在老师的带领下，在自己烧制的花盆里埋下种子，继续新的期待。

动物

木刻

村里有各种动物，不在动物园里，而是在村民家里或者山林里。这里有山羊、兔子、猫、狗、牛、猪，它们也是村里一些小朋友的玩伴。

大南坡村的王艺可小朋友在村里闲逛，后面一定跟着她的大帅，大帅是他们家养的一条不太纯正的泰迪；反过来，在村里看到大帅，附近一定有王艺可同学的踪迹。隔壁孟泉村还有一位小朋友叫康博洋，他家养了猪和羊，很多很多，他邀请我们去他家看猪看羊。他见我们真的去了，

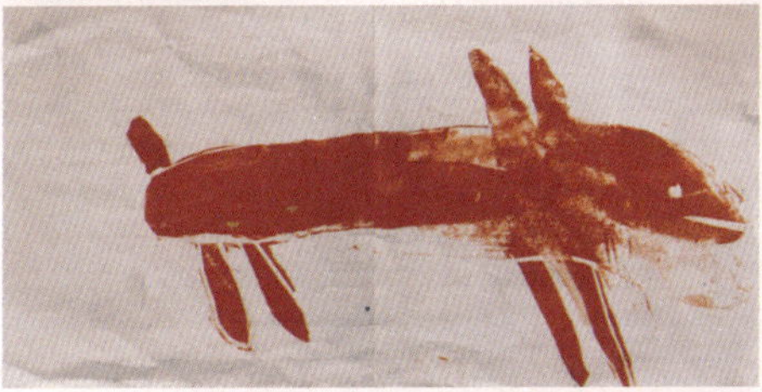

★ 大南坡完全小学
五六年级同学 / 动物木刻

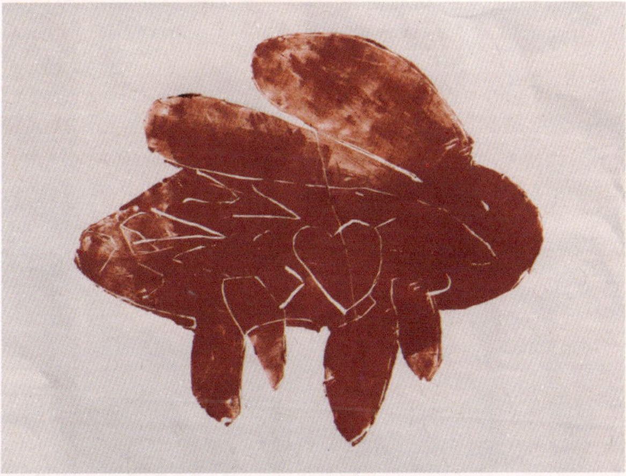

© 摄影：三金

又兴奋又自豪，带着我们直奔他们家羊圈，抱起小羊，向我们炫耀它的可爱。小猪刚下崽，需要用太阳灯照着取暖，透过一个小孔，我们看到暖色的灯光下，一只白嫩的小猪正在打鼾，羡慕！

回到课堂，木刻的内容就有了——刻同学们熟悉的动物，为它们创作肖像。过程是先把动物刻到木板上，再用纸和颜料拓印下来。高年级的同学已轻车熟路，他们去年已经学习过木刻。老师一开始还担心低年级的同学使用木刻刀会有危险，但在实际操作中，这种担忧显得有点多余，孩子们刻得很仔细，小手相当灵活。于是，大南坡的动物都拥有了自己的肖像照。把所有同学的木刻拼在一起，就是大南坡动物大合影。

大南坡的美育课程安插在学校的日常课程教学中，每周总计六个课时，集中上，持续一个多月。美育课老师刘亚兰平时就驻扎在村里，周末也会和学生一起玩耍。村里的王艺可小朋友经常找亚兰老师玩，她不喊亚兰“老师”，而是直呼她名字。亚兰很喜欢王艺可这样叫她。她不想当老师，也想当小朋友，当小朋友们的好朋友。

“亚兰老师，这周我们还上美术课吗？”康家新又跑过来腼腆地问道。

“这周不上了，春季课已经结束了，但夏季课我们很快会再见！”

给孩子们的电影课和街舞课

㊈ 北京当代艺术基金会　徐沛、宣淳祎
㊋ 北京当代艺术基金会
（除特别说明外）

“让更多人自由平等地分享文化艺术，构建多元化的人文公民社会”，是北京当代艺术基金会（BCAF）始终坚信的核心宗旨。社区、家庭、儿童是人文公民社会与可持续发展未来的基石和细胞，对于家庭、儿童和弱势社区，BCAF 就像身边的朋友一样，用亲切的方式提供互动式的公益项目，他们和孩子们一同进步、自由发展、充满自信和尊严地参与真善美的生命探索。

2021 年 10 月，BCAF 联合黄骥影像教育工作室及北京 G-Steps 街舞工作室、天津默娘舞蹈艺术中心，发起了“发现大南坡·儿童影像训练营”及“大南坡街舞训练营”，与大南坡小学的孩子们共同参与、完成了此次体验。

电影，
有点意思

“发现大南坡·儿童影像训练营”由北京当代艺术基金会、修武县教育体育局、大南坡完全小学联合发起，北京师范大学未来设计学院、黄骥影像教育工作室、左靖工作室合作主办，并由青年导演黄骥担任本次活动的策划和总指导。

影像训练营旨在让孩子们通过影像发现乡村的人、景、动植物、建筑物等事物，分享家乡的价值，培养孩子们的感知力和表达力。在专业影像创作活动中掌握基本的采访、拍摄、剪辑、逐格动画制作、录音等技术，学习影像艺术语言，熟悉影像艺术。

在影像训练营举办期间，黄骥导演从孩子们感兴趣的主题出发，带孩子们体验影像的魅力，用他们的视角呈现了乡村生活的景象。

第一次影像训练营的课堂上，黄骥问大南坡小学的孩子们，关于大南坡，你们想拍什么？

一位孩子讲道：“老师，我想知道别人为什么来到大南坡，想知道他们眼中的大南坡是什么样。”

在乡村发展的过程中，孩子们的想法也随之动态地变化着。或许之前我们更多关注的是孩子们如何了解家乡的风土人情和在地文化，但随着越来越多人关注乡村、回归乡村、旅游来到乡村，“外界”也成为孩子感受家乡、

◀▲ 黄骥老师与孩子们耐心探讨拍摄细节

定义家乡的一个重要坐标。

黄骥老师决定围绕这一问题展开此次课程。以“我眼中的家乡”作为总主题核心，给孩子们工具，成人只做支持与推动辅助，大都交由孩子们自己完成。

“现在我们需要选出导演、剪辑师、海报师……”

对电影工种并不了解的孩子们，在老师的讲解下，开始逐渐认领自己的工作职务。

确定以“我眼中的家乡”作为总的主题核心之后，老师带领 8 组孩子开始寻找各自的主题，孩子们也开始进行讨论。

“为什么‘毛毛虫’(村里为孩子们设计的一个装置)这么好玩？”

“为什么大家要住在牛爷爷家的民宿？”

“为什么大家(游客)都要去听梆子戏？”

“图书馆里为什么要有咖啡店？”

“为什么大家都喜欢读图书馆里的绘本？”

“校长的眼镜有多少度？”

……

各小组主题初见雏形之后，在老师带领下，“导演”带着“摄影师”和“采访师”出去拍摄素材了。

孩子们整理素材后，将其分类并命名，写在一张纸上。每一个类别会单独被裁成一张小纸条，所有的小纸条可以

▲ 老师们在“南坡秋兴”活动现场观看孩子们的电影

▲ 孩子们第一次参加属于自己的“电影节”

自由变动、排列组合——以这种方式来梳理剪辑思路。

在剪辑过程中，一位腼腆的小男孩说："我之前以为剪辑就是用剪刀剪东西，所以我才自告奋勇……"

老师说："那你现在喜欢剪辑师的工作吗？"

他说："做起来发现还是有点意思。"

说完，他自己剪掉了一段一分钟的内容，说道："这段构图一般，人的头都没有，不能要。"

剪辑的同时，各组的海报师也开始手工绘制电影海报、门票。

没怎么拍过影像作品的孩子们认真写着电影主题、时间以及座位号，幸运的观众还有可能拿到很多相同的座位号——5 排 7 座。

电影制作完毕，接着开始电影"宣发"。在老师带领下，一部分孩子来到大南坡艺术广场张贴海报，给村民、游客们发电影票，邀请他们来观看自己的电影。收到票的游客们向孩子们承诺一定会到场支持。

在"南坡秋兴"为期两天的活动里，专门为孩子们预留了一小时作为"孩子们的电影放映专场"。

在"电影节"现场，由孩子们组成的 8 个小组先后为大家带来了作品《为什么来大南坡》《秋天的花儿》《我们的校园》《我的家乡戏》《大南坡的工艺品》《图书馆的惬意》《牛爷爷的民宿》和《毛毛虫游乐游》8 部短片。村里的大人小孩、老师家长们都参与了电影节的放映。孩子们第一次获得这样的成就感，对未来的想象中多了"导演""剪辑师""摄影师""拍更长更好一点的电影""在更大的银幕上播放"，对"观察"和"思考"也有了新维度的理解。

《秋天的花》 | 导演：晁程程 | 剪辑师：康羽欣 | 摄影师：赵紫轩 | 海报师：赵紫月 | 剧照师：康羽鹏 | 采访师：赵梓含 | 制片人：张艳稳（大南坡小学老师） | 故事梗概：★花儿在大南坡盛放，那个季节叫作秋。在影片中小朋友们在户外“研究”盛放的花朵。他们误把食香菜认成了薄荷，还在菜园里发现了紫色的辣椒……★他们问老师，为什么我们在绘本上找不到属于大南坡的花儿呢？★于是他们手绘制作了《秋天的花儿》绘本，稚嫩的笔触、弯弯曲曲的线条、灿烂多姿的色彩，那是一本属于大南坡的“花朵志”……

《我们的校园》丨导演：康旗丨采访师：赵文博丨摄影师：康佳鑫丨剧照师：赵紫琪丨剪辑师：孟钰皓丨海报师：孟梓琪丨制片人：王文娟（大南坡小学老师）丨故事梗概：★为什么学校要新建一个教学楼？为什么会新建一个食堂？为什么校长每天都这么忙碌？……★即使是在每天朝夕相处的校园，孩子也有“十万个为什么”，于是他们决定跟拍校长的一天，探秘学校……

《大南坡的工艺品》 | 海报师：赵曼琪 | 剧照师：康博洋 | 剪辑师：康皓轩 | 摄影师：赵允升 赵荣鑫 | 导演：康舒婷 | 采访师：康舒婷 | 制片人：范倩茹 |

故事梗概：★在大南坡的碧山工销社里有许多的特产和工艺品，大南坡的胡奶奶正在手工编织篮子。孩子们用编制好的菜篮子去采摘了新鲜的柿子，将收获到的果实送给人们……

跳舞，

是这个夏天里一件

美好的小事

大南坡的第二届“街舞训练营”由 BCAF 邀请公益合作机构北京 G-Steps 街舞工作室，在修武县美尚文化旅游投资有限公司的联合支持下开展。今年的街舞训练营由 XoY 小余和花花两位资深街舞老师带队，她们都拥有 10 年以上的舞龄，不仅自身业务能力超群，也很渴望把舞蹈的热情带给社会，以舞者的姿态发挥更多的能量。

街舞离不开律动，身体能在音乐节奏感召下律动是跳好街舞的基础。听着充满教室空间的动感音乐，孩子们懵懵懂懂地听着老师抛来“BOUNCE”等一个又一个街舞专业名词，逐渐意识到自己正在进入新的世界——一个身体开始觉醒及表达的世界。

上午下午两节课，突然增加的运动量给“懒”了一个夏天的孩子们带来了小小的挑战。有的男孩子笑着说：“跳完舞，回家饭量大增。”

经过连续四五堂的街舞训练，孩子们已经可以跟下来一个两分钟的街舞选段。大家开始挑战“终极”难度——分组合舞。合舞需要团队分工协作，每位同学要记住自己

▲ 街舞训练营中认真舞动的孩子们

在组里的动作和站位，通过各组之间变换位置，在舞台上呈现丰富、有层次和专业度的作品。

也许永远没有准备好的那一天，但总是要走出勇敢的第一步。带着尚不完美的动作与舞步和时常迷糊的走位，孩子们跳出了自己人生中第一支舞台上的街舞。

街舞课结束了。但孩子们不舍两位老师的离去，他们早已把老师们当作这个暑假最亲密的朋友。一些在上街舞课前还有些害羞、怕生的孩子也“大着胆子”主动跑来找老师聊天。夜晚的村庄几乎没有灯光，但并不耽误孩子们在村子里溜来溜去，不想回家。

“你们不怕黑吗？”街舞老师们很惊讶。“怕黑！”孩子们承认，有的孩子说自己经常失眠，因为怕黑。“他是因为妈妈去工厂上夜班，想妈妈了。”另一个孩子说。也有的孩子说自己和爷爷奶奶一起生活，每顿饭都是吃自己煮的面……

一件件好像是属于每个普通孩子成长经历中会出现的小事。在街舞课后的夏日夜晚，越来越多的孩子主动分享生活点滴。大家被逗笑，也会感慨与沉默。老师与孩子们一起坐了很久。

一起跳舞这件小事，给每个人都画上了这个夏天完美的句点。

大南坡完全小学的校长刘晓江这样总结街舞课：

大南坡的小学生们因为街舞训练而过了一个不同平常的暑假。

皓轩爷爷怕跳舞迟到，每次都把电动车早早准备好。

彬杰奶奶说：“有这么好的老师教，又不让花钱，这么好的机会打着灯笼都找不着。”

我看到孩子们都在认真地学习，踢腿、举手的动作看起来并不好看，但他们都在努力地跟上节奏跳出舞蹈的美。

我问小朋友：“这两天是不是感觉有点累啊？”——“不累！”他们异口同声地回答。然后我看到有孩子踮着脚走出了教室。

训练结束时，花花老师哽咽说不出话，孩子们围着老师要联系方式，他们跑到柜台要纸和笔。我在旁边静静地看着一切，不忍心打扰。

突然就觉得，很多事情，结果并不重要，最令人感动和难忘、最具收获的往往是过程。

美育的核心一直包含着真实的生命体验。

与个体、与公共进行交互，从而产生新的理解、新的状态，逐渐形成更为紧密的联结。这是美育的意义。

大南坡的训练营，再会！

街舞训练营大合影 ▶

隐形的儿童

以开源的乡村美育课本为媒介的社会实验

（修武县家乡美学课本驻留创作）

㊫ 王沁雪
㊓ 卢晓夏、杨沫彤

长期以来，儿童世界作为成人世界的后台（Back of House）是隐形而较少受到关注的。比如美术馆展览的“残羹冷炙”被转化为儿童的公教活动，好像默认儿童的智识仅是在启蒙阶段。美国媒体文化研究者尼尔·波兹曼在《童年的消逝》一书中提出：“童年”是一个被发明的概念。他指出，“童年”这个概念虽有一定的生理学基础，但随着传播媒介的更迭，童年与成人世界的边界处于不断被建立、打破、重建的过程中[1]。美育课本作为一种传统纸媒，如何将儿童带出成人世界的语境，将儿童纳入知识生产的前沿？课本的固有刻板印象需要被颠覆。

修武县家乡美学课本驻留创作项目是由北京当代艺术基金会联合河南省焦作市修武县教育体育局、左靖工作室共同发起的，向全社会征集修武县本土美育课本的创作方案。项目邀请获选创作者前往当地驻留，与评审艺术家、当地中小学老师参与共创工作坊，将乡村美学调研融入当地的美育课本中。旨在回归自然本源及在地历史，为中国乡村儿童定制本土美育课本。修武县位于河南省焦作市，其地形一半是平原，一半是山区；南边是黄河，北边是太行山。殷商始筑宁城，名宁邑。公元前1046年周武王伐纣，易名修武。从新石器时代的裴李岗文明到汉献帝山阳公与魏晋“竹林七贤”，丰富的历史文脉与自然资源为美育课程的编写提供了丰富的素材。

“竹林七闲”（因团队所在驻留地修武县曾为“竹林七贤”隐居地而得名）美育教材驻地创作小组是一个关注本土乡村美育实践的 7 人跨学科团队，团队成员有幸作为获选的创作者参与此次驻地创作项目。成员背景涵盖建筑、设计、教育、传媒、规划等领域。作为艺术工作者、社会问题关怀者和创新设计践行者，团队旨在实践真正的参与式设计，将乡土美学作为连接城乡的契机，使学校成为城市资源导入与乡村价值输出的双向通道。

为期三周的驻地工作调研形式多样，一部分以当地教体局的安排为主，如参观当地自然与人文景点、访谈绞胎瓷手艺人与怀梆戏剧团团长、参观绞胎瓷与冰菊的生产工厂；另一部分是课堂介入与“扰动”，如旁听课程、即兴拍卖课堂作品、分发调查问卷了解课本使用群体等。团队主要以两种方式呈现对调研的即时性反馈：❶将参观调研冰菊工厂的内容进行视觉化呈现，并开展及时的课程设计与在地试讲工作坊，以测试课程研发的方向与策略；❷将收集到的信息以展览的形式在驻地酒店房间呈现。这些调研成果、课堂介入、快速反馈帮助团队在短暂的三周内修正了之前对当地的预设，对当地整体的认知更加立体，也更加明白了课本的定位与策略。

▲小组成员在驻地酒店呈现的调研展，并邀请当地学校校长与老师参观

对于七位课本创作者，乡村美育课本的编写过程可视为一种策展过程，其过程具有社会实践的属性。20 世纪 70 年代，亨利·列斐伏尔提出“空间生产”的概念：社会空间不仅仅是物理空间，而是由人的日常生活行动建构起来的场所。于是，空间的生产就成为社会关系的生产与再生产 (2)。团队通过在地调研、课堂介入、工作坊、参与式互动与课本策略制定等环节，重新梳理与乡村美育相关的参与者们之间的角色（如学校、老师、学生、美院支教学生、冰菊与绞胎瓷工厂、手艺人等）并尝试链接不同参与者之间新的社会关系。从自然生态环境、在地历史文化与日常生活智慧三个角度发掘潜藏在乡土文化中的吉光片羽，寻找潜在的城乡文化产业资源联动的可能，最终达到以美育连接城乡的目的。课本的社会实践希望通过激发乡村美育相关的参与者们的主动的知识生产来重构乡村的场所精神（Genius Loci）(3)，进而，由这些新的社会生产关系所产生的纸质课本载体能够成为孩子们自主创作、策展、收集

▲修武调研足迹地图，标明驻地三周的调研内容：包含当地学校、景点、美食、访谈四类

自己独特生命体验与生活经验的媒介。它是"手账+设计日志+作品集+策展书+宝藏盒子"的集合，是一本处于对生命策展的"未完成"状态的课本，同时也是打破职业艺术家身份，具有参与精神的"艺术家书"(Artist Book)(4)。

课本难题四则

①受众：关于两类学校的艺术介入式的调研与理想美育原型的寻找

在驻地调研期间，团队先后走访了分别位于修武县城和云台山景区内的两所学校：后雁门小学和云台山镇中心学校。两所学校有着大相径庭的美术课程设计，也代表了两种截然不同的教育理念。县城学校在以应试教育为目的的教学模式下，美术课是被其他考试课目挤占的。因主课的压力、教师的权威，以及整体课程设计偏重对美术技法的训练等多方面因素，孩子的学习自主意识是被束缚的。国画课上，学生会严格按照老师的指令动笔，每一笔都严格遵循老师教授的操作。因此，团队希望通过艺术介入的手段去尝试引导孩子们的自主意识与创作的欲望。一方面为团队提供了认知课本受众的机会，另一方面也是试探我们引入的艺术理念在学生受众中的接受程度与实施可能性。在听完后雁门小学制作纸T恤的美术课后，团队成员李鹏鹏发起了通过拍卖的方式购买学生们课上做出的纸T恤作业的提议。最初，学生们无人回应的僵局在我们意料之中。通过团队成员的不断鼓励，与6位学生课后晚7点开拍的约定最终达成。夜色中，通过在户外后雁门剧场的一个小时作品拍卖“课”，团队成员引导学生们如何在公众场合去阐释自己的作品和创作理念。在跳出传统课堂的影响下，学生们对自己的“解绑”十分顺利。

▲后雁门小学学生陈以诺向大家展示并讲解自己的纸T恤作品

拍卖行为的介入让团队成员意识到将有别于单一应试思维的多元另类价值观引入美育课程的可能性与急迫性。学生应该成为知识生产的前端，而不是一个被动的知识接受者。而拍卖的意义在于让学生看到创作的价值并调动他们解读作品的热情。让他们意识到这是作品而不是作业，美育就成功了一半。

▲驻地团队成员李鹏鹏（中）与学生拍卖成交后的合影

为找到理想中美育的原型，驻地团队来到一所仅有200多名学生的自然景区内的云台山镇中心学校。由于学生人数少，学校能够开设一些有意思的课程，并在经费十分有限的情况下，购置了迷你拉坯机供学生制作陶瓷。校长还计划购置电窑炉，把学生的泥塑作品变为真正的陶瓷。这里拥有的丰富的自然教育资源是县城乃至大城市的学校难以比拟的。尽管存在诸多硬件上的劣势，但学生的好奇心、创作的热情与开放的沟通体现了学校美学教育的用心。云台山镇中心学校开展的种植社团以及学校标语中“尊重创造”的价值观都是团队成员对美育教育最完美的想象。亦师亦友的老师会根据自然时节带学生进入山林寻找大自然中的创作材料。在与大自然亲近的过程中，环保与长效设计的理念潜移默化地被学生理解与接受。团队通过采访校长得知，很多学生在这里上学后进入县城学校难以适应繁重的课业与压抑的生活环境，时常逃学回来。这一方面体现了美育教育与应试教育矛盾的强烈冲突，另一方面也让我们重新衡量推广美育教育的现实阻力。

②乡村老师：缺席的课本解读员与课程辅线策略

“只有成功的乡村老师，没有成功的乡村课本”是乡村课本的困境，而实际情况通常是“成功的乡村老师”也是极度稀缺的资源。受当地教体局的邀请，团队成员担任了教师美育技能大赛的评委。我们了解到，由于乡村教师的分配制度，一名乡村老师所教的课程不一定是其师范专业所修的对口课程，而巨大的师资缺口需要老师同时身兼数门不同领域的课程，由此造成了美术课的老师很可能是由其他主课老师兼任的结果。从大赛的参赛教师展示成果看，不同背景的老师对于“美育”课程的理解不完全相同，大部分教师的美术课多为美术技能的教授，只有 1~2 位教师可以通过新颖的角度切入并结合翔实生动的分析与提引，深入浅出地转译美育的内容与观

▲云台山镇中心学校的美术课堂：根雕、迷你陶瓷拉坯机、乡土建筑手工模型

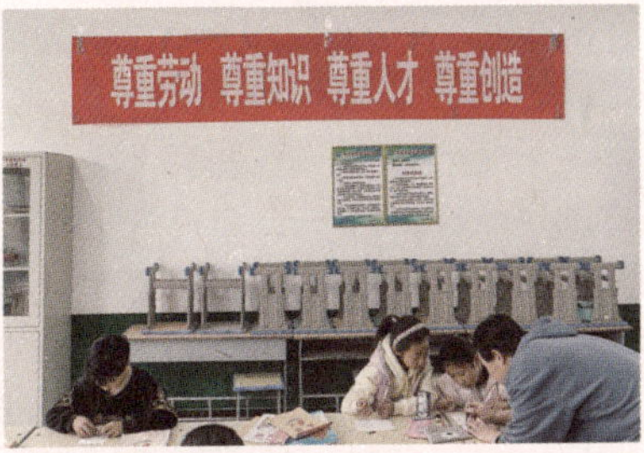

© 摄影：卢晓夏

▲云台山镇中心学校墙上横幅强调个体的价值与创造的价值

念，即教授方法论而非工具与技能的使用。

教材的内容最终需要通过教师的语言讲述出来。那么在语言无法到达的地方，或者语言的转译可能与美育的本意背离的时候，能否找到一条跨越语言与孩子直接建立精神联结的路径？在课本的设计中插入平行于教学主线内容的辅线的策略由此而生。辅线的设计旨在弥补师资水平的参差与语言传达的失真问题，通过引入指令艺术[5]的方式，借由纸媒上文字、图像与新颖的装帧设计，向学生传递如何欣赏美、发现美的方法论与具有诗意和哲思的价值观。这些指令多是思维实验，以启发学生创作和鼓励其自由编写为主，无须纳入主线课程，由此将解读课本的权力下放到学生手中而不再全部依赖于课本解读员。

▲云台山镇中心学校的学生在打理他们的共享菜地

©摄影：卢晓夏

▲户外课堂植物采集

©摄影：卢晓夏

▲教师美育技能大赛现场

③乡土内容转译：被悬置的定义与“生成（becoming）”美的动态实践

在主线课程研发中，一些与美有关的传统民俗内容是否都需要先被定义清楚后再进行课程设计，比如当遇到需要阐述什么是修武地方戏曲——怀梆戏的时候？团队成员一致认为不一定拘泥于论文或是非物质文化遗产官网中对于怀梆戏定义的解读，原因在于所谓“正宗”与“正统”的怀梆戏的概念是值得怀疑的。怀梆戏是一个随着地域、信仰、口语、劳作而流动的概念。根据资料搜集与当地文化研究者的口述，怀梆戏主要流行于今河南焦作市及其下辖的沁阳、博爱、孟州、温县、武陟、修武等地，新乡市及其下辖的原阳、获嘉等地，以及济源市一带，在口语与风俗上各地皆有其地方特点。怀梆前身是由围桌说唱祈雨演变而来的海神戏，形成于明洪武、永乐年间。原怀庆府（今焦作市）的居民多由山西洪洞一带迁来，故海神戏保持着山西戏剧的表演形式，与当地的风俗习惯和方言土语相结合，逐步形成了与山西中路梆子接近而又具有怀庆府一带特色的声腔剧种，剧目、唱腔、念白、音乐等方面都带有浓厚的地方色彩 (6)。根据团队成员对大南坡怀梆剧社团长赵小景老师与大南坡怀梆戏研究员曾曈曈的采访，我们也进一步验证了其概念的流动性：该地区的怀梆戏团演出曾于 1978 年中断，目前村中的怀梆剧社是 2020 年年初在奇村文创的支持下重建的，并于 2020 年 5 月在大南坡赵氏祠堂复演，剧目的表演由村中老人依据儿时记忆复原，并加入了当代电子乐器（如电子琴）的元素。根据团长赵小景老师的描述，怀梆戏的演出地点可以是任何场合，如田间地头等，唱腔对白则融入了当地方言与口语说唱。由此，在剧场选择、配器使用以及人声使用方面 (7)，怀梆戏甚至具有了当代环境剧场与实验音乐的意味。怀梆戏的系统是较为开源与流动的。村民就地取材、因地制宜地不断将传统地方戏曲叠加上自己与这个时代的印记，其动态变化的剧目、配器、唱腔是通过实践不断生长出来的。这与德勒兹在《千高原》一书中提出的“生成论”的概念不谋而合。其理论旨在强调生成（becoming）而非存在（being），拒斥以静态的差异结构作为认知世界的基点，而更关注结构的动态生成(8)。

因此，团队将相同的理念运用到怀梆戏课程的设计中，团队成员先悬置了对怀梆戏定义与范式的讨论，将更多注意力放在了如何精准地转译其开源和流动的环境剧场概念以及实验音乐的概念，这也是从另一种维度对“生成论”的开源解读。怀梆戏经由明代海神戏的演变，到与怀庆各地方的适应性转变，到20世纪后期的中断，再到如今的兴起与当代怀梆剧目的创作，其定义、着装、脸谱、动作、唱腔、角色等皆难以用静态的一种或几种范式去限定。比如在具体课程章节中，音乐部分并非由介绍怀梆戏各类复杂曲调曲式作为开始，而是将其创作的逻辑按照难度梯度依次展开：首先是声音的发现与收集，将聆听作为一种方法；接下来是将收集的声音进行视觉化处理，创造自己的记谱法；进而面对自然环境、抽象的色彩与图形以及动态的轨迹进行即兴演奏，实现多感官的连接与跨媒介创作。将怀梆最本质的流动性的概念与即兴创作的原理进行延展与演绎，而非简单地进行符号化的嫁接，由此也提供了怀梆作为非物质文化遗产活态（living）保护的另类途径。它不仅仅是过去已经形成的传统，在不同的文化群体参与和不同的环境空间中也表现出不同的形态，而且这些形态在下一代的美育课本中仍有不断演变与创新的动力。

④产出价值：不存在的意识形态对立

一个以乡土内容为主的课本中是否应该引入西方艺术家的作品，课本内容的边界应该设定在哪里？团队成员认为，在提出哪些应该被保留进本土课本中时，也同时提出了哪些该被抹去，而教材本不该去建立这样的边界，甚至应努力消除这样的边界。具有乡土内容的“地方特色”恰恰是建立在与世界不同地区的不断关联与对照上的，并不断从与他者的关系中寻找自身定位。团队成员希望通过课本去探索乡村自建美学系统的可能性，一个游走在东西方的、城乡间的、民族与跨民族语境里的、不断流动的“块根”(9) 系统。

课本定位

团队成员对于此套美育课本的定位重在三个方面。第一是“美育是道，美术是术”。美育教育强调将生活本身作为创作素材，并且将乡村独特的资源作为地域性表达的媒介，我们意图在强调美术技能训练的同时培养学生的感知力与共情力。美学教育与美术技能培养无法等同，前者是方法论层面的自我学习，而后者在中文语境与大陆课堂的实际操作中则主要是基于传统的绘画与手工艺层面对“再现”能力的工具性训练，如儿童画、素描、剪纸等。

美学教育强调将生活本身作为创作素材，而乡村独特的资源应成为地域性表达的多元媒介。学生在体验不同艺术媒介的创作过程中，达到自我的成长与德育的提升。创作者更期

▲五里源中学的国画课，学生正在按照指导画竹子

©摄影：杨沫彤

▲当地云台山红石峡景区的自然肌理

▲驻地小组参观当地冰菊工厂

待的是可以借由美育实践，调动每个个体（包括老师在内）主动地理解和感知生活的能力，并拓展其感知生活的方式。因此，我们工作的前提是：没有所谓的艺术课，一切课程都是艺术课。科学课中对于植物的观察、对种子的培养等训练可以成为自然教育的课程内容，而学生在自然教育中所获得的观察力同时也为科学课的观察实验提供帮助。数学课中对于数字的形式探索可以与服装设计等设计类课程结合，而在设计中需要的运算技能、几何关系的探索和知识迁移的能力也将大大提升学生对数学的理解力。语文课的诗词歌赋将不再成为死记硬背的学业负担，因为学生感知力与共情力的提升将帮助他们更顺畅地与古人对话。

第二是“纸媒上的乌有乡”，即在课本的纸媒中，用有限的教育资源构建无限的乡土风物，作为对故乡的二次解读。当田园将芜的时候，乡村美育课本通过纸质媒介中所记载的山川风物、曾经鲜活的生活场景，以及孩子们共同在课本内创作的经历将会成为人们寄托故乡共同体的最后互动载体。在乡村教育资源有限的客观条件下，团队需要有效利用当地丰富的物产以及自然资源创作适用于地方的美育

▲驻地小组成员以冰菊为线索进行研课的场景

▲ 驻地小组在云台山镇中心学校试讲“花田议事”——冰菊感官体验课程，图为学生们在课上观察冰菊在水中泡开的轨迹

© 插画：施维纳

◀当地冰菊产业流程研究

教材。在传统应试教育的单一语境下引发多元价值的思考，鼓励学生重新审视故乡的意义，形成对故乡的价值认同。

第三是通过课程的设置，与当地产业结合，与传统应试教育互补，形成互助互利的文化网络，使学校成为城市资源导入与乡村价值输出的双向通道。团队创作者们希望通过课本撬动课程、课堂，甚至更多社会资源，使乡土美学作为连接城乡的纽带。在课程设置上，团队提出了将学生的创作与大南坡文创产品结合：学生成为产品设计最前端的创意提供者，城市里的从业设计师则从落地实施的专业角度，辅助其作品落地；绞胎瓷课程中，团队创作者以陶瓷工厂废弃陶瓷制品再设计为出发点，让学生对工厂废弃陶瓷制品进行二次创作，在传播长效设计理念的同时，将本地陶瓷工厂的产业资源与学校课程形成联动，形成互助互利的文化网络。由此，空间、文化、产品的结合，扩大了美育的应用范围，连接了设计与文创网络，让家长与学校看到美育的又一重价值。因为来自他们共同的认可才是推动乡村美育的原动力。

课本编写方式：开源模式

在课本的编写策略上，团队成员提出可否从"copyright"（私有版权）走向"copyleft"（公共版权与开源），我们借用自由软件运动的术语，将课本策略定义为"开源"（copyleft）：一种自由编写的许可方式，保障课本使用者都拥有对该作品及其派生品的使用、修改和重新发布的权利。其策略一方面体现在课本设计的过程中引入多方参与的设计方式，另一方面体现在课本形式与使用方式的灵活编写。

①开源的方法：参与式设计

距离约瑟夫·博伊斯提出"人人都是艺术家"已经过去了半个多世纪，然而艺术行业的壁垒却越筑越高了。团队创作

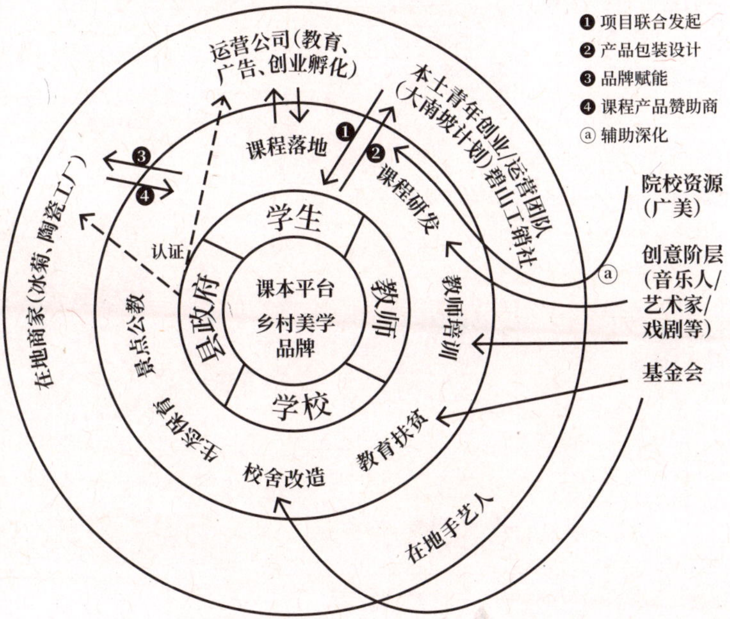

者希望沿着开源的公共版权（copyleft）的方向，寻找破除壁垒的可能：从参与式设计开始，让利益相关者（学生、老师、校方、相关创意人群）积极参与设计过程并提供及时的反馈。基于学生的问卷调研、去学校“借读”的经历、课程研发并测试课堂效果、购买学生作品等正规或“游击”的方式，尽可能地将各方对课本的考量与可提供的潜在资源纳入课本编写。我们希望通过课本这个契机搭建一个平台，人人都是课本的共建者，人人也都是乡村美学的贡献者与学习者。

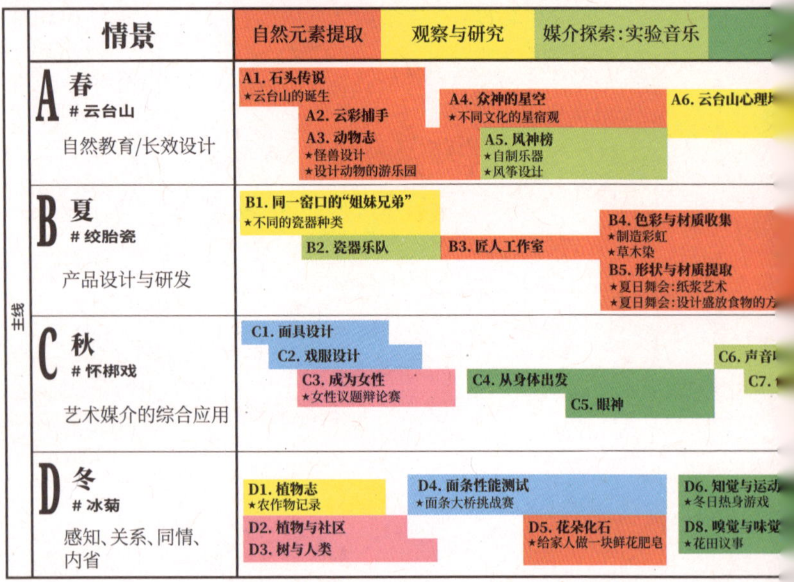

②开源的形式：课本作为个人的艺术品

在形式的开源方面，团队希望学生可以根据课程所学与自我创作的需要对课本页面顺序进行个性化编排，同时也是每个个体的自我策展的过程。基于成本等多方因素的考量，我们最终提出活页圈装的策略，即课本页面散装与课本外壳分开。课本外壳为一个具有一定收纳空间的硬质盒子，存放孩子的小型物件与收藏立体创作。

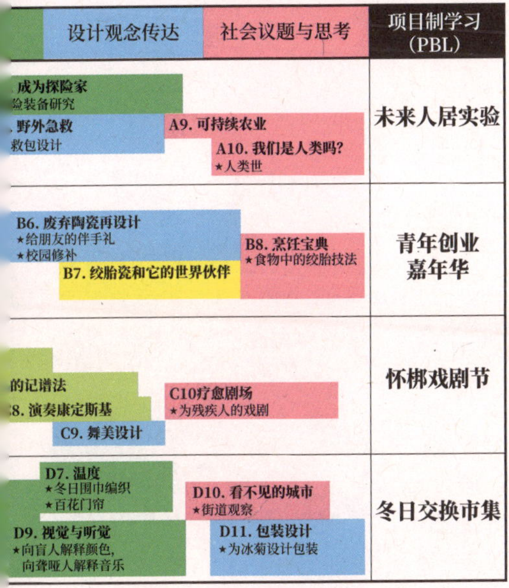

◀开源课本架构

开源的课本架构：主线 + 辅线 + 工具包

[主线]

●有感于自然节气与民俗活动在乡村的流转，课本的主线内容的设计围绕四种在地乡土文化意象展开，分别为：春——云台山，夏——绞胎瓷，秋——怀梆戏，冬——冰菊。这些意象一方面具有在地乡土文化的特点，另一方面具有较高的可延展性。每个板块内部自成体系，由易到难地引出该时节和意象延展出的话题。话题涵盖了音乐、绘画、设计等，力求形成感知力训练、想象力训练等多维度训练模式。●各个季节与其代表意象的搭配依据当地生产生活而制定。春天云台山踏青，适合引入自然教育的环节；夏季麦子熟了的农闲时节，学生可以用收割的麦子做成面团，进行绞胎瓷制作等一系列有关编织与空间想象力的手工艺延展练习；秋天怀梆戏将会隆重登场庆祝丰收，由此将组成一部戏剧的各个元素拆解开来，一步步将学生带入戏剧的整体艺术设计；冬天 11 月是当地的冰菊盛开的季节，适于引入与品尝、花朵、感官相关的体验类与感知力类的练习，同时也会引入冰菊包装设计与当地文创产业结合。各个章节既有各自的侧重主题，但同时也有贯穿四个章节始终的话题点，如实验声音的训练、产品设计的训练、感知力的训练等，它们将会连贯地以不同形式出现在不同章节。●以“秋——怀梆戏”章节为例，我们选取了《辕门斩子》这出经典的怀梆剧目。在介绍戏曲人物与乐器的事实类信息的同时，穿插引入上述延展话题的美学互动内容，如，面具设计、服装设计、舞台设计、女性话题辩论、实验声音、疗愈剧场等由传统戏剧衍生出的当代艺术议题，引导学生一步步地获得制作一部戏需要的能力，并最终通过项目制学习（PBL）的方式“为残疾人设计一出怀梆戏”，作为整章的结尾与能力的整合，同时引入疗愈剧场的概念，旨在引导学生思考怀梆戏在形式上的可能

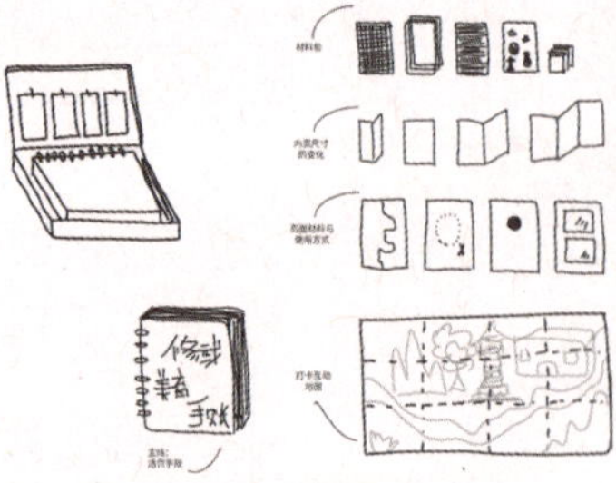

▲ 课本形式：活页圈装的盒子

▲ 驻地项目的课本小样展示：右侧绿色封皮为课本小样，左侧为材料包

© 插画：施维纳

◀ 课本封面围绕四个在地意象展现了课本主线的四个主题，分别为春——云台山、夏——绞胎瓷、秋——怀梆戏、冬——冰菊

© 插画：施维纳

▲ 秋——怀梆戏章节开篇部分：《辕门斩子》剧情与怀梆戏特色的折页与剧中人物杨延昭的介绍

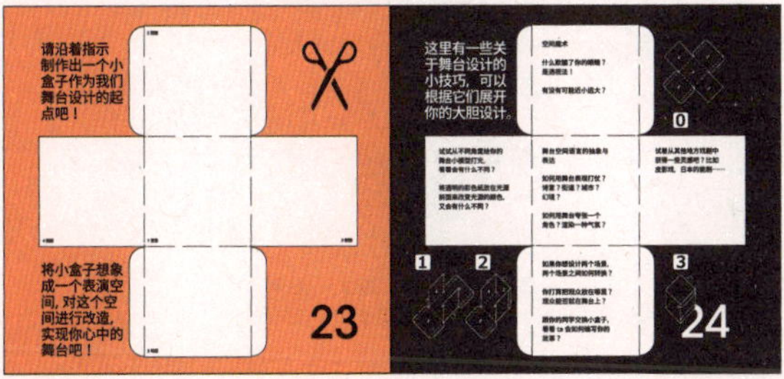

◀秋——怀梆戏章节结尾部分（23、24页为舞台设计，学生可根据课本上的指引剪下相应部分做成舞台盒子，并基于此作为舞台设计的开始；25页为整章的集大成的课程——即为残疾人设计的怀梆戏）

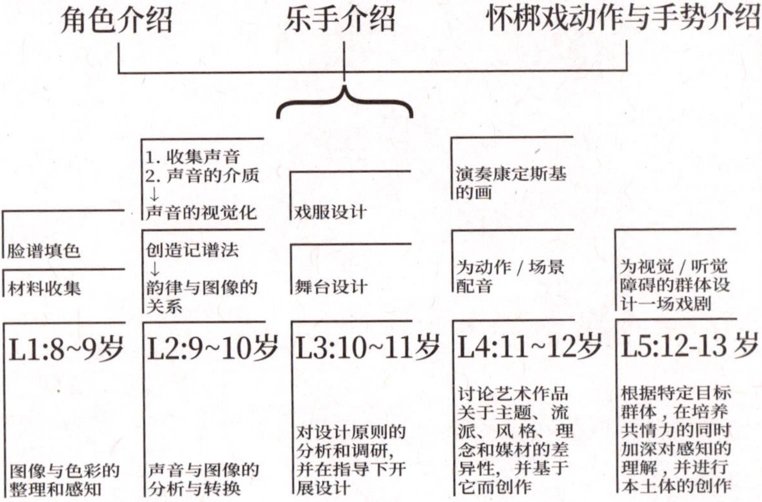

▲怀梆戏章节的课程梯度设计图

性与创新性，而产出的教学成果可以为有能力的学校开展戏剧节等校园特色美学活动提供帮助。

[辅线]

●在课本落地的过程中，“只有成功的乡村教师，没有成功的乡村美育课本”的困境启发我们思考课本与课程的设计需要在多大程度上依赖老师的努力。在以老师为主线的课堂教学中，关于“美丽心灵”“诗与哲思”和“生命教育”等话题常常需要自主学

▲辅线页面节选，这是一系列诗意的礼物与平行于主线课程的“零食”

习，因此我们在主线课程的基础上增加了辅线的内容。在课本上，它们是一系列随机穿插在主线里的特殊尺寸的页面，每页有一些带有诗意的“行动”“指令”或是“礼物”，向孩子、老师、家长传达修武的自然、人文特色，如“竹林七贤”诗意的栖居式的人生价值观，同时也通过此种形式引入参与式艺术与指令艺术的概念。●这些辅线的定位是：

① 一系列有关主体的行动（actions）

② 给孩子（发呆出神）的礼物

③ 诗意的“指令”

④ 会心一笑的幽默

⑤ 澄澈、浪漫的童话与诗歌

⑥ 平行于主线的“零食”

[工具包]

●工具包是辅助孩子进行艺术创作的基本材料，可打孔之后与主线页面装订在一起。包括但不限于：透明的草图纸、格子纸、彩色透明纸、塑封袋子、五线谱纸，等等。

课程难度梯度设计

根据各个主线章节的互动内容，我们总结归纳了由易到难的认知过程中的七个重要节点：

① 事实类介绍

② 收集、整理、归纳与调研能力

③ 感受力（温度/观察力/身体/尺度/自然节气/空间体验）

④ 美学提取（石材/树叶等材质提取）

⑤ 媒介转译(听觉与视觉的转化等)

⑥ 理念:如,可持续理念(长效设计)

⑦ 应用:如,与当地文化产业和大南坡文化资源结合

团队创作者们希望通过这些方式去消解"课本"这个概念,它更像一本活页装的手账+作品集+策展书+宝藏盒子的聚合物,这同样也是一本"未完成"的课本或艺术家书。

根据课程实践的经历与思考,团队成员整理出了美育课程的宣言,共13条原则:

⓪ 己所不欲,勿施于人(作为所有美育课程的基本准则与底线,因此从0开始)

① 美育课堂是没有老师与学生的

② 美育课堂是共同学习与探索的

③ 美育课堂是不存在对错的

④ 美育课堂是对身体友好的,站立坐躺皆可的

⑤ 美育课堂是灵活可变的,空间上与形式上皆是

⑥ 美育课堂是主动的

⑦ 美育课堂不期待一个特定结果

⑧ 美育课堂是在过程中体验的

⑨ 美育课堂是与自然合一、随着季节流转的

⑩ 美育课本是每个人生活创作的天地,空间与时间在这里延展和汇聚

⑪ 美育课本是开源的:可以根据自己的创作增减、编辑、涂画、粘贴、裁剪、折叠、调整顺序的

⑫ 美育课本是不存在的（即消除课本的刻板印象与教育上的权利关系，将学生从被动的接受者变成主动的生产者）

结语

▲ 美学课本驻留项目参加江西画院美术馆开馆展“乡村建设：建筑、文艺与地方营造实验”

团队创作者们希望在开源的创新模式下，通过颠覆课本刻板印象的设计，灵活打卡的课程设置与自主学习、自主策展的开源形式与良性价值观的引导，让美育课程成为一门不需要在主课压力下妥协的诗意的生活课程。这些课程旨在最大限度地激发孩子的好奇心与探索力，将儿童从知识的被动接受者转变为主动的知识生产者，并借由美育养成主动求知、积极探索实施路径、不断反思的生活方法论。其次，课本亦作为一种开源的媒介，致力于将地方文化产业、城市文化机构、工厂、学校、学生、教师等多方资源串联在一起，在建立地方文化自信的同时也在重塑对故乡共同体的想象，最终能够以美育连接城乡，以主动的知识生产重构修武“志气旷达，以宇宙为狭”的极具酒神精神的场所气质。

最后谨以一句因康德而作为整个启蒙运动座右铭的拉丁语格言作为团队成员对课本使用者的祝福以及希望通过课本而达到的愿景：敢于知道，因为真理使你自由（Sapere Aude, quia Veritas Vos Liberabit）。

注释：

(1) 尼尔 · 波兹曼 (Neil Postman). 童年的消逝 [M]. 吴燕莛，译 . 桂林：广西师范大学出版社，2011.

(2) 包亚明 . 现代性与空间的生产 [M]. 上海教育出版社，2003.

(3) 场所精神 (Genius Loci)：场所 (place)是在空间 (space)的基础上叠加了感受、地方认同感与归属感等心理层面与精神层面的活动后所形成的某种空间气质。Christian Norberg-Schulz, Genius Loci: Towards a Phenomenology of Architecture [M]. Rizzoli, 1979.

(4) 艺术家书 (Artist Book)是一个带有观念艺术的产物，目前没有明确的定义。通常指由艺术家独立创作的以“书”作为载体呈现个人艺术创作与观念的媒介。形式自由，不局限于传统的纸媒，其本身即是一件艺术品。

(5) 指令艺术 (Instruction Art)：以命令式的短文完成的观念艺术作品。“指令艺术”是一种观念绘画，不存在有形的实物，艺术家小野洋子本人称其为“在头脑中组合而成的绘画”，它是“概念艺术 (Conceptual Art)”的先驱。这些艺术行为的指令文字摆脱了能演的限制，与俳句或禅宗公案有相通之处。小野洋子的著作《葡萄柚》(Grapefruit：A Book of Instructions and Drawings，1964 年)是指令艺术的代表作品，其中它以这样一行文字开始：“读完之后，烧了这本书。”
走进日本 . 小野洋子：变革时代的先锋艺术家 .[EB] (2017-10-17).https://www.nippon.com/cn/features/c03706/.

(6) 中国非物质文化遗产网 . 国家级非物质文化遗产代表性项目名录怀梆 [EB/OL]. (2006).http://www.ihchina.cn/project_details/13189/.

(7) 张玉 . 怀梆唱腔艺术及其流派的考察与研究 [D]. 河南师范大学，2014.

(8) 麦永雄 . 德勒兹：生成论的魅力 [EB/OL](2008-05-25).https://ptext.nju.edu.cn/bd/a5/c12236a245157/page.htm.

(9) 此处指德勒兹的“块根”理论。

●驻地项目发起机构：北京当代艺术基金会（BCAF）、河南省焦作市修武县教育体育局、左靖工作室●驻地团队成员：王沁雪、施维纳、王明美、杨沫彤、卢晓夏、李鹏鹏、吴雪影●版权声明：本文章原文发表于《中国艺术》杂志 2021 年第四期，由作者授权转载。

向美而行，润泽生命

大南坡小学美育实践叙述

文 刘晓江

●本文作者为大南坡完全小学校长

大南坡完全小学（以下简称为“大南坡小学”）是一所山区村小，始建于1952年。学校经改易地址，现在位于大南坡村与西小庄村中间道路的北侧。2020年10月30日，修武县教育体育局局长王二军和北京当代艺术基金会秘书长胡斐等一行人来到了大南坡小学，从此大南坡小学开启了美育历程。美育，也逐渐成为这所小学的特色。在不到两年的时间里，大南坡小学先后开设了儿童绘本、四季美术课、儿童诗歌等美育课程，成功开展了草木染、街舞训练、影像训练等美育实践活动，出刊了两期《大南坡儿童诗歌》和七本《大南坡儿童绘本》。

诗歌就是校园里的庄稼，我们不论收成，只管播种

张皓峰今年10岁，刚上四年级的他已经写了满满一年的诗了。翻开他的一个诗歌本数了数，一共有29首。另一个本上是38首。就数量而言，张皓峰写的诗歌不算是多的，反而有点少。康舒婷一个诗歌本就有61首诗。在一次写西瓜的诗歌课上，康舒婷一口气在两张白纸上写了5首诗！以此大致算来，大南坡小学的孩子一年来已写有1000首的诗歌了。

张皓峰的诗内容丰富，他写了自己的快乐：“我会和我的泡泡好朋友一起玩捉迷藏 / 我躲在彩虹上 / 偷偷地

笑 / 可惜他们找不到我。”

写了自己的悲伤：“当我哭的时候 / 我的眼泪掉到人们脸上 / 妈妈就会出现哄我。”

写了自己眼中的美景：“小小的水坑 / 印着一角 / 小小的蓝天白云。”

也写了自己心里的想象：“黑 / 是一个恶魔 / 把阳光吃掉 / 吐出星星和月亮。”

出乎意料地，我竟然发现他在思考人生：“我的童年不怕累 / 也不怕批评 / 只怕途中跌倒”“人像一粒种子 / 生根 / 发芽 / 结果 / 枯死 / 这就是人的一生”。

我想，这些话张皓峰妈妈不一定听到过，除非看了孩子写的诗。诗歌，给了孩子们一种独特的浪漫的表达方式。孩子的内心世界，不便诉说的东西，用文字变成诗歌的句行说了出来。郜明轩说，他喜欢写诗就是因为诗歌是一种很好的表达方式，让他可以拥有更多想象和思考。我们为什么要让孩子们写诗？这也许就是答案。是要孩子当作家、当诗人？当然不是。我们只想在信息爆炸、躁动不安的社会中，送给孩子一种浪漫美好的寄托方式，希望他能安静下来：静静地看，静静地听，静静地思考，静静地书写。我们不用去怀疑一个孩子的语言天赋，也无须去揣摩这些句子到底有多少诗意。孩子能以诗的样子写出来，就能体会到一种别样的方式和快乐。他成了自己的诗人，可以用一种独特的方式描述和思考生活。是光诗歌说：会写诗的孩子不会砸玻璃。我想大概就是这个道理吧。

大南坡是一个普通的山村，这里风景如画，民风淳朴，天空宽阔，田野丰富。各种各样的草木、石头、昆虫、鸟雀都是孩子们的朋友和玩伴。孩子可以坐在草地上倾听，可以围在核桃树下读诗。得天独厚的自然资源和环境赋予他们天然的地气和灵性。康雨欣在《桃花》一诗中写道：是哪飘来的一阵香味 / 原来是桃花妹妹在抹香水 / 我走到她身边，想夸一夸她 / 她害羞得露出粉红粉红的脸蛋……

自大南坡计划实施以来，大南坡这个土乡村有了城市里的书店、艺术展厅、酒吧、游乐场和小舞台等。周末孩子们不出村就可以到书店里看书、写作业，在游乐场玩耍，文艺的熏陶又让大南坡的孩子多了一些其他乡村孩子少有的气质。赵文博在《图书馆》一诗中写道：靠在软绵绵的凳子上 / 看着精彩万分的图书 / 听着书页翻动的声音 / 品着浓郁的咖啡香味 / 外面还有一些泡泡水可以玩 / 啊，我太喜欢你了 / 大南坡村的图书馆。

自古以来，优秀的诗歌大都产生于乡野。新时代的乡村，诗歌不应是阳春白雪式的高级专属品，它是乡村振兴的协奏曲，是乡村幸福生活的凯歌。孩子是新时代乡村最美的诗和远方。大南坡农民有一句口头禅：庄稼不收年年种。诗歌就是校园里的庄稼，我们不管收成，只管播种。让童诗陪伴孩子一起生长。种瓜得瓜，种豆得豆。我们相信未来。

把绘本故事顺其自然地编织下去，
给孩子的未来推开另一扇门

2022 年是虎年。春节时候，我在城市的新华书店里看到许多张老虎画被细绳穿起来一排排地挂着。那一只只老虎画得非常逼真，线条、色彩，纹理、姿态，一看就知道作者画功很好。标签告诉我，这是美术辅导班在做招生广告。我禁不住赞叹，辅导班的学生就是专业啊。

回到学校，当我再次看到孩子们画的画时，我突然意识到了一个问题：我们孩子画的每一朵云都不一样，而辅导班孩子画的老虎全是一个样，好似多胞胎；云画得不一样，越看越有趣；老虎画得一个样，越看越没劲。我们从没有教过孩子们怎么去具体地画一朵云，也没有教过他们怎么去具体地画某样东西。每次画画，孩子们都是依照自己的想法来画。想法不同，同样的事物他们画出来也就不一样。于是就出现了一个孩子就是一朵云、五十个孩子就是五十朵不一样的云的情况。我们觉得，孩子画画不看它有多像，多逼真，因为那是照相机的事儿；而看它有多少内涵，有多少趣味。

2022 年 6 月，我们出刊了七本绘本。因为是尝试，这七本都是孩子们摹画的。结果，这几本绘本画面冲击力很强，淹没了故事本身，令人一边看一边揣摩，不自觉地情趣横生，拍手叫好。宰彬杰看着自己画的绘本《永远永远爱你》，乐得弯腰咳嗽，说不出话来。他指着其中一页说："你看这个画的——不是两只恐龙在打架，而是两只鳄鱼。如果把背上的刺涂成绿色就是恐龙了。"我看了看绘本，的确如此。宰彬杰告诉我：慈母龙很爱自己的孩子，所以叫慈母龙；黄色是温柔的颜色，所以慈母龙的颜色是黄色的；她拾的蛋是霸王龙的，霸王龙很喜欢吃肉，所以这个蛋是红色的。

画云、画花、画房子、画大树，全凭孩子们自己的想法去画。画多了，画久了，有的孩子就会以自己独想的方式画一些图画。那次在学校图书室，我随手拿起一个小男生正在画的绘本，看了半天，指着一个图案问：你画的这是什么啊？

这是筋斗云。

筋斗云？我一愣，仔细看去：它飘在空中，云的轮廓，上面都有一个山楂卷一样的卷曲线条，像一只精灵在飞。我不禁哈哈大笑：你在哪看到的？

西游记啊。

西游记里都是这样画的吗？

不是。孙悟空不是会架筋斗云吗？这是我自己画的。

显然，小男生是根据他自己的理解画的筋斗云，重要的是还得到了小伙伴们的一致认可。这时，旁边的几个孩子也围观了过来，叽叽喳喳地说：老师，他画的是筋斗云。他画的就是筋斗云！……

绘画时，当想象与现实之间出现矛盾，如果孩子能够巧妙处理，而且很形象，很妥帖，又富有情趣，这不就是一种智慧吗？绘本，画的是一个孩子的想象世界，体现的是一个孩子的绘画智慧。孩子拥有绘画的智慧比拥有绘画的技巧更重要。

我们的孩子也很率性：你让他画，他就画，什么都敢画；你让他在一个地方画，他就在那个地方画，无论什么地方从不怯场。校园里，广场上，纸上、布上、地上、墙上……都有孩子们的画。把孩子们的布画裁剪缝制成门帘，把地上孩子们姿态各异的影子画用油漆刷成彩色，在灰色的水泥墙壁上让孩子们用丙烯颜料涂鸦，把孩子们画的喜鹊印在 T 恤衫上……一件件好似富有特色的文创产品，充满了童趣，散发乡土气息，好看，耐看。到现在，我没有听到过哪个孩子说自己画得不好，也没有听到过哪个老师批评某个孩子画得不好。绘本美育课，让孩子在学科学习中被压抑的天性获得了重生和释放。与学科学习中付出的是辛苦、收获的或许是伤感相比，绘本课孩子们付出的是想象，收获的总是快乐。

田野，是乡村让城市最羡慕又无法企及的资源。大南坡有的是野草、野花、野树、野果。在野地里写生，他们神情专注，或坐，或趴，或捏着小草小花，一边观察一边画。这大概是他们画画最像的时候了，却也依旧是土得掉渣。孩子们画大南坡的植物、大南坡的建筑、大南坡的游乐场……再连画成故事，成绘本。绘画出于自然，故事成于自然。事实上，并不是所有的孩子都适合学科学习，绘本或许在朦胧中给这些孩子带来了希望。作为教育者，我们将把绘本故事顺其自然地编织下去，给孩子的未来推开另一扇门。

我们没有看到学生
学业成绩因美育而下降

说起儿童美育，大家最关切的问题大概是会不会影响学生的学习了。

我们的答案是：两年来，大南坡小学的校园生活因为美育而变得丰富多彩，小小的校园仿佛时刻充溢着新鲜的氧气，灵气渐长。2022 年暑假前，我校参加县教育质量抽测结果并不落后，反而比较靠前，我们并没有看到学生学业成绩因美育而下降。

不仅如此，以前从没有过的事情，在孩子们身上一点点地发生。从“0”到“1”，从“1”到“2”，诗歌、绘画、舞蹈、草木染……大南坡的孩子从不会到会，从无到喜欢。有的孩子说，他学习到了勇气，因为他要把自己写的诗、画的画分享给别人。有的孩子说，我觉得我们比在城市里还好。狄老师家住在焦作市里，她女儿曾对她说：妈妈，你们学校比我们学校好多了，我们学校就没有这样好的活动，我们老师只会布置作业。

美育实践让孩子增长了知识和能力，获得了勇气和信心，越来越多的家长了解了美育，认可学校的美育工作。张皓峰妈妈反馈说："绘本课和诗歌课，我觉得是蛮不错了，因为山里的学生课外书也很少看，光主课也没兴趣，这样偶尔上点绘本课，可以增加点学生对学习的爱好！适当地放松一下！我比较赞成，同时也辛苦老师了。"赵玉峰妈妈说："我觉得美育教育让我的孩子扩大了视野，发现了大自然的另一种美。同时也开发了他的智力和创造的精神，树立了劳动观点，使我的孩子更加热爱生活了！感谢学校的美育教育，为你们点赞。"郜明轩妈妈说："通过活动可以让孩子们提高认识美和创作美的能力，可以促进孩子们的素质提高。"宰彬杰妈妈说："我觉得咱学校现在举办的绘本课还有诗歌课都挺不错的，因为毕竟让咱的孩子多了一份兴趣和爱好，但是我觉得以后也不能太注重让他们写诗了，毕竟四年级了，希望以后就是更能多重视写作，就是让他们多练习一个作文题材之类的，为以后的学习打下一个好的基础，不要让他以后觉得写作太难了。"这位家长在肯定之余又有些担心，这很正常，我们也十分理解。我相信，我们的老师会处理好孩子写作和写诗这两件事的，因为它们毕竟都属于语文范畴，在学校这两者已经很好地融合在语文课堂里了。

教师也是美育的受益者。谁能想到，在这只有几十名学生的袖珍村小里，竟然有一个儿童美育工作室呢？工作室是在尝试做了美育工作后，大家自发自觉成立的，每个成员都是自愿加入的！诱惑他们自愿加入的不是金钱和名利，而是美育的魅力、自身成长的内驱力和公众的认可。她们大都是语文老师，爱岗敬业，年轻有朝气，思维敏捷，学习力强。大家自发自觉自愿组成一个团队，一起学习专家讲座，一起设计活动方案，共同进步。工作室的每个成员都仰慕并深信团队力量。孙莉莉老师感慨地说，加入工作室后，受美育的影响，她的语文课堂时不时会产生美好的灵感，让学生更喜欢语文课，也更喜欢老师了。

大南坡小学作为大南坡村小，近水楼台先得月，深受大南坡美学振兴文化赋能的影响，学校儿童美育工作已经被纳入到了大南坡计划之中。2021 年南坡秋兴活动上，孩子们在会场屏幕上展示了他们自导自拍自演的视频，在舞台上和五条人一起唱歌，还成功举办了自己的画展。师生与社区的互动，让村民看到了更多的光明，也加深了乡村振兴的意义。我们看到，焦作、郑州等越来越多的小朋友也来到了大南坡社区来做美育活动。大南坡俨然已成为本地一个知名的儿童美育实践基地了。

金秋是一个学年的开始，是一年中最好的季节。学校的各项美育计划已经形成。美育，不仅仅是艺术教育，更是生命教育。教育是细工慢活，它结果不在当下，而在未来。左靖老师叮嘱说：一定要踏踏实实地先做好我们自己的事情。本着这种踏实的实践精神，我们不急不躁，向美而行，在探索中努力做好乡村儿童美育工作。

（借此特别鸣谢在美育工作上给予我们指导和帮助的机构：修武县教育体育局、左靖工作室、北京当代艺术基金会、广州美术学院跨媒体艺术学院刘庆元工作室、是光诗歌、禾邻社、修武县美尚文旅、福建同心基金会）

大南坡
完全小学学生诗选 + 精选绘本展示

㊮ 大南坡完全小学

藏彩虹　康舒婷（10岁）

我有一件值得高兴的事
——藏彩虹
晴天时我会把它藏在
我心里
雨后我会让彩虹时不时
出来吹一下凉风

小云朵　宰彬杰（9岁）

小云朵慢吞吞
还不快快往家奔
太阳就要落下山
小心弄乱白纱裙

星空　赵得江（11岁）

我仰望星空看见一道道极光
仿佛给天空穿了一条条线
我仰望星空
看见许多闪着光芒的星
密密麻麻
无拘无束
我仰望星空
看见那弯弯的明月
在微笑着垂爱自己
我仰望星空
静静地坐在山脚下
看着这满天的美景

（编者注：本文标示的年龄均为学生创作时的实际年龄）

我爸爸 王艺可（9岁）

我爸爸虽然不富有
但他给我了一个温暖的家
我爸爸虽然不是大力士
但他把我举过了头顶
我爸爸虽然不小了
但他也是个孩子呀

水坑 张皓峰（9岁）

小小的水坑
印着一角
小小的蓝天白云

羽毛 康羽欣（10岁）

我是羽毛
是一根向往远方的羽毛
我希望
能吹来一阵微风
把我吹向远方

夏天 康诗琪（11岁）

早晨
太阳舔了舔整个世界
这让世界热了几分
中午
雪糕流下来豆大的汗珠
冰块也在它的减肥路上
午后
太阳对世界吹了一口气
整个世界快要被融化了
傍晚
太阳累了
随便舒了几口气
这次却惊动了整个世界的昆虫

了黑影。
比起来小章爸爸更像一只大
怪。

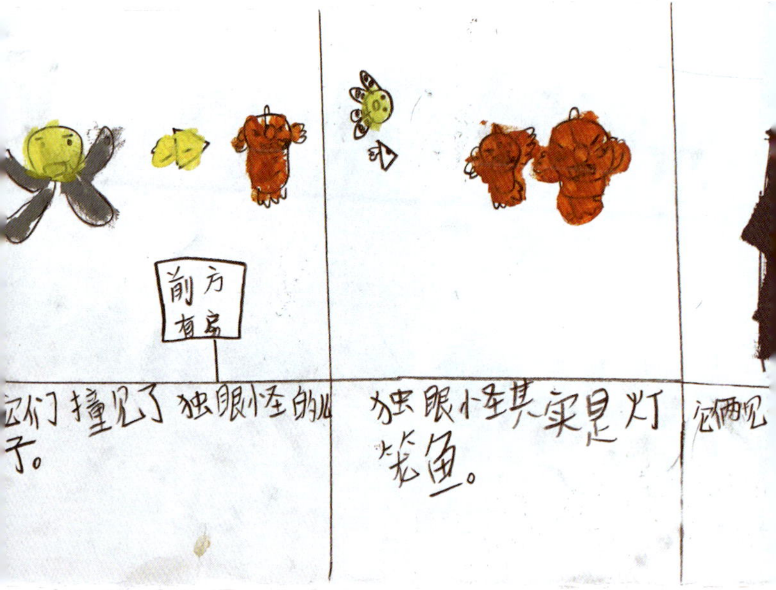
前方有岛
它们撞见了独眼怪的儿子。
独眼怪其实是灯笼鱼。
它俩见

门在深之洞前见到了电先
电先生不想让它们去，可它
还是去了
进去之后大普被石柱包住了，小三角鱼不
见了

绘本选载：康博洋（10 岁）

绘本选载：康梦婷（9岁）

我xǐhuān máo mao 虫

它俩来到目的地，野餐摆好后，痛快地吃了
起来……夜来了，它俩躺在草地上，望着星空睡了过去。

过子一会儿，它俩来到
小溪旁，因为兔子不
会游泳，所以鸭
子背着兔子过了河。

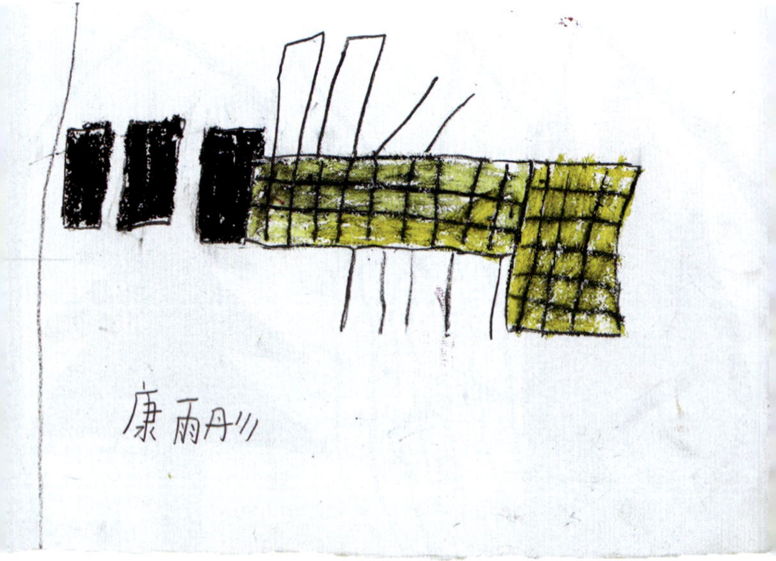
康雨丹

m/ áo mao 虫

因为鸭子跑不快
所以兔子背着鸭子
去野餐。

绘本选载：赵玉峰（11 岁）

绘本选载：康雨彤（7岁）

8. 最后他(她)们都来和孤独的小朋友玩了。

赵紫轩

6.他们又去小木屋玩，刚玩一会儿，孤独的小朋友也来了他们又去了。
7.最后孤独的小朋友伤心的哭

具，他这他们都很开心

因为有的小朋友不给这个小朋友玩。

[illegible]叫他孩子孤独的小朋友。

5.

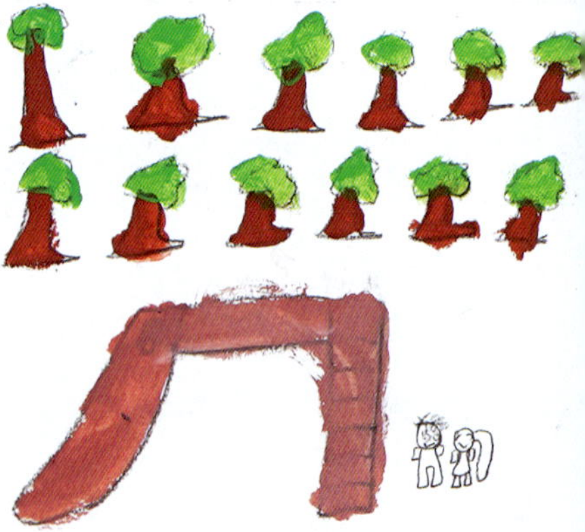

有一天他们去玩滑滑梯看见了孤独的小朋友也再玩就走

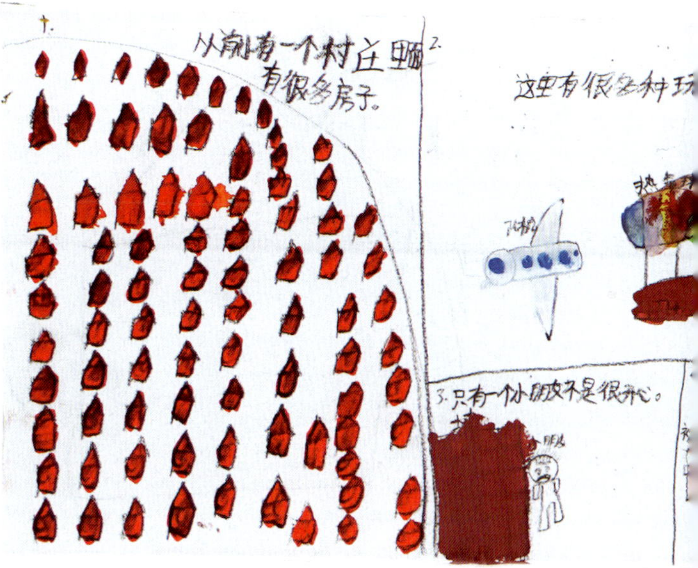

绘本选载：赵紫轩（10岁）

从此以后我们不但不
而且还捡拉圾。

赵彦喆
忽然，身后有一双红色的眼睛
原来是熊！孩子们跑了出来，熊也追了出来。

扔垃圾
我们的村里有很好
好玩的地方，叫菜
青虫。

后来又

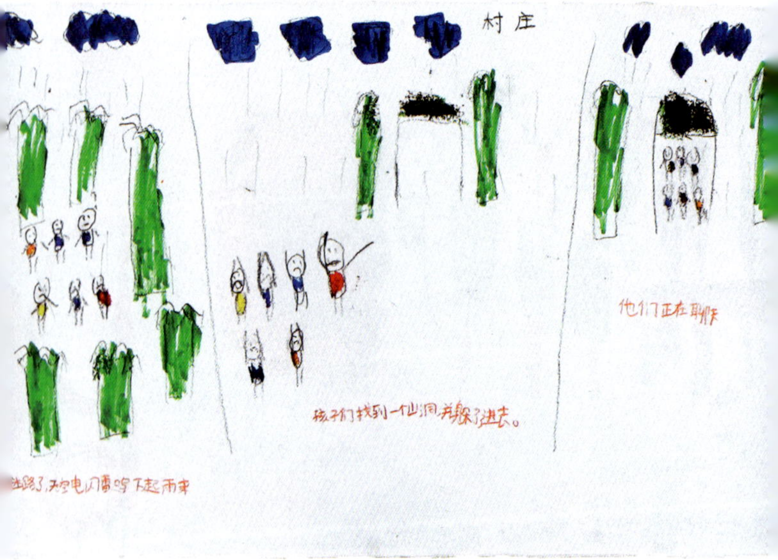
村庄
他们正在聊天
孩子们找到一个山洞并躲了进去。
迷路了,天空电闪雷鸣下起雨来

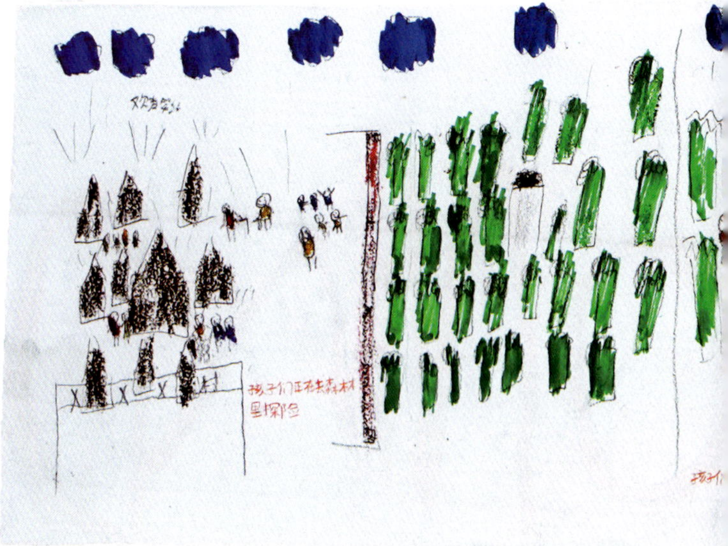

绘本选载：赵彦喆（11 岁）

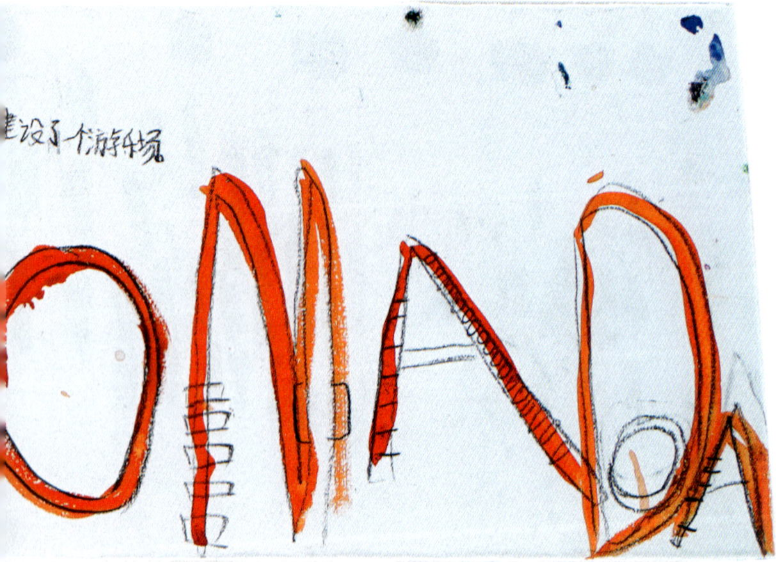

绘本选载：赵梓含（10 岁）

它叫小黄，是我第一只宠物。

们去探险，小黄也来了。
我们渴了

了水。
下雨了，老奶奶收

绘本选载：孟钰皓（9岁）

绘本选载：赵得江（11 岁）

乡村业态 7.

Type of Business

●乡村发展新产业新业态是推进乡村振兴的重要助力。近年来，修武县首创县域美学经济之路，以美学设计驱动，用美学项目带动，通过美学赋能，走可持续发展的生态复兴之路，激活和变现本地的文化和生态等地缘资源，进而丰富乡村经济业态。

●大南坡村是在河南焦作修武县提出的“美学经济”理念下打造的一个乡村美学产业集群样板。2020年,在一众乡建人的共同努力下,大南坡村被修缮一新,先后引进方所乡村文化书店、碧山工销社（焦作店）、Localand本地食馆、隐居乡里·小竹林精品民宿、老村小馆等多种业态，村中的闲置资源被活化利用，并焕发出新的生命力。这些业态的落地，是四大生产作用于乡建的直接结果，它所提供的文旅产品基于由内而外的在地文化发掘、重塑，具有沉浸式的体验价值。

●大南坡通过发掘乡村文化价值而带来的一系列村貌变化，也同时鼓励和调动了许多村民，使他们从中看到发展机会，并积极投入民宿自建行动。这些与土地羁绊深刻的村民们对家乡的坚守与热爱，是这片土地上最珍贵的力量，而他们为家乡所付出的一切努力都将在可见的未来为乡村发展和人们的生活带来更多可能性。（文／郭婧雅）

Sights 大南坡艺术中心 ●大南坡艺术中心选址于修武县西村乡大南坡村原大队部。大南坡村原大队部旧址兴建于 20 世纪 70 年代，有下沉院、主院和高台院三个院落，并保留了一系列具有年代标志性特征的公共建筑。其中，艺术中心所在的主院部分主要由正房和粮库两个空间组成，这两个空间皆为砖木结构建筑，在清华同衡村落所规划方案的基础上，由知名建筑师梁井宇与场域建筑进行改造。改造后的空间保留了原建筑的风骨，与周边村落风貌相得益彰。●随着艺术中心改造完成，首展“乡村考现学：修武的山川、作物、工艺和风度”也在此开幕迎客。展览涵盖了“地方性”所蕴藏的各个有机部分，包括对本土知识的学习与开掘，以及对修武的历史、风物与文化独特性的体察与再现。●在“山川”单元，展览邀请了四位对景观摄影素有心得的艺术家，使诗、画、影三者所创造的意象，在云台山高远清润的墨色之中流变随形。“作物”单元则梳理了小麦种植与河南麦面的历史，通过“麦面之路”探讨在地与亚洲、世界的关系。“工艺”单元的绞胎瓷部分是国内首个探讨绞胎瓷艺术的展览；“协力造屋”部分记录了赤脚建筑师王求安进驻修武岸上村、推动村民自建实践的过程。“风度”单元以木刻和木刻动画的视觉形式，使“竹林七贤”这一中国文学与精神中的重要意象，在当代有了全新的表达；“怀梆戏”则从修武民间戏曲的人物和故事出发，以脸谱和戏曲长卷的方式，展现乡俗礼仪下活着的乡村精神与风度。●除上述的常设展览外，艺术中心还将联合方所乡村文化·大南坡、碧山工销社（焦作店）、大南坡社区营造中心等，持续举办各类阅读与讲座活动，并为地方提供更多的产品、设施与服务，使每一个来到大南坡的访客，都能享受在大南坡所度过的时光，完成一次次深度的文化游历与美学体验。

展厅A
Gallery A
大南坡艺术中心

修武
UNDERSTANDING CHINA'S RURAL PRESENT
XIUWU FIELD GUIDE
乡村考现与实践

方所乡村
文化
fang suo rural
— 大南坡 —

Shops 方所乡村文化·大南坡 ●“方所乡村文化·大南坡”由方所、例外品牌创始人毛继鸿及其团队打造，由成都方所徐敏团队负责执行。作为亚洲唯一获得伦敦书展全球最佳书店奖项的方所，自2011年创立以来，便一直致力于拓展乡村文化领域，方所乡村文化·大南坡即是它的发轫之作。●书店位于修武县西村乡大南坡村原大队部范围内，分为售卖部和借阅部。售卖部选书以河南地方史志文献、乡村建设、乡土文化、科普、文学、艺术、电影、设计、建筑、生活美学，以及儿童读本和绘本为主；借阅部选书更贴近当地需求，为本地村民，尤其是大南坡完全小学的师生，提供图书、音像、有声读物的阅览和外借服务，同时为村民和观光客提供休憩、聊天的空间，并提供咖啡、茶饮和轻餐服务。在方所的计划中，大南坡店还将定期策划各种活动，以丰富乡村的公共文化生活，拓展村民的公共文化生活空间。方所乡村文化还计划与碧山工销社共同设立地方风物部，拟订乡村发现计划，着力进行乡村地方风物的发掘、呈现和销售，为大南坡及周边乡村提供更多的可能。●中国传统文化和美学范式存在于广袤的乡土间，以文化的方式精耕细作地介入乡村振兴，以品牌的方式发掘当地的物产与民艺，同时吸引更多年轻人回到乡村，形成良性循环，这是方所在大南坡村设立书店的目标和希望。同时，方所乡村文化·大南坡还承载着在乡村开展公共教育、支持社区营造的责任，以阅读的力量，为社区及其周边的居民和儿童构建一处融合了知识、审美与生活的场所。●我们相信，一个创造性的中国乡村生活美学空间，如能与在地文化充分融合，便有希望成为汇集人潮、激发创想的多元平台，从而开创富有生命力的新乡村生活模式。希望方所乡村文化·大南坡能成为发掘与展示乡土文化的窗口，通过方所敏锐的选书、选品和文化策划，探索中国的乡村生活美学，同时成为连接村民、游客、文化创意工作者的纽带。

写作，
在广袤中原

新书
推荐书
畅销书
书，是我们的节日
新书
模型思维
推荐书
推荐书
畅销书

咖啡 COFFEE
美式咖啡 18.00元
浓缩 12.00元
拿铁 28.00元
卡布奇诺 28.00元
瓶装饮品
饮品
土蜂蜜水 18.00元
牛奶 18.00元

Shops 碧山工销社(焦作店)、五条人士多店

●位于修武县西村乡大南坡村的碧山工销社(焦作店)是碧山工销社北方乡村的第一家加盟店。碧山工销社创办于2017年,总店位于安徽省黄山市黟县的碧山村,它着力于民间百工与当代设计的融合,以"百工十条"为理念,勾连城市与乡村的物质和精神需求。2019年,碧山工销社荣获了北京国际设计周"中国传统工艺设计奖"。和总店一样,碧山工销社(焦作店)也由大南坡村的原供销社改造而成。取"工"字代替"供"字,是为了强调"百工",突出工匠、手工业者的价值。原供销社建筑的本来外貌被最大程度保留下来;室内布局也参照碧山工销社总店,还原了20世纪60年代供销社形式,需要售货员从货柜里取下商品,客人方可触摸和查看;视觉设计同样延续了总店风格,靠墙的壁柜漆成孔雀蓝,货柜和中岛则保留原木色。●碧山工销社(焦作店)展示和销售的,主要是焦作地方风物及中国的"长效设计"产品,品类相当丰富,初到的人可以在里头慢慢逛上好一会儿光景。产品品类的安排有工销社的用心所在。除了中国"长效设计"产品、本地展览的衍生品(如购物袋、笔记本等)、修武当地特产四大怀药(山药、菊花、地黄、牛膝)及其衍生品(如山药精酿啤酒、云台冰菊、山药面等)以外,工销社还特地设立了本地及周边地区的农产品和土特产专区,帮助乡亲们解决当地土产的售卖难问题,同时还提供生活必需品的销售,替代超市功能,为当地村民提供生活方便。●大南坡的乡村建设致力在文化、艺术、教育和农业四个方向上全面展开,碧山工销社(焦作店)在其中扮演的角色,是去发掘乡村的价值,把最好的乡村之美奉献给本地村民以及如你我一样的游客,并从而成为真正意义上具有本地文化特色的店铺综合体。●最后,值得一提的是,国内乐队五条人所创办的"五条人士多店"在碧山工销社(焦作店)设立了首家线下专柜,售卖五条人乐队的唱片专辑和乐队周边,譬如T恤、胸针、海报等。这些充满着活力、仿佛立刻就要跟着音乐跳动起来的产品挨着村民们的花椒、核桃等土产一起贩售,不可不谓是一个惊喜。

五条人
五条人
士多店
内
售
T
恤

乡
店
唱片
老虎包
瓜子
凤爪
花生
可乐
啤酒
香烟

Hotels 隐居乡里 · 小竹林 ●小竹林精品民宿是隐居乡里的第二十六个乡村改造项目，也是其在河南的第一家高端民宿。“小竹林”源于大南坡当地流传至今的竹林七贤故事，在品牌调性上融入了竹林七贤的竹节气韵和文人风雅元素，以竹节形状作为品牌设计的提炼元素，在延续乡村记忆和传统手工艺的质感的基础上，以绿色和大地色作为主色系，隐喻天人合一的道家哲学。●民宿由村庄老宅改造而成，不仅保留原有的土房外立面纹理，还将青砖、灰瓦、木门和百年古树都完整保存下来。结合艺术红砖墙和落地玻璃窗、屋顶露台、玻璃茶室等开放性休闲空间，既与村民房屋建筑和谐相融，又兼备舒适与品味、格调。●民宿现有 6 栋独立小院和 1 个小酒馆，每个院子以竹林七贤代表人物命名。室内大面积使用透明玻璃窗通风引光，窗外种植竹丛花草，置身院中，犹如走进隐匿于光影之间的秘密花园。小院客厅还配有陶瓷茶具，沏上一壶热茶，静心惬意。●每个独立院子都有一位管家大姐，每个大姐都是从当地村民中择优选拔，经过培训考核后上岗。河南大姐们有的性格爽快，有的朴实含蓄，但当地道豫北方言说出口时，浓浓乡音总会唤起对家乡故土的亲切回忆。参考价格：2000~3000元 / 晚 / 院落(独院出售)

牛爷爷院子
GRANDPA NIU'S
COURTYARD
1 MIN
小竹林乡村民宿
BAMBOO MEMORIES
向秀院 4 min
嵇康前院 5 min
嵇康后院 5 min
老村口
ENTRANCE TO
THE OLD VILLAGE
3 min
半山筑
MID-LEVEL PAVILLION
3 min
大南坡美学中心
GSS CENTER FOR ART AND
AESTHETICS
4 min
乡建资料馆
RURAL RECONSTRUCTION
ARCHIVE
4 min

Hotels 牛爷爷院子民宿 ●牛爷爷院子民宿有三座独栋小院，分别为“未见南山”“素院”“见山”。小院小隐于野，私密性好，每座小院各有两层，楼上楼下三室三卫两厅一厨，可以入住七八个人。一楼室内室外都有山景花园，景色怡人；二楼有大卧室星空房，榻榻米，悬空茶台，冥想空间以及两个超大露台。民宿内的摆件绿植等都是民宿主人牛保红亲手打造，精致典雅环保，床品舒适，干净卫生。尤其让客人念念不忘的，是民宿提供的特色乡村美食，满足你的味蕾。参考价格：1580元/晚/院落（独院出售）

Restaurants Localand 本地食馆和 Local Club

● Localand，是西安《本地》杂志延伸出来的文化品牌。《本地》是一本记录城市记忆，保留城市文化，通过本地走向外地，通过本地连接不同的城市、不同的人的刊物。Localand 则是《本地》与不同地区的艺术家、建筑师、设计师合作，共同打造的以本地文化为主题的，集合了书店、咖啡馆、餐馆、博物馆、音乐空间等功能的城市文化复合空间。这样的复合空间，如今也落地到修武县的大南坡村。● “本地食馆”是 Localand 推出的食 / 物美学品牌。“每个家庭就是一间本地食馆”，是家庭餐厅的延伸，也是家庭客厅的延伸，更是连接家人与朋友的纽带。这里有熟悉的日常之味，无论是跟朋友相约，还是与家人聚会，都可以回归最日常的饮食体验。● Local Club 则是一个多元融合的音乐文化空间和民宿空间。这里将会和许多优秀的音乐人合作，呈现风格各异的演出，除此之外，不定期的音乐工作坊、大师课、派对、放映、开放麦、主题展览等文化交流活动也会在这里汇聚，带来与众不同的可能性。

Restaurants 老村小馆

●老村小馆是隐居乡里·小竹林民宿配套的公共建筑，集餐厅、清吧、小舞台、艺术展陈为一体。外观设计上采用大面积的曲面玻璃设计，借助玻璃与光线交错的动人韵律，打造一个人与自然亲密接触的开放性空间。该建筑还荣获了2022年法国巴黎 DNA 设计大奖“小型建筑类别大奖”。在这里，既能感受到音乐与艺术空间的高度融合，又能体会地方文化与庭院建筑相交相融的乡村美学。●老村小馆餐厅主打小吃轻食与创意料理，使用大南坡道地食材制作的佳肴别具特色。清吧提供软饮料、特调鸡尾酒、直饮酒等，专业调酒师坐镇，而夜幕低垂时，精酿啤酒与小馆内散落的萤火虫般的灯光尤为相配。

Restaurants 牛爷爷小院 ●这是一家网红小院，制作的美食曾经在中央电视台《焦点访谈》《CGTN》播出。餐厅就在这座古老的四合院里，老砖黛瓦，土墙青苔，苹果树、梨树、石榴树下摆放着八仙桌，前院地锅里炖着香喷喷的土鸡，旁边柴火灶里热气腾腾蒸的是扣碗，有腐乳肉、小酥肉等，过道里整齐码放着刚从对面南山上采的野韭菜，这些美味都是送给就餐客人的一个个惊喜。

大南坡大事记 8.

A Chronicle of Dananpo

2016

●修武县委县政府提出“县域美学”的概念，决定以美学推动修武县经济升级的发展道路

2019-11

●修武县委县政府以深化乡村振兴格局、巩固脱贫攻坚成果为目标，以“美学经济”为抓手，决定实施大南坡项目，左靖工作室接受委托成为项目的策划机构，并将其命名为“大南坡计划”

2020-01

●陈奇带领奇村文创团队入驻大南坡村开展社区营造工作，并通过开设面向大南坡村民的“南坡讲堂”等方式，进行村民自组织动员

陈奇主持了第一期“南坡讲堂”，主题为“重新认识我们的家乡”

2020-03

●王求安/安哲建筑受修武县委县政府之邀为大南坡村内第一个满足餐饮、民宿、娱乐等新业态的老村小馆提供设计

●大南坡第一支村民自组织——大南坡环保队成立

大南坡武术队成立，村民周慧任武术教练，为村里的孩子们教授武术

2020-04

●大南坡计划邀请梁井宇/场域建筑、马仕睿、张唐景观等设计师/团队对大南坡进行村落设计，场域建筑开始对村老大队部、村大礼堂等闲置公共建筑群展开改造更新

●在奇村文创的支持下，大南坡艺术团开始了断演四十年后的第一次怀梆戏排练

2020-05

●左靖工作室组建编辑团队，在修武县域内展开《大南坡：共振村声》一书的采风工作

2020-05-23

●大南坡艺术团迎来四十年归来的首场演出"重启·大南坡｜芳华再现"

2020-06

●《家园 HOMELAND》总第154期刊载文章《大南坡：一座在"美学经济"中苏醒的河南村庄》

2020-09

●大南坡入选河南省乡村旅游特色村

●由包括陈奇、王依妹、李耀在内的社区营造团队策划、组稿的《大南坡》杂志出刊

2020-09-19

●由左靖工作室出品、共31位参展人参与的"乡村考现学：修武的山川、作物、工艺和风度"展览，以离村展的形式，率先在上海群岛BOOKS开幕

2020-09-24

●"乡村复兴论坛·修武峰会"在大南坡村拉开序幕，30余位专家学者围绕"县域美学"相关话题交流分享

2020-10-02

●左靖和刘庆元在假杂志2020秋季书会以"大南坡与竹林七贤——关于木刻与乡村的对话"为题进行对谈

2020-10-30~10-31

●由左靖工作室、方所乡村文化·大南坡等联合策划的首届"南坡秋兴"活动在大南坡村举办

由梁井宇／场域建筑改造设计的大南坡艺术中心举办首展"乡村考现学：修武的山川、作物、工艺和风度"，该展由左靖担任总策划，策展小组成员包括彭嫣菡、林翔和顾青

大南坡社造中心首展“村民的日常生活——大南坡社造中心影展”开幕

由方所品牌创办、场域建筑改造设计的方所首家乡村书店——方所乡村文化·大南坡正式开业，“书间琳琅——绿茶文人书房画展”在书店内开幕

碧山工销社的首个北方加盟店（焦作店）在大南坡村正式开业，店内的五条人士多店线下专柜首次面世

北京当代艺术基金会（BCAF）联合左靖工作室、广州美术学院跨媒体艺术学院刘庆元工作室，共同发起“大南坡儿童美育计划”

2020-11

●《生活》月刊总第180期刊载文章《人人都是竹林七贤》，介绍刘庆元在大南坡的艺术实践

2020-11-16

●《中国新闻周刊》总第972期刊载文章《谁把书店开在村头》，介绍方所乡村文化·大南坡

2020-11-21~12-12

●“从砖画到木刻：竹林七贤图像的历史演进”展在成都方所开幕

2020-11-25

●北京当代艺术基金会（BCAF）发起修武家乡美学课本的创作征集

2020-12

●《中华手工》12月刊刊载文章《厚土生花：绞胎瓷的风雅颂》，介绍修武绞胎瓷

2020-12-31

●大南坡村荣获“2020年度文化在地创生”奖

2021-02-06

●《人民日报》报道“千年古县如何用建筑美学实现产业逆袭”

2021-02-11

● CGTN 全球直播大南坡除夕夜

●中央电视台《新闻直播间》栏目报道大南坡村

2021-03

●中央电视台《焦点访谈》栏目报道大南坡村乡村振兴的美学路径

●场域建筑开始进行大南坡美学中心项目的改造更新设计

●《家居廊》第 198 期刊载文章《绞胎：厚土生花》，介绍修武绞胎瓷

2021-03-15

●《河南日报》报道“乡村振兴，美学驱动——大南坡，凭什么红？”

2021-03-20~06-20

●“从砖画到木刻：竹林七贤图像的历史演进”展在碧山工销社西安店开幕

2021-03-23~04-30

●“大南坡儿童美育计划”春季课开课

2021-04-24

●中央电视台新闻频道《朝闻天下》栏目报道大南坡村的乡村振兴之路

2021-04-26~07-25

●大南坡艺术中心在成都城厢会客馆首展“返田归土：建筑师在乡村”中展出

2021-05-01

●由安哲建筑设计的老村小馆试营业

2021-05-22~08-22

●大南坡计划在江西画院美术馆首展“乡村建设：建筑、文艺与地方营造实验”中展出

2021-05-27

●左靖在广州美术学院跨媒体艺术学院《社会考察》课程系列讲座中以“地域与策略：从碧山到大南坡”为题分享大南坡计划

2021-06

●《Design360°》第193期刊载文章《大南坡计划》

2021-07-27

●左靖在360°设计实验场“社区设计与营造”系列讲座中分享大南坡计划

2021-07-30

●北京当代艺术基金会(BCAF)携手无印良品MUJI定向爱心捐赠河南省修武县大南坡村灾后修复

2021-09-04

●大南坡村入选第三批全国乡村旅游重点村

2021-09-17~10-21

●“大南坡儿童美育计划”秋季课开课

2021-09-23

●大南坡计划在四川彭州小石村龙门山·柒村艺术设计中心首展“乡村建设:建筑、文艺与地方营造实验(彭州站)”中展出

2021-10

●北京当代艺术基金会(BCAF)举办“发现大南坡·儿童影像训练营”,并联合北京G-Steps街舞工作室及天津默娘舞蹈艺术中心举办第一届“大南坡街舞训练营”

●由Local本地策划运营、场域建筑提供设计的Localand本地食馆·大南坡正式开业

●由张唐景观设计的菜青虫景观装置和DA-NANPO字母装置落成

●《卷宗Wallpaper*》刊载文章《乡村美学的空间元素》,介绍大南坡村的改造实践

2021-10-20~10-21

●第二届“南坡秋兴”活动以“共振村声”为题在大南坡村举办

由摩登天空厂牌出品的唱片《南坡怀梆2021》正式发布

“你的歌，我来画”
大南坡儿童画展暨大南坡音乐教室开幕

2021-11-04~12-20

●“大南坡儿童美育计划”冬季课开课

2021-11-08

●左靖在中央美术学院建筑学者系列讲座中以“从碧山到大南坡”为题分享大南坡计划

●大南坡入围“第一届筑事奖——聚落村镇奖”

2022-01-01

●大南坡村荣获2021年长三角及全国部分城市最美公共空间大赛“百佳公共文化空间奖‘美丽乡村文化空间’”

2022-01-13

●纪录片《中国这么美·河南大南坡》在东南卫视、海峡卫视、腾讯视频首播

2022-03

●《城市画报》3月刊刊载文章《大南坡：被改造的村庄，被召唤的青年》

2022-04-03

●大南坡村荣获“2022年黑松露年度乡建榜样”称号

2022-05

●《中国民航》总第329期刊载文章《遇见大南坡》和《建筑师在大南坡》

2022-05-12

●北京当代艺术基金会（BCAF）联合北京G-Steps街舞工作室，以大南坡儿童的绘画创作为灵感，发起“拨云见日”系列公益T恤活动

2022-05-23

●左靖和马仕睿在中国美术学院设计艺术学院“在地行动与视觉推广”系列讲座中分享大南坡的设计工作

2022-06

●大南坡计划入选中国美术学院“美丽中国”案例文献库

2022-06-01

●北京当代艺术基金会（BCAF）资助大南坡小学完成《大南坡儿童绘本》的印刷出版

2022-06-25~07-25

●大南坡计划在中国国际设计博物馆展览“特写：美丽中国的一百个艺术实践”中展出

2022-07

●老村小馆荣获法国巴黎DNA设计大奖“建筑组/小型建筑类别”大奖

2022-07-23

●隐居乡里在河南中原大地打造的首个乡村民宿——隐居乡里·小竹林正式开业

2022-08-06~10-30

●大南坡完全小学参加第八届iSTART儿童艺术节，学生作品被成都麓湖A4美术馆收藏

2022-08-08~08-10

●第二届“大南坡街舞训练营”开营

2022-08-21

●央视财经频道《中国经济大讲堂》栏目以“大南坡村‘文艺转身’绘出家门口的‘诗与远方’”为题报道大南坡村

2022-09

●《民生周刊》第20期刊载文章《河南省修武县大南坡村：朝夕相守，老幼同乐》

2022-09-02

●《新华每日电讯》刊载文章《风雅大南坡——一个中原小山村的“美学经济”》

2022-09-20~10-30

●“大南坡儿童美育计划”秋季课开课

2022-10

●老村小馆荣获“2022AMP美国建筑大师奖——建筑类别荣誉提名奖”

2022-10-28

●《中国文化报》刊载文章《河南修武大南坡：人文与美育重构乡村社会》

2022-11

●老村小馆荣获“2022WDA 世界设计奖”

2022-11-01~12-03

●“大南坡儿童美育计划”冬季课开课

2022-12

●《CHIC》12月刊刊载文章《南坡秋兴：乡建是一种“长期主义”行为》

2022-12-02

●“大南坡村大队部改造”入围首届“乡筑未来奖——乡筑活化奖”

2022-12-05

●“大南坡村大队部改造”荣获“第二届筑事奖·乡村美学——建筑空间·优胜奖”

“大南坡平面设计”入围“第二届筑事奖·乡村美学——视觉传达奖”并荣获“筑事乡村贡献奖”

“南坡秋兴”入围“第二届筑事奖·乡村美学——公共节事奖”

2022-12-17

●大南坡计划荣获首届卷宗书店溯源奖“年度展览项目”

2022-12-17~12-24

●大南坡计划在第八届中国东莞·长安摄影周展览“地域与策略——从碧山到大南坡”中展出

2023-02-16~03-16

●大南坡计划在深圳市当代艺术与城市规划馆展览“第四届中国设计大展及公共艺术专题展”中展出

2023-02-25

●《人民日报》报道“美出未来乡村的模样（美丽中国）”，介绍大南坡村乡村振兴的创新之路

2023-02-28~03-27

●大南坡计划在中华世纪坛艺术馆（北京）展览“2023 美丽中国纪事”中展出

2023-03-15~04-15

●“大南坡儿童美育计划”春季课开课

2023-04-03

●《农民日报》刊载文章《一半烟火一半诗——当艺术与设计进入大南坡》

2023-06-25~07-25

●“大南坡儿童美育计划”夏季课开课

2023-07

●大南坡计划获得 2023 年“第二届三联人文城市奖”公共空间奖、生态友好奖、城市创新奖三项提名

2023-09

●由中国儿童中心、北京国际设计周、中国美术学院主办的“2023 年儿童设计周主题展”9 月在北京中华世纪坛举办，全国一共选了 12 个案例，大南坡儿童美育作为唯一一个乡村儿童美育案例入选

2023-09-01~10-01

●“大南坡儿童美育计划”秋季课开课

2023-10-14~10-15

●第三届“南坡秋兴”活动以“诗山河”为题在大南坡村举办

2023-11-19~12-19

●“大南坡儿童美育计划”冬季课开课

2024-04

“焦作市修武县大南坡村：留住乡愁，传承文脉，用‘美学经济’引领乡村振兴”荣列文化和旅游部的文化和旅游赋能乡村振兴“十佳”案例

2024-05

●《大南坡：共振村声》一书于 2024 年 5 月正式出版

作者（A–Z）

冰逸

当代艺术家，电影导演，美学家，诗人，跨界创意师。耶鲁大学艺术学博士。创办了“冰逸创意”、醴斯人文学院和“那里世界”博物馆。曾任教于纽约州立大学。她丰富多元的艺术实践融合了对生态学、科学、哲学、史学和美学等领域的研究和思考，并涵盖了大地与环境艺术、特定场域的建筑、装置艺术、音乐与文学创作、水墨绘画以及行为表演艺术。冰逸被广泛认为是跨界创意领域的创建者，也是专注于研究创造力的重要学者。

陈旻

生于福建福州，现工作生活于杭州。曾留法十年，目前在中国美术学院当代艺术与社会思想研究所攻读博士学位，同时也在从事艺术理论翻译和展览策划工作。她以档案、影像及图集为创作及研究媒介，寻求所谓“历史之眼”，也就是投射在自然史中的单体生命史的叙事之道。

陈奇

成都奇村文创创办人，西南交通大学乡村振兴与文化旅游发展研究院特聘研究员，四川明月村操盘手，河南大南坡、重庆经堂村社区营造顾问，国家乡村旅游人才培训基地产业导师。参与策划、运营多个乡村文旅项目。

邓佳韵

毕业于法国阿尔勒国立摄影学院。毕业时获 Alexandra Carl 奖，作品曾入围 Athens Photo Festival, International Photography Grant，并曾在法国阿尔勒国际摄影节 WIP 单元、巴黎 Grous 画廊、巴黎 Raiboudi Wang 画廊等展出。

冯芷茵

研究生毕业于广州美术学院，专业方向为版画与插画。目前以画插图为主业，偶尔做书籍设计，各种可能性仍在开发中，常常一本正经地不务正业。

顾青

写作者，策展人，资深媒体人。曾在《青年视觉》《家居廊》杂志担任重要职位；并先后担任《创诣》《私家》杂志主编。2012 年联合创立高岭陶艺平台，2016 年创立青工作室 Qing Studio，聚焦当代手工艺和设计间的结合转化，通过展览、出版物、论坛等形式寻找更多碰撞可能。近年策划碧山工销社开幕展、上海时尚家居展特别策展项目“我你上海”“人间食粮”等展览项目。个人首部生活工艺著作《入泥》于 2018 年出版，2019 年发行日语版。

郭婧雅

写作者，编辑，独立出版人。从事杂志编辑近二十年。2011 年起独立出版《salt 盐巴》杂志书，迄今已发行六期。

金雷

REDe Architects 创始人，隐居乡里创始合伙人。美国亚利桑那大学建筑学院硕士。作为主要设计人参与的项目曾获“美国年度十大绿色建筑大奖”等多项大奖。2015 年底作为创始股东之一参与创立隐居乡里品牌，负责旗下所有设计建造方面的工作，迄今为止已经改造超过 150 套闲置农宅。

Joseph Gallix（约瑟夫·加利克斯）

Joseph Gallix 出生于 1991 年，居住在布列塔尼，曾在洛桑州立艺术学院接受培训。他在纪实和造型之间发展出一种具有坚定而敏感特质的作品风格。

李国胜

河南绘聚文化艺术研究院执行合伙人，河南绘聚一堂教育科技有限公司合伙人，广州观内外教育科技有限公司合伙人，“国绘奖”专家评审团成员。曾参加云南景迈山翁基寨“今日翁基”展（2017）、深圳华·美术馆“另一种设计”（2018）、深圳华侨城“中国艺术乡村建设展”（2019）等。

李耀

曾为《私家地理》《新视线》等媒体提供图文。专注于西域文史、青少年、乡村日常等长期专题记录。2017 年起供职于明月乡村研究社，参与四川省明月村、余家碥、狮子树村，河南省大南坡村的社区营造与乡村文化工作。

厉致谦

以设计为原点的多领域研究和实践者。著有《西文字体的故事》，与应宁合译《西文书法的艺术》，与俞佳颖合译《千万别用 Futura》。TheType 作者，“上海活字”综合研究项目发起人，创新型字体公司 3type（三言）联合创始人。

廉明

河南焦作人。中国摄影家协会会员，中国艺术摄影学会会员，河南省青年摄影家协会会员，焦作市艺术摄影学会副主席。主要拍摄方向为国家级非物质文化遗产的保护与拍摄。作品曾多次参加国内外摄影大展。

梁井宇

场域建筑主持建筑师。自 2013 年起任清华大学建筑学院设计导师，2016 年第 15 届威尼斯国际建筑双年展中国国家馆策展人，也是《世界建筑》等数家国家级学术刊物的编委，北京、深圳等城市规划管理部门专家库等专家成员。

林翔

生于中国，旅居岛国日本。以中日共通自然农业和食文化及相关智慧为研究内容，在日本为国人呈现日本纵断游学、深入了解东瀛，在中国为日本人呈现中国横断游学、系统了解中国。促进中日两国民间交流，互信，协作。

凌敏

独立撰稿人。

刘庆元

艺术家，广州美术学院跨媒体艺术学院副院长。刘庆元主要工作方向是当代艺术设计的社会融入方法、跨学科实践和创作。其木刻实践工作涉足当代文化领域的不同界别，如音乐节、实验剧团、文学、设计、文化保育、民艺乡建等。同时，他也参与当代文艺活动的策划和组织，并与其他领域交流和合作。刘庆元的个人作品参加了第 5 届乌拉尔工业双年展、第 10 届法国里昂国际双年展、第 15 届连州国际摄影年展、第 8 届上海双年展、第 7 届深圳国际水墨双年展等多个重要的国内外展览。

刘晓江

河南修武县小南坡村村民，大南坡完全小学校长。

刘亚兰

艺术硕士，毕业于广州美术学院跨媒体艺术学院实验艺术研究专业。左靖工作室成员。她专注日常视觉语言的在地转化与表达，及自我、他者、环境三者间对话，对策划、组织与开展驻地艺术工作坊有丰富的实践经验，并对乡村美育与儿童保持持续关注与探索。作品类型涵盖公共艺术项目、绘画、实验动画、纪录片、装置等多种媒介形式，其中绘画作品于英国、美国和中国北京、上海、长沙等地获私人收藏。

罗斌

陕西户县（西安市鄠邑区）人。就职于西安理工大学艺术与设计学院影像动画系。陕西省摄影家协会理事。曾获 2015 国家艺术基金青年艺术创作人才立项资助。作品曾赴法国参展，及在西安 OCT 当代艺术中心（简称 OCAT 西安馆）展出，参展丽水国际摄影节、平遥国际摄影节、韩国仁川“东亚文化城市国际摄影艺术节”、第二届长江国际影像双年展，入围 2012 三影堂摄影奖。

马仕睿

平面设计师。2005 年与臧立平联合创办 typo_d 平面设计工作室。中国出版协会装帧艺术委员会成员，清华大学美术学院外聘教师。

牛保红

河南修武县大南坡村村民，写作者，曾做过三十年长途货运司机。坚持记录自己的路上经历，并于“今日头条”发表了二十多万字的纪实文字。

彭嫣菡

策展研究者，写作者。目前工作生活于纽约。曾在广东美术馆、2016 集美阿尔勒国际摄影节等担任策展研究员，并组织编写了多个国内外展览的出版物。2018 年，她在纽约创办了小型策展工作室“迹象局”（Tracing the Elephant），她也是位于自在谷社区的展览与设计研究机构“庇护所”的联合发起人。

唐子颖

景观设计师。上海张唐景观创始人、合伙人。

王美钦

纽约州立大学宾汉姆顿分校艺术史博士。2007 年至今执教于加州州立大学北岭分校，现为该校艺术系教授，主要讲授亚洲艺术通史，中国、日本和韩国艺术通史。作为一个艺术史研究者，她侧重于中国当代艺术的研究和书写，主要阐释其在全球化、商业化和城市化背景下的发展形态；近年来着重研究东亚地区的社会参与式艺术及其他相关课题，如公共艺术、行动主义艺术和生态艺术。

王沁雪

城市研究者，地方营造实践者，设计师。毕业于伦敦艺术大学中央圣马丁艺术设计学院建筑系。参与 2016 威尼斯双年展“禾仓”项目后期制作（2016）、伦敦 Poplar 社区营造活动策划（2017）、金威啤酒厂城市更新单元工业遗存改造与策展（2019—）、福田中心区活力提升计划（2019—）、城 / 村计划深圳龙岗 6 村设计与行动策划（2021—）、福田新校园行动计划 - 石厦众孚小学社区营造（2021—）、深圳湾超级总部文化设施规划（2021—）。

王求安

北京安哲建筑设计事务所创始人，主持建筑师。主持及参与了河南焦作修武大南坡老村小馆、江西万安百美村宿“高岭宿集”、湖南邵阳清水村等在国内外均荣获诸多奖项的项目。因其在乡村建筑实践领域的不懈探索，2018 年，王求安荣获 FA 青年建筑师奖乡村贡献奖。

王彦之

策展人，左靖工作室成员。斯坦福大学汉学硕士，纽约大学艺术史与经济学学士。现居上海。当下的研究和策展方向为社会设计、地方设计与社会参与式艺术等。

相欣奕

河北保定人。毕业于重庆大学，分别获得理学学士、硕士和工学博士学位。常住重庆。西南大学地理科学学院教师，注册城乡规划师。专业领域为环境保护，城乡规划与可持续发展研究。曾作为支教教师赴西藏农牧学院工作，作为访问学者赴德国于利希研究中心工作。

徐沛

北京当代艺术基金会品牌前公关总监。加入 BCAF 以来，负责基金会机构品牌体系更新和完善以及项目的对外传播。

徐于凡

栩栩华生传媒特约撰稿人。

宣淳祎

曾任北京当代艺术基金会（BCAF）公益资助项目主管。加入 BCAF 以来负责机构对外合作拓展及公益资助项目的组织和策划。

喻婷洁

编辑，写作者。2006 年开始担任杂志编辑，从事工艺和城市文化方面的策划、采访与写作，也参与文学领域的编辑和翻译工作。希望借由虚构和非虚构的文字书写世情的混沌与秩序。

张鑫

影像作者。硕士研究生毕业于安徽大学新闻传播学院。左靖工作室成员。拥有多年艺术乡建工作经历以及驻村经验，任职期间创作的作品曾参加多个国内外重要的艺术乡建展览。

锺永丰

出生于台湾美浓烟农家族，为诗人、作词人、音乐制作人及文化工作者。曾获 2000 年金曲奖最佳制作人奖，2005、2007 年金曲奖最佳作词人奖，2017 年金曲奖评审团奖；2022 年以散文集《菊花如何夜行军》获台湾文学奖金典奖。

朱琺

1977 年生于上海。文献学博士，小说家。执教于上海师范大学古籍研究所。曾任《越南汉文小说集成》副主编。对民俗学、文字学、古代博物学有广泛的学术兴趣。热爱奇书，撰有小说集《卡尔维诺与计划生育》《安南怪谭》，诗集《一个人的〈诗〉：〈诗经〉今译》。

左靖

策展人，乡村工作者，安徽大学副教授。

主编：
左靖

副主编：
彭嫣菡

执行主编：
郭婧雅，喻婷洁

编辑：
王彦之，王娜，冯节，
芮嘉，刘亚兰，吴郑鸥，
李久安

摄影：
张鑫，朱锐，李耀

视觉设计：
马仕睿 @typo_d

产品：
方未来

项目负责：
蒲佳

支持：
安徽大学创新发展
战略研究院

ISBN 978-7-5725-1491-3

9 787572 514913 >

聲村

共振